為什麼要在乎？

斷除世間八法的修心奧祕

How to Practice
Dharma
Teachings on the
Eight Worldly Dharmas

喇嘛梭巴仁波切 著
Lama Zopa Rinpoche
戈登・麥杜格 編
Gordon McDougall
張春惠 譯

目錄 Contents

致謝

我想稍微談談護持大乘法脈聯合會（FPMT）傳承系列的緣起。

我第一次參加柯槃寺（Kopan Monastery）課程是在第三屆課程，西元一九七二年十月至十二月的時候。我們到了之後，有人給我們一本教材，那是喇嘛梭巴仁波切的著作《大乘修心之滿願金日》（*The Wish-Fulfilling Golden Sun of the Mahayana Thought Training*，以下簡稱《金日》），仁波切（Rinpoche）在為期一個月的課程內主要是解釋這本書。我的筆記寫得潦草極了，在課程接近尾聲時，我發現這本《金日》及仁波切的教導改變了我的生命。不過當時還很粗略，所以課程結束後，我請示仁波切是否能讓我著手編輯，來做些改善。他說我們拿到的書，基本上是根據前屆課程的一位學生所寫的筆記，仁波切真正想做的是從頭到尾重寫過，便詢問我是否願意幫忙他做這件事。

我跟朋友耶喜康卓花了六週，每天好幾個小時跟在仁波切身旁，仁波切詳盡地重修全書。到了晚上，耶喜康卓把我們寫下的內容謄打出來，然後我再編輯初稿成為出版形式。到了一九七三年三月，也就是第四屆課程，初版的正式版本出爐，仁波切以其作為說法教材。我在這一次課程所寫的筆記比第一次進步，而布萊恩・貝雷斯福德（Brian Beresford）的筆記比我還優秀。

那年夏天，我們幾個人上山到勞多（Lawudo）山洞，我在那段時間把布萊恩跟我所寫的筆記，編輯成對《金日》一書的註解。我從做這件事發現，我們遺漏了仁波切的很多珍貴開示，於是我下定決心，下次非寫更仔細不可。柯槃寺那時還沒有電，也沒有錄音機，因此在柯槃寺第五屆課程，一九七三年十一月，我一股腦兒坐在靠近仁波切法座的最前面，把他說的每個字全寫下來。我寫的筆記極為潦草，邊寫邊新創一些縮略詞，到了課程尾聲，已經寫滿了好幾本印度筆記本，字跡像是相當難以辨識的象形文字。奇蹟般地，耶喜康卓竟然全讀得懂，還盡本分地全部騰打出來。

我在編輯了這份文稿之後，一九七四年年初，我們印了上下二冊《禪修課程筆記》，這是仁波切對於《金日》從第三屆、第四屆及第五屆課程的開示。回顧往事，這一段不僅是耶喜喇嘛智庫（Lama Yeshe Wisdom Archive）的起頭，也是智慧出版社的開始。

一九七四年三月，到了第六屆課程，我們有了一台很陽春、小台的松下錄音機，還有不太可靠的印度製電池，這正好能作為莎莉・巴勞德（Sally Barraud）的備胎，她速記下整個課程，由她騰打，然後我作編輯，再由在美國的潘・考恩（Pam Cowan）製成蠟版。一九七五年，我們出版了第三冊《禪修課程筆記》。這三本書，以及往後大部分的柯槃寺課程，從耶喜喇嘛智庫網站都找得到（LamaYeshe.com）。

耶喜喇嘛（Lama Yeshe）及喇嘛梭巴仁波切從一九七四年起旅行世界各地，不管他們去哪裡，弟子會錄音以及騰下其說法內容。到了兩位喇嘛為第七屆柯槃寺十一月課程返寺時，已經有電可用，所以我們著手集結兩位上師開示珍貴教法的錄音帶及騰稿。在課程之間，我跟著仁波切做了更多潤飾《金日》的工作。我們最後一次做這件事，是在一九七五年兩位喇嘛世界巡迴弘法期間。仁波切從七〇年代晚期在柯槃寺的課程，就不再使用這本了，網上也找得到這本書。

有朝一日能出版仁波切完整教授菩提道次第（lam-rim）系列書籍，這依然永遠是我的夢想。

一開始我以為能以《金日》為底本，但當一九九一年《掌中解脫》英譯本出版，其傑出的科判大綱就成了理所當然的選擇，不只是因為有這份大綱，也是由於仁波切在許多次說法即是根據《掌中解脫》。不過，由於當時沒有足夠經費能支持這份需要騰稿及編輯人力的工作，這個想法胎死腹中。

一九九六年，仁波切要我成立耶喜喇嘛智庫，它是隸屬FPMT組織下的獨立單位，此後出版仁波切對菩提道次第系列開示的想法，終於露出一絲曙光。這件事的經費募了幾次都沒成，到了二〇〇七年，募款終於有成，這要感謝某位功德主，其慈愛無法言喻，他護持了五十萬美元等額贊助款。這筆錢讓我們能聘請員工，事情終於有所進展，特別是戈登麥克杜格爾（Gordon McDougall），他補充之前由特麗莎唐納利（Trisha Donnelly）尼僧及滇津南卓（米蘭達亞當斯Miranda Adams）所做的「法類籃」工作，負責仔細看仁波切近四十年來對於菩提道次第教法的釋論，他也在前言敘述了這段過程。大家可以從耶喜喇嘛智庫網站中「最新計畫」（Current Projects）看到關於「護持大乘法脈聯合會傳承出版」計畫的內容。

回顧以往，《師心・佛心》（*Heart of the Path*）這本大作在二〇〇九年出版，它是由艾爾莎卡麥隆（Ailsa Cameron）尼僧對仁波切開示依止上師（guru devotion）的精采編輯，可視為這系列的第一本書。本書則是系列的第二本書，內容是仁波切對世間八法（eight worldly dharmas）的開示，一個不是真正屬於任何經典道次第科判的法類。接下來的書會是關於暇滿人身（perfect human rebirth）、無常（impermanence）、死亡、三惡道（lower realms）、皈依三寶（refuge）、業（karma）等，我的夢想總算成真了。

在之前出版的書籍及官方網站，都已詳述所有讓耶喜喇嘛智庫得以成立及持續運作的人，在此就不複述。不過，我想感謝直接護持本書英文版《*How to Practice Dharma*》編輯與印刷的台灣浩然基金會，及新加坡 Edwin Lau、Tan Cheng Guan、出版 FPMT 傳承的親切功德主，還有對這項計畫作等額贊助的所有人。要募到全部經費還有一段路要走。如果您想護持更多喇嘛梭巴仁波切其無與倫比的菩提道次第釋論的籌備，請瀏覽耶喜喇嘛智庫網站 LamaYeshe.com 作線上捐款。致上深深的謝意。

尼可拉斯・瑞布希 博士（Dr. Nicholas Ribush）

前言

我剛開始見到喇嘛梭巴仁波切，有次是他在一九八五年參訪香港的時候。他預定有五天晚上會開示菩提道次第，請法單位請他也傳無上瑜伽灌頂（Highest Yoga Tantra initiation），他答應在第一天晚上說法結束後傳灌頂。當時我初學佛法，差不多要開始傳灌頂時便先走一步。隔天有人告訴我，沒有傳灌頂，而是更多菩提道次第的開示。就這樣，整個禮拜要接受灌頂的人每天離開中心的時間，剛好趕上快速吃早餐、上班，然後晚上再回中心，也是聽更多的菩提道次第。最後一天要結束時，仁波切終於要傳灌頂，灌頂前他向大家道歉，他說：「你們要做的事是接灌頂，我要做的事是講菩提道次第。」

「道次第」（Lam-rim）這個藏文詞彙，指通往成佛的尋次漸進道路（graduated path to enlightenment），其為佛教根基。它是佛陀（Buddha）的教法，以及繼佛陀之後的偉大祖師所說教法的系統性彙整，其具連貫性且易依循，且「道次第」之美在其邏輯。每個人都想獲得徹底、圓滿的快樂，不論是否將這種徹底、圓滿快樂狀態稱作成佛（enlightenment），我們目前情況卻是動彈不得。「道次第」切確告訴我們該做什麼，鋪展循次漸進的指引，帶領我們由現狀做為起點到想抵達的目的地。

西元十一世紀，藏王菩提光邀請來自超戒寺、名聞遐邇的印度學者及瑜伽士（yogi）——阿底峽尊者（Lama Atisha），到西藏協助復興佛教。阿底峽尊者抵達西藏後，國王對其解釋佛法在西藏已徹底墮落，請求尊者不要傳高深教法，而是傳基礎佛法；尊者給予的教法要能涵攝整個成佛之道，讓「沒開化」的藏人較易修行。於是阿底峽尊者寫下《道炬論》，這是篇要獲得佛果（buddhahood）所需修行次第的所有佛法之濃縮短文。

此後出現許多其他重要的道次第論典，特別是在第十四世紀由宗喀巴大師（Lama Tsongkhapa）所著的《菩提道次第廣論》（*Lam-rim Chen-mo*），這本論著至今仍是菩提道次第的經典之作。一九二一年，帕繃喀大師（Pabongka Rinpoche）對於菩提道次第的教授內容，後來成為《掌中解脫》一書，這是另一部重要的菩提道次第論典。當這兩部偉大論典終於譯成英文，我很驚訝自己居然相當熟悉這些內容，意識到原來多年來自己一直聽到喇嘛梭巴仁波切開示這些內容。

仁波切的佛學知識之深廣令人驚歎。我在編輯這本書時，看了仁波切在巴黎開示的網路直播影片，他簡要提到「世間八法」。他說的話，每字每句都是我當時正在編輯三十年前仁波切在柯槃寺課程教授的內容。他從不厭倦對我們開示基礎教法，讓我更覺得這些確實是我們必須聽聞的。

但在菩提道次第教法的結構，幾乎不重視世間八法教授，一想到這些法類有多麼地重要，不禁令人感到驚訝。宗喀巴大師對於世間八法談得很少，帕繃喀大師對此開示也只有三頁篇幅。我認為原因是在於：世間八法的教授向來被視為理所當然，這是相當基礎且廣為人知的法類，因此傳統教法通常不留痕跡帶過。（四聖諦〔four noble truths〕教法也能看到這個現象，佛陀初轉法輪傳的便是四聖諦，這也是最基本的教法，在傳統藏傳佛教典籍往往將四聖諦隱存於背景。）

喇嘛梭巴仁波切開始教導西方人時，他看到這還是我們迫切需要學的法類。他曾明白表示過，教導世間八法是他早年在柯槃寺為期一個月禪修（meditation）課程的「主要嗜好」。至今他仍繼續教導著，這似乎表示，我們現在跟以前同樣需要此法類。

相較於帕繃喀大師是在開示死亡法類的背景時談到世間八法，喇嘛梭巴仁波切通常在提到暇滿人身的法類時講述世間八法，尤其是「這個珍貴人身是多麼有用處，而跟隨世間八法卻是多麼虛耗生命」的次開示部分。

柯槃寺弟子們很早就意識到，完整記錄耶喜喇嘛及喇嘛梭巴仁波切開示的重要性。幾十年下來，我們已經彙整了將近兩千場的開示，有從一晚到整整三個月閉關的開示。當喇嘛梭巴仁波切在一九九六年成立耶喜喇嘛智庫時，這彙整便正式化了。

二〇〇七年，「護持大乘法脈聯合會傳承出版」計畫上路，使得喇嘛梭巴仁波切對於菩提道次第的所有開示都能找得到，計畫的目的是：從所有的開示紀錄中，摘錄菩提道次第的個別法類內容，接著彙整、編輯及出版成一系列書籍。直到現在，耶喜喇嘛智庫大致上出版了已編輯過的完整課程內容，但是《師心・佛心》這本書以及接下來的書籍，我們則會提供讀者，有關仁波切曾開示過菩提道次第每種法類的完整呈現。

《為什麼要在乎？》便是以這種方式來進行編製。我之前已經盡可能地彙集仁波切對於世間八法的開示，並將這些開示分成不同主題。FPMT 傳承系列書籍大部分依《掌中解脫》科判大綱，仁波切在第一屆柯槃寺課程就是以此為大綱，因為帕繃喀仁波切開示世間八法的部分極少，我就得要在沒有《掌中解脫》的科判大綱下，設想出這本書的邏輯性架構。

由於仁波切對世間八法的最廣泛開示是在一九七四年春天，也就是第六屆柯槃寺課程期間，我便以此作為範本，再補充其他柯槃寺課程的開示，然後我「搜」了整個智庫，尋找仁波切對這法類的相關開示，再加進範本課程裡，就像是雕塑家加上一層又一層的黏土，以塑出完美流線的雕像。之後，進入全文編輯階段，我試著保有仁波切隨意、經驗式的風格，包含了許多軼事，大部分像是譬喻的佛教公案，他的說法經常有這些。

我們先準確校對逐字稿，接著再編輯文稿，所以我們有信心，本書內容是仁波切如實的教導。有錯誤及不清楚之處，全是編輯群的責任。仁波切在引述經論時，這些內容應該視為一段話，而不是逐字翻譯。當他引用一部經論，我只以英文列出經論名稱，除了《菩提道次第廣論》之外，因為這部論的藏文名稱（Lam-rim Chen-mo）比長長的英文名稱更廣為人知。在引用經論其梵文或藏文名稱上，請翻閱參考書目。

一開始投入這項計畫時，我經歷一趟虛擬之行，來熟悉耶喜喇嘛智庫中浩瀚的開示彙集。這作法宛如電影《駭客任務》，還好有方法能進行解讀。當我們進入智庫後，從聲音檔及文稿的檔案發現另一個檔案，再發現還有另外的檔案，這些開示堆疊起來高如摩天大樓，每一份都意味著謄稿者跟校對者長時間的辛勞，更別提當時請法中心投入的時間及努力，還有記錄課程的人。耶喜喇嘛智庫團隊及護持智庫的人，其數十年來的成果實在令人驚歎。

我將超過兩百份的耶喜智庫資料經過處理，最後編輯摘錄約六十份資料[1]。為數眾多者參與其

1 本書最後編輯摘錄了從一九七二年第二屆柯槃寺課程到二〇〇九年在金剛瑜伽母中心舉辦的六字大明咒閉關，耶喜喇嘛智庫資料編號005、017、022、028、029、081、091、107、111、144、158、163、170、181、266、280、328、333、335、350、394、395、436、476、488、511、513、514、576、582、634、758、823、855、856、872、946、1047、1055、1061、1159、1227、1229、1240、1331、1344、1372、1379、1391、1420、1443、1472、1580、1604、1605、1606、1700、1783。

中，一共投入了多少小時呢？參與製作這本書的人數又有多少位呢？我沒辦法一一細數名字，實在太多人了。我能做的是：對於付出甚多的每個人，致上深切謝意。

最重要的一點，我打從心底深處感恩喇嘛梭巴仁波切，由於他的啟發才有這一切，這些殊勝的佛學是來自仁波切。對我而言，他就是活生生的典範。當一個人具悲心（compassion）及智慧（wisdom）時，做出的事是多麼地不同，任何事都有可能成辦。祈願從製作這本書的任何微小福德（merit），迴向仁波切長壽健康、聖願實現。

巴斯

二〇一〇年九月　寫於英國

一　發覺佛法的意義

對今生快樂的貪（attachment），是我們所有問題的原因。它是每個人、每戶家庭、每個國家的問題之因，也是全球問題之因。年輕人、青少年、中年人、老年人面臨到的基本問題，我們所能想到的每一個問題，都能追溯到此根源——貪著今生快樂。假使能重讀自己的人生故事，回憶起今生已經歷過的這麼多次痛苦，這場人生就像貪欲過患以及貪著感官快樂的注解。

佛教的基本思想是出離世間八法（eight worldly dharmas），世間八法也就是心（mind）攀著四種欲求對境，排斥四種不欲求對境。這種想法是：內心只在意今生快樂，所做的任何行為都以此為動機。一旦如此，即使禪修或祈願都變成了不善（nonvirtue），而不善業即受苦之因。這是我們修學佛法（Dharma）需要明白的第一件事，必須從中覺醒的第一件事。就算在西藏佛寺，僧眾及尼僧對於相當高深的法類，透過辯經及熟記成千上萬的根本偈頌、釋論，仍可能不瞭解這個基礎且關鍵的要點。

對我們來說，知道什麼是佛法、什麼不是佛法，知道殊勝佛法及世間行為的差異，是修行道路一開始最重要的瞭解，否則一生將活在無明（ignorance）和自欺。

早年我在柯槃寺的課程[2]，常花很長時間教世間八法這種邪惡之念，然後以地獄（hells）之苦來結束課程，如在冰淇淋頂端放一顆櫻桃，世間八法像冰淇淋，而地獄之苦如櫻桃。早年在柯槃寺舉辦的十一月禪修課程，我習慣將世間八法作為主要說法內容！我覺得自己有點自私，花很多時間在我自己非常有興趣的主題上。

當然，今非昔比，現在的我已完全退步。相較於當時，我現在變得懶散極了，當時我可以做許多事，其中一件是：有段時間到勞多（Lawudo）監督當時正在興建的勞多閉關中心。

先前住在這個山洞，被稱作「勞多喇嘛」[3]的這個人，生前想必活力充沛，因為他接過非常多法門的灌頂（initiations），還有聽聞過如何修證各本尊（deities）的教法。他是一位修密者（ngagpa），不是出家人；他是西藏人，不像我和當地人都是雪巴人（Sherpa）。他住在比南崎巴札（Namche Bazaar）還高的地方，就在昆瓊（Khumjung）後面的山洞裡面，山另一邊的山洞，有把佛教傳入西藏的偉大聖賢——蓮花生大士（Padmasambhava）的腳印，以及自然浮現出種子字「阿」。

我要啟程去西藏之前[4]，勞多喇嘛的兒子告訴我，他會將屬於勞多喇嘛的寧瑪派（Nyingma）

2 位在尼泊爾加德滿都，FPMT 的祖寺——柯槃寺，每年秋天會舉行禪修課程，現在通常由喇嘛梭巴仁波切及一位西方師長指導。首屆禪修課程於西元一九七一年舉行。

3 喇嘛梭巴仁波切被認證為勞多喇嘛的轉世。參閱《*The Lawudo Lama*》一書。

4 西元一九五七年。《*The Lawudo Lama*》一書第十八章及第十九章詳述仁波切在西藏的旅途及時間。

典籍歸還給我。一九六九年，當我從加德滿都抵達勞多，我在山洞裡讀到了這些典籍，大部分的典籍都是花了相當大的心力手抄完成，因為以前在當地很難獲得這些典籍印刷品。我後來再去勞多時，發現了一部非常特別的典籍，名為《開啟佛法之門：菩提道次第修心初階》（*Opening the Door of Dharma: The Initial Stage of Training the Mind in the Graduated Path to Enlightenment*）[5]（以下簡稱《菩提道次第修心初階》），其為藏傳佛教四大教派的基礎修行典籍，由羅卓・嘉參（Lodrö Gyaltsen）撰寫，其為宗喀巴大師及克主杰仁波切（Khedrub Rinpoche）的弟子，而克主杰則是宗喀巴大師（Lama Tsongkhapa）兩位心子的其中之一。

《菩提道次第修心初階》彙集噶當派格西（Kadampa geshes）的生平故事，根據自身經驗所給予的學佛忠告，描述轉念或修心（thought transformation/mind training）的初修階段。主要重點在於區分世間法和修行，清楚揭示什麼該修、什麼該捨，且強調斷除世間八法念頭。之前我到勞多，並沒有看到這部典籍。

不隨欲心轉就是學佛，隨欲心轉即非學佛，就是這麼簡單。心為緣起（dependent arising），意思是，心的存在是隨因和緣。內心能隨自己選擇被轉化，獲得證悟是有可能的，但我自己尚無絲毫這種體悟。

我在勞多那段時間應當監督工人，看他們是在切石砌屋或聊天耗日。我沒辦法一邊監督工人同時讀典籍，由於我大部分的時間待在山洞裡，所以工人沒受到監督。我唯一看到工人的時候是走出

5 《滿足之門》一書乃依據這部典籍。仁波切在書的前言提到他在一九七四年時到勞多山洞時發現了這本書。《*The Lawudo Lama*》頁237提到仁波切在一九七〇年二度到勞多山洞時發現了《開啟佛法之門：菩提道次第修心初階》。

山洞小解時，多次看到工人站著聊天。我能說什麼呢？我很難去罵他們，有人或許會這麼做，但對我來說，去責罵他們是很奇怪的。

發薪資給工人這件事，對我來說也是很奇特的經驗，以往我比較習慣收到信眾的供養，而不是發錢給別人。每天傍晚我付給工人當天工資，心裡頭明白，有些人其實什麼都沒做，或者只做了一點點。我既是秘書，又是記帳的，校長兼撞鐘。我把錢放在一個小的塑膠手提箱，日復一日，錢愈來愈少，等到要見底的時候，就會有人拿錢來，所以錢又會變多了。這件事我做了一小段時間。

我後來在讀《菩提道次第修心初階》時，引起自己回顧過往人生。一九四五年，我出生在靠近勞多地方，名為塔米的小村莊。父親在世時家境還算小康，母親懷我時父親去世了，所以我記憶中從小便是家境貧苦，家裡只有母親和大姊照顧我及其他手足。我記得在嚴冬之際，全家蜷縮在父親遺留的一件老舊大衣裡，家裡沒有一件毯子可以保暖。母親欠債，被來收稅的人追討不停，她就自釀馬鈴薯酒來賣酒還債。

我在年幼時，自然就有興趣想當出家人。由於我幾乎是獨自一人，常覺得無聊，會假裝自己是上師（lama），坐在岩石上。我有一位瘖啞朋友，他是我每日的玩伴，性情善良，他假裝當我的弟子，從我這兒接灌頂。我們還共修法會（pujas），他坐在地上，用水混著泥土和石塊，當作是供養食物，或許我們是在為將來供養色拉傑（Sera Je）數以千計的僧眾做準備[6]。小孩子遊戲時可能具有一些意義，我覺得從小孩子的遊戲當中可以看出其興趣，以及對於往後人生的準備。

6 仁波切當前許多佛行事業的其中一項，每天供養南印度色拉傑寺院兩千六百位僧眾三餐素齋。過去二十年來，提供了超過一千五百萬份素齋。

在我四歲或五歲時，叔叔帶我到塔米寺，這間寺院離我家不遠，我經常在寺院裡玩耍，除了參加一些祈願法會以及灌頂，其實大部分時間我都在睡覺。當時我還沒出家，我記得自己坐在某人腿上，看著上師的聖顏，而上師所說的話，我一個字也聽不懂。他留著很長的白鬍鬚，就像長壽法會上長壽翁那樣，個性相當親切、富有愛心。我就坐在大人的腿上沉沉睡去，感到既舒服又深沉。

我的個性調皮，所以有兩位教導藏文字母的老師，他們也同時是我的上師（gurus）。兩位上師的名字是昂旺列西（Ngawang Lekshe）和昂旺根敦（Ngawang Gendun）。昂旺列西蓄鬍，會在岩石上雕刻非常美麗的六字大明咒[7]，讓往來的人繞行（circumambulate），他會花上好幾個月的時間在岩石上刻出一個咒。

老師教導我認識藏文字母，但就在他進屋煮飯時，我腦中浮現逃跑的念頭，於是就跑回家了，我想是因為自己可以在家裡玩，而且沒有什麼特別被要求做的事情。跑回家後，過了兩、三天，母親把我送回寺院，我是被扛在某個人的肩上回寺院的。

由於我一直跑回家，叔叔便送我到如瓦林（Rul-wa-ling），那地方很靠近雪山，從我家出發得走上三天，路程充滿危險。那一區被認為是蓮花生大士的隱密聖地，如瓦林周圍的很多地方有蓮花生大士住過的洞穴及其聖座，景色極美。

我在如瓦林住了七年，期間只回家一次。每天清晨先受大乘八關齋戒（eight Mahayana precepts），背誦蓮花生大士祈願文，整天讀大部經典，例如《金剛經》，我就讀了很多遍。除了

7 觀世音菩薩心咒（Chenrezig mantra）。

吃飯之外，我做其他事都漫不經心，像在噓噓或便便（kaka）時會玩耍一下，盡可能留在外頭久一點。老師到森林砍柴時，我會拾撿小樹枝，帶回寺院排成一排，把它們當作是自己的上師，然後找兩個圓形的東西象徵鑼，在樹枝前奏起音樂給他們聽，我並沒有真正背誦出祈願文，不過是模仿唸誦罷了。

當我必須要唸誦整部《般若經》（*Prajnaparamita*），以及其他人請求我在法會裡唸誦的經文，例如《甘珠爾》（*Kangyur*）時，我也非常調皮。寺院收藏許多大部經典，我在讀誦這些經典時，因為常獨自一人，有時我會用木炭在經典上劃一個個黑色圈圈，我不記得老師是否因此而責打過我。

約十歲時，我到了多摩格西仁波切（Domo Geshe Rinpoche）在西藏帕里（Phagri）[8]的寺院，我就在那兒出家。每天早上，我背誦寺院會誦唸的經文或祈願文；到了下午，就去參加寺院法會，或者去功德主家修法。我要熟背兩大冊經文，但當時我只背了一冊，沒繼續背另一冊，不過我在背經考試還是考得很好。

考試結束後，西藏當時已被中國共產黨侵占。拉薩被占領，軍隊正朝我們這兒來，當時決定必須逃離。很多出家人相當害怕將來面臨的危險，但我仍過得非常開心，看不出需要害怕的理由。我們在半夜逃離，當時下了些雪，道路泥濘不堪，有時腳會陷在雪泥裡。到處可見牧民以及中國間諜，我們在行經時，狗兒們對我們狂吠，沒人開口說話，或許他們全都在禪修吧。隔日我們穿越不丹邊

8 參閱《*The Lawudo Lama*》第 168 頁（含）之後有所詳述。

境；再隔日，我們一群約莫三十或四十人抵達印度。

我在布薩杜爾（Buxa Duar）[9]住了八年，八年來我沒有真正在研讀佛法，而是浪費很多時間在繪畫和自學英文，就像背藏文經典裡的字。有一次我試圖背起整部字典，但沒背完。

我花了很多時間玩耍或到河裡洗浴。晚上，僧眾會在水龍頭底下洗澡，白天天氣太熱則在河裡洗。所有出家人會把紅色和黃色僧服披在樹叢上，只穿著短褲游泳。從山上俯瞰，樹叢上的僧服像是一朵朵綻放的花朵。這些年會去聽佛法開示、背誦經典，還有參加辯經法會，但感覺就像孩子在玩耍般。之後我在辯經表現開始有進步，卻同時感染肺結核，被送到位於大吉嶺的學校，我在那兒學習許多科目，為了身體健康，我得在那裡住上一段很長的時間。

我依著《菩提道次第修心初階》這本典籍，邊反省整個人生，想不起有任何一件事成為佛法。

我在西藏時，老師曾給我一本《宗喀巴大師上師瑜伽》（Lama Tsongkhapa Guru Yoga）釋論，老師把這本釋論放在桌上，我讀了幾頁，當然我不可能懂，當時我還不曾讀過完整的菩提道次第典籍，也未曾接過相關教導。

過了數十年後，現在我在勞多讀《菩提道次第修心初階》，同時我清楚地看見，過去自己身為出家人，卻從沒真正瞭解過什麼才是真正的佛法，更甚於此，我清楚看見自己過去所作所為全是世間法，這一點讓我非常震驚！

光是閱讀典籍就帶給我極大的改變，之後我去閉關，內心產生很大的改變。光是瞭解何謂真正

9 西元一九五九年，中國人控制西藏後，許多西藏僧眾及尼僧就住在位於西孟加拉（West Bengal）的難民營。

的佛法，我感到更寧靜、沉穩、平和、不帶期許。如此，我的閉關就變得圓滿。

因為我從《菩提道次第修心初階》這部典籍瞭解如何修行佛法，即便在閉關的第一天，就感覺到無法置信的寂靜跟喜樂。因為稍稍減輕世間八法，內心會遇到的障礙就隨之減少，就像擋在路上的石頭更少了，也就是說，修行障礙減少了，這一點是閉關能圓滿的關鍵。那次閉關之前，我並沒有詳讀密續本尊的釋論，卻因為內心遇到的問題比較少了，所以感受到獲得本尊加持。

如今，我的心已完全退墮，回想當時讀《菩提道次第修心初階》，並稍加思考其中意義之後，當信眾供養我，我便感到非常不自在。在梭羅坤布（Solu Khumbu）地區，雪巴人常會帶著供養到山洞，他們會把玉米（或者他們能供養的其他東西），裝滿在通常用來吃食物或喝青稞酒（chang）[10]的銅製器皿裡。讀了那部典籍之後，讓我很怕收下供養。

讀完《菩提道次第修心初階》後的閉關經驗，帶給我的啟示是：就像雙手能揉麵團，無庸置疑，我們一定也能把心塑造成自己想要的樣子，對心能指揮自如，讓心習於佛法，即能確實獲得圓滿證悟。即便在閉關期間，內心當下生起微小的改變，就是符合邏輯的證明，證明成佛（enlightenment）是可能辦到的。

克帝參夏仁波切（Kirti Tsenshab Rinpoche）持有完整佛法，曾說《甘珠爾》（佛陀講授的佛法〔Buddhadharma〕）以及《丹珠爾》（*Tengyur*，印度班智達〔pandits〕對佛經的釋論），其目的專在調伏內心。貪著世間八法這種邪惡念頭，貪著今生的欲望，是我們在聽聞佛法、思惟佛法，以

10 藏式啤酒。

及禪修佛法時想通往成佛道路上的障礙，也是修行佛法難以獲得成效的癥結。《菩提道次第修心初階》及其他類似典籍，目的便是要整個翻轉這些思惟，所以被認為是轉念或修心典籍。

事實上，整個菩提道次第的教法，依照次第修行直至證悟成佛，便是一場轉念歷程，其主要目的在於調伏內心，這是為何其他教法對修心的成效有限，而聽聞或閱讀菩提道次第教法卻能調伏內心。

究竟是什麼障礙了我們內心生起菩提道次第呢？是什麼不讓我們獲得證悟呢？從早到晚，是什麼阻礙我們的行為成為殊勝佛法？答案是世間八法念頭：只想著貪著今世快樂的欲望，這就是阻礙我們內心生起菩提道次第證悟的原因，阻礙我們從依止上師（guru devotion）、獲得暇滿人身[11]的基本證悟直到成佛。

我們必須「反省世間八法的過失」，以「出離世間八法能帶來無盡的利益」來練心，尤其需要禪修無常（impermanence）及死亡來練心。如果修行一開始就做好這個思惟訓練的話，我們便開啟了佛法之門，此後便能不費力修行佛法，而且對於想要達成的目標，不論是閉關或者修其他法門也都能成辦，我們的所作所為都可成為佛法。

11 菩提道次第教法的前兩個法類，因此是我們要先獲得的體悟。

二　世間八法

◆欲望的不滿足心

無論我們是不是佛法修行人，生活裡的每個問題都來自於內心，每次的快樂感受亦然。苦的原因不是外在的，快樂的原因也不是外在的，不論感受到苦或樂，原因都來自內在，來自內心。

生活裡遇到的每個問題，到底是什麼製造出來的？是欲望的不滿足心，是貪著今生的心。我們透過所謂的世間八法，努力想得到今生的立即快樂：對於舒適的欲望、物質（例如禮物、朋友等等）、擁有好名聲、受到讚賞，以及對於不舒適感、缺乏物質、壞名聲、受批評或是被責怪，而感到厭惡。

富有不是問題，對財富的欲望才是問題；交朋友不是問題，貪著朋友才是問題。由於欲望的情緒心，對境變成我們的問題，有欲望就會出現世間八法念頭，不是沒錢才出問題，有錢也會。當我們受到世間八法控制，沒朋友時就覺得很糟、寂寞，但有朋友也不會帶給自己全然滿足感。內心受欲望控制時，擁有或缺乏都只會帶來不滿足感而已。

我們看起來知道苦和樂的差別，事實上當我們看到自己如何一直地、勤奮不懈地朝著帶給自己受苦的方向努力，就會很清楚其實自己真的一無所知。

由於我們對世間的貪著，在遇到四種悅意對境時就興高采烈，錯認這種興奮為快樂，沒看出來這些對境並不會帶給內心沉著或平靜。相反地，由於我們尚未消除欲望的不滿足心，而讓自己受制情緒波動及不穩。貪心是緊繃的，在這情況下，我們痛苦地陷在對境裡，沒辦法把自己從對境分開。

心被欲望淹沒時，不僅遮蔽對境的實相，自己也沒辦法見到欲望的缺失。我們遠遠地看到朋友，內心也隨之名言安立，就在誇大對方的優點時，很快就被貪著給提振起來，「他真的好讚！[12]好帥！我好幸運可以這樣在路上遇到他！」我們抓住貪著的對境，好像它們真實存在一樣。不只是加以妝點，同時阻礙了自己對於它們真正自性的瞭解，我們對朝向自己走過來的對象，投射這些誇大特質，內心還懷著不切實際的期待，以為對方能使自己真正地快樂。

當我們遠遠地見到朋友，一開始只看到身體，之後才認出對方，名言安立那個身體是「我的朋友」。一開始我們看見那個基礎，然後在那個基礎上名言安立為「朋友」，就看見了朋友。但這並非它所顯現的樣子，對我們來說，「朋友」跟正朝我們走過來的身體無法分開。事實上，「朋友」只是內心投射，雖然它是自己內心安立「朋友」在那個對境上，我們卻相信僅為名言的對境是實相，視這些對境不只是安立的朋友而已，對我們來說，這似乎是真真實實的朋友，接著我們就說：「這

12 也可指她。英語的一個缺點是不定第三人稱單數（the third person singular indefinite）。在歷史上默認性別字為「他」（he），近來流行使用「他們」（they），不過會有以複數動詞指涉單數主詞的混淆。本書編輯群乾脆來回使用不同的性別代名詞。

位是我的朋友。」

對我們而言，那位朋友不只是自己內心名言安立，我們認為的與名言安立是徹底相反、完全衝突的。朝著我們走過來的是自己的朋友，對方自性而有，完全獨立於我們的內心。的確有個人在那裡，但那個真實存在的朋友不過就是一個裝飾，一個投射，名言安立在那個基礎上，只是名言安立為朋友的蘊體（aggregates），是過去無明在內心相續所留下來的負面習氣（imprint）。

這就是根本的迷惑，而且是一直折磨我們，並奪走快樂的煩惱（delusions），例如瞋心（anger）、嫉妒心及驕慢心，就是源自於此。錯認對境，我們就動彈不得。就像受到毒品的影響，我們會在什麼都不存在的情況下，幻想出真實的、獨立的對境。受世間八法念頭的控制下，我們把那位僅僅是名言安立的朋友視為永遠的、不變的，是我們真正快樂的真實原因。這是我們的朋友，他永遠不會變。但改變是自然且不可避免的，當發生了某件事，對方變了，我們因而驚訝不已。

我們對於實相本性的迷惑，會把「無常」的東西看成是「常」的，自己因此受苦。找自己麻煩的不是別人，而是自己。我們因為沒有證得實相，沒看到對境真實的樣貌而折磨自己。我們覺知它們的方式與實相完全衝突，卻抓著這些假的顯現，以此自找麻煩。

本性只有苦的東西，我們卻視其為樂；我們把無常的東西視為常；不清淨的東西視為清淨；非真實存在的東西視為真實存在。當我們貪著這些顯現，以欲望歡享著這些對境，它們看起來是好的，但遲早它們會欺騙我們，我們與它們的關係到最後結果只有苦，這就是輪迴（samsara）。擁有輪迴圓滿看起來是好的，但因為我們尚未出離對今生的貪著，就注定被騙，即使找到欲望對境，也不可能是圓滿的，在我們內心裡總是少了什麼，欲望的不滿足心奪走了快樂[13]。

對大部分人而言，成功人生指的是成功獲得四種所欲對境，其實這只會成功得到痛苦而已，因為欲望的本性會擾亂我們的心續，還會造成不滿足。無論我們當人或甚至當天人（deva），天人的感官享受程度比人要高百千萬倍，事實上也只是不滿足罷了。

當別人告訴我們必須捨棄欲望，我們就覺得好像別人要求自己要犧牲快樂。沒了欲望，就不可能有快樂，什麼都沒了，只剩下自己，整個都是空空的，就像是氣球洩了氣，我們覺得就像身體少了心臟，跟死了沒兩樣。

這是因為我們還沒體會到欲望的缺失，還沒體察到欲望的本性就是苦。欲望本身就是苦，是不健康的心；由於欲望，我們的心妄念紛飛，沒辦法看到有另外一種快樂才是真正的快樂。

如果得到欲望對境是真正的快樂，那麼我們有愈多就會愈快樂。事實正好相反，我們在對境上的享樂反而降低，直到它變成了明顯的苦。例如我們在吃東西時，一開始非常享受其中，但要是一直吃下去，很快地，吃東西就會讓自己不舒服，然後轉為明顯的苦。

因緣聚合下，我們遇到有利的對境，便稱之為快樂，但內心深處卻有痛苦感，胸膛也有緊繃感，心被綁得緊緊的，就像犯人手腳被繩緊緊綁住。即便我們打算去追尋欲求對境，也不會有真正的平靜，內心仍處於受苦的本質。

這就是我們為何必須瞭解世間八法不可，愈體察出內心究竟是怎麼一回事，就愈能明白問題的

13 對這一點的細節，可參閱仁波切在 *Bodhisattva Attitude* 一書中對於四種邪見的開示。

原因。我們去東方國家會遇到問題，一旦回到西方國家也會遇到問題，不管去哪裡都會有問題，都有不滿足感。能看到這一點的話，就能看到人生問題的根源，看到產生問題的核心煩惱，對個人、社會、國家、世界都是一樣的。世間人認為快樂來自感官對境，於是真正的快樂及滿足感就會被奪走，偉大的班智達——提婆論師（Aryadeva）說過：

世間眾生難以看透快樂來自於出離今生，對於這一點，他們深受蒙蔽。

我們可能獲得了一般人視為成功人生的所有指標。我們可能在擁有成千上萬、百千萬、千萬億元後，認為這就是成功；我們可能在受到稱讚後，認為這就是成功；我們可能在有舒適生活、食物、衣物、住所等等，認為這就是成功。我們可能擁有一般人稱為成功的一切，但即便獲得一切，由於我們貪著它們，在這種情況下仍是苦的。

我們依著驕慢、貪著等等做的一切惡行、傷害甚至殺害他者，一切痛苦及憂慮，都是世間八法惡念造成。假如我們去觀察，就像看一部電影，回溯過去以尋找問題的成因，會發現全都來自只求今世快樂的貪著心。這是一個啟示，我們能在最後看到一切痛苦（及快樂）都是來自內心，而非外在。

宗喀巴大師在《菩提道次第廣論》說：

我們希望得到滿足而追隨欲望，但隨欲望只會帶來不滿足。

事實上，追隨欲望的結果只會是不滿足。我們試了又試，試了又試，但不可能有真實的滿足。

追隨欲望是輪迴的最主要問題。它綁住我們，讓我們不斷流轉生死，令我們一次又一次經歷六道（six realms）痛苦，沒有結束，永遠找不到真正的滿足或平靜。得了惡性腫瘤或愛滋病，跟被欲望束縛住而永遠在輪迴裡相比，前者根本不算什麼。病苦會有結束的一天，但要是我們擁有這暇滿人身時卻不調伏欲望，欲望造成的痛苦則會永遠下去。

我們應該對欲望帶來的來世感到驚懼，例如投生三惡道（lower realms），處在無法忍受的痛苦，或者在上三道裡持續不滿足。但我們不是這樣，大多人只擔心今生的暫時痛苦，投入一切努力只為了不受暫時痛苦。單為今生而努力去獲得快樂、避開痛苦，這麼做是負面的，因為我們使用的方法是負面的。我們在今生所做的任何事，都只是出於愛我執（self-cherishing）的念頭，為了想得到輪迴的享樂，為了這輩子的舒適。

由於我們貪著欲樂，一旦生病，看病的動機只是希望能舒緩身體不適，沒有更高層次的想法，因此服藥就成了不好的行為。肚子餓了，帶著愛我執來進食，這使得吃東西也變成不好的行為。感覺熱或冷時，我們也是以同樣不好的心態來開風扇或吹暖氣。從早到晚，我們做任何事都帶著愛我執。在室內、在戶外、穿衣、走來走去、跟別人說話、工作、吃東西、看東看西、逛街、上床睡覺，做每件事都帶著愛我執。

就算我們做每件事的動機是想要得到暫時的快樂，避免暫時的問題，事實上，我們所做的每件事立刻產生出未來更強的、持續的苦因。在過去數不清的生生世世，我們已經是這樣做了，延續苦的循環，所有時間都懷著世間八法念頭。

除非打破這種循環，否則會持續下去，做出一樣的事情，持續不斷，不會結束，因為我們在處理當下的世間問題時，所用的方法大錯特錯，我們永遠在為自己創造出更強大的苦因。說真的，我們瘋了，徹底瘋了。

菩提道次第的修行者們，其已出離世間八法念頭，清淨修行，他們看我們貪著輪迴快樂，見我們像是小孩在戲耍一樣，全都是幻想。

看看小孩子玩沙的模樣。他們做出一堆堆的沙，給這堆沙子取名，稱一堆沙是「我的房子」，另外一堆是「我的車子」。他們相信自己取的這個名言，進而執取。受到質疑時，他們生起了貪心、瞋心、惱怒，而回駁、跟別人打架。攀執世間八法，我們正像孩子。事實上，我們整個人就是孩子氣的，我們對行為起貪著，好像它們很有意義，其實它們一點意義也沒有。我們在尋找快樂時，卻是追著無意義的事情，我們相信無精華的東西是有精華的。

或許我們會想，就算它不是真正的快樂，只要自己樂在其中，也沒什麼大不了，沒有害處。這就像是見到毒藥，把毒藥安立為藥，我們吃下去會生病，身心都會病了。攀執暫時快樂的結果是憂惱、沒有平靜、沒有自由，這就是負面心的本性。

當我們確實瞭解到，生活一切問題都是由世間八法此惡念所引起，接著，就如我們全都是在追求快樂，自然就會出離造成一切痛苦的主因，這樣能真正地帶給內心及生活平安，假如我們去檢視，這一點是顯而易見的。

我們一腳踩到刺時，知道痛源是那根刺，拔掉刺就不痛了。相同地，就像世間八法是一切問題的源頭，出離它們就是最關鍵的方法，這個方法是今生快樂及真正平靜的源頭。

我們所做的任何行為要不屬於佛法（真正快樂的因），不然就是屬於非佛法（痛苦的因），兩者的差別只在於行為是否由世間八法驅動。因此，假如想要過得快樂，第一步就是要出離世間八法此惡念。

◆世間八法的定義

「法」不只是個名字而已，它具有偉大的意義。「法」並非宗教名相，例如佛教、基督教、印度教等等。清淨的修法屬於每個人，它由心所造，是由證悟者——佛陀，示予我們的方法，也是佛陀完全依循、修行及體驗的方法。

「法」在梵文的意思是「持住」或「引導」，因此佛法是引導我們從三惡道痛苦到達佛果。我們每個人都要創造出自己主要修持的法，變成自己的好嚮導，而非自己的敵人。

而世間八法當中的「法」，意思就不一樣了。這裡的「法」指的是存在的現象。更精確來說，它的意思是「有自性的任何法」，換句話說，是自性有的現象。對於無明心而言，每個對境都有其自性，內心看一朵花為真實存在，不需要因或緣，認為花是自性有。也因此，「世間」法是指：無明心執取所有法從自身方面存在。

所以「法」有兩種意思，一個是能帶領成佛的方便（method），而另一種，世間八法所指的「法」

是讓凡夫束縛在輪迴的法[14]，這兩者完全相違。

世間法是貪念或瞋念的對境，它要不是我們貪著，想要擁有世間的快樂對境，就是我們不喜歡、不想要的或不想經歷的痛苦對境。是否過得舒服及快樂、是否擁有物質東西、是否有好名聲、被讚美和受批評，這些是四種欲求跟四種不欲求對境。

因為我們貪著四種欲求對境，厭惡四種不欲求對境，所以我們是「世間」有情，這跟活在殊勝正法、清淨的修行者正好相反。

◆ 世間八法

龍樹菩薩（Nagarjuna）在《親友書》[15]描述世間八法為：

得到、失去、快樂、不快樂、名聲、罵名、讚譽、批評：我的內心裡沒有這些世間八法的對境，它們對我來說全都一樣。

世間八法[16]是：

14 耶喜喇嘛智庫（LYWA）的慣例是大寫「Dharma」代表佛法，而小寫「dharma」則是指存有的萬法。
15 第二十九偈頌。
16 多年來仁波切開示世間八法，用過許多詞彙來描述。例如物質受用方面，他也使用過物質東西、舒適、得到自己想要的東西。快樂及

1 渴求物質受用
2 渴求物質受用無有乏少
3 渴求樂及舒適
4 渴求無不樂及不舒適
5 渴求好名聲
6 渴求無壞名聲
7 渴求得到讚譽
8 渴求不受批評

這些世間八法（也稱為八種世間法）中，四種是我們渴求擁有的悅意對境，另外四種是我們渴求脫離的不悅意對境。

我們通常的內心迷惑就是這個。我們處在悅意的、舒服的情況時，就覺得快樂，處在不悅意的情況時就不開心；擁有想要的物質受用時就快樂，失去了就不快樂；得到好名聲時就快樂，要是壞名就不快樂；被稱讚就快樂，受批評就不快樂。

失去擁有的東西、不快樂、不舒適、壞名聲及批評，這些普遍被認為是問題，但大多數人卻沒看到其相反：得到物質東西、擁有舒適和快樂、有好名聲及被稱讚，這些一樣也是痛苦。如果不加

不快樂方面，他也使用過欲樂、有趣的東西、舒適，及痛苦、無趣的東西、不舒適。好名聲及壞名聲方面，他也使用過聲譽、聽到悅耳的或有趣的聲音，以及無名小卒、惡名昭彰、聽到不悅耳的或不有趣的聲音。讚美及批評方面，他也使用過敬佩、辱罵、毀謗、批評、貶低（還有其相反詞——抬舉）。

以檢視，當我們遇到悅意對境，會稱之為樂，認為自己是快樂的，卻沒看到其實內心是緊繃的。

有神通力以及許多方面證量的噶當派貢巴瓦格西（Gönpawa）說：

領受由世間八法為動機驅使的四種悅意結果，舒適、物質受用、好名聲及讚譽，只會是今生的短暫樂受，對生生世世無絲毫益處。此外，這種行為會招致四種不悅意的結果，這樣一來，對這輩子也是絲毫無益。

我們認為遇到四種悅意對境的任何一種就是快樂。我們會因為收到禮物或跟朋友碰面，或報紙刊出極為頌揚我們的文章，說我們多麼有教育水準，或多麼慈悲，自己就感到快樂。發生某件令自己悅意的事，內心突然間就上揚了起來，還緊黏在那個對境上面。

這裡有個實驗：當你遇到任何一個四種悅意對境時，去看看內心。你那一次感覺如何？你去看興奮及五官欲樂的表面下，將會看到，那永遠不會是平靜的或放鬆的，反而是迷惑的、煩亂的、干擾的。它是上揚的，卻也是緊繃的，好像被鐵手套握住。有貪著時就不可能有專注，因為內心陷進那個對境時，心是不自由的。我們稱之為緊繃的、擾亂的心為「快樂」，但它只不過是不同程度的苦罷了。藉著瞭解其本性，儘管我們得到了想要的，仍清楚還是少了什麼。

這就是貪的本性。我們都在苦裡，但它跟病苦不同，是貪苦。很難發現或去控制貪苦，因為強烈的貪與我們在對境的經驗交雜相混，它能矇蔽我們，讓我們看不到對境的真正本性以及在內心深處發生的事。我們被欲求對境的欲望給包住了，沒辦法看到在今生所有的擔心、侵略心、不快樂及害怕是來自那個欲望，也就是太在乎今生快樂。

被欲望所布滿，就看不到真正的快樂是要離欲才會出現，就像毒癮者從不認為自己沒毒品還能快樂得起來，我們覺得需要外在東西才會快樂，看不到有其他條路。但要是去閱讀上師傳記，像是密勒日巴尊者（Milarepa），就能知道他們如何從出離世間八法來獲得偉大的平靜、穩定感、快樂，而且這些功德只會增長，不會減損，這才是真正的平靜，甚至是殊勝的內在平靜、涅槃（nirvana），其根源就在出離世間八法。

得到和失去

喜歡某個東西並非要貪著它。想想自己最寶貝的物質受用，像錢、車、珠寶等等，我們可能會看到自己對它們有強烈的貪著。這種情況不只是東西，朋友也是，我們跟朋友見面時會感覺到一種快樂，深信不疑這種是真正的、真切的快樂，卻不會發現其實有貪著在裡頭。

我們往往認為可以從朋友或令自己珍惜的東西裡得到真正的快樂，但那種貪著心是迷惑的。帶著欲望心去結交朋友，我們從貪著所得到的暫時快樂並不是真正的快樂，它不是由減輕欲望而生起，而是由追隨欲望所生起。

進一步地，不論何時有貪著，就會害怕失去，而且貪愈強就愈怕。如果對境是個東西，我們隨時把它放在安全地方，鎖上所有門，就算它從沒被偷走或遺失，我們仍時時擔心有天它會不見。假如對境是朋友，我們對他的貪著愈強，就愈擔心可能有天對方離我們而去。

一旦有強大的貪著，即使住在富麗豪宅，穿著價值不斐的華服，品嚐美食，仍會感到生活索然無味。我們的身體在那個地方，內心卻不快樂。我們對於四種悅意對境的貪著愈強，就愈擔心會碰到四種不悅意對境，一旦遇到那四種不悅意對境便不知所措，我們的生命完全迷失了，甚至會瘋了，還可能認為自殺是唯一能離苦的道路。

我們懷著不間斷的、惱人的憂慮感，擔心四種不悅意對境近在咫尺。它們可能不會馬上出現，我們至今還沒遇到討厭的對境，今後也可能不會遇到，但在我們心裡，卻像問題早已經出現在那裡了。然後，當我們喜愛的對境出事，東西不見或被弄壞，或朋友離我們而去，隨著我們的貪著愈強，受的苦就會愈大，繼而變得很沮喪，心情直落，憂愁不已，臉色大變。

想一想會令你生起貪著的珍貴物品，想到它不見了，被偷走或被弄壞了，你會有任何焦慮感嗎？就算你擁有那個東西，它從沒離開過你身邊，就算還沒出事，你還是會害怕有一天會發生嗎？觀想那個珍貴的東西或者那位自己很珍惜的朋友，觀想那個東西被弄壞了，或者朋友快死了，然後想像你有什麼感覺，這件事如何影響到內心呢？

這麼說好了，我們有一個碗，我們對這個碗相當貪著，不論它是價值很高的古董或只是個破舊的藏式碗。有天我們打破它了，覺得好難過，別人怎麼安慰自己都開心不起來，如果我們之前對那個碗的貪著比較低的話，即使失去它會痛苦，痛苦也會較小。另一方面，要是有人偷了我們的垃圾，我們一點也不擔心，這件事不會影響我們，因為我們不貪著垃圾，失去垃圾不會讓心情低落。當然，永遠都有可能有人貪著垃圾，要是垃圾被偷也會覺得難過。

如果我們把對於垃圾的不貪著跟對於珍貴物品的貪著互相比較，然後去比較，我們對於失去一項不會感到痛苦，而失去另外一項卻感到強烈痛苦，這樣就能輕易看到自己的苦是來自於貪著，而不是失去東西。

不論何時，只要有世間八法念頭，像是貪著住所、食物、衣服等等，都會害怕並擔心有朝一日會失去。無論何時貪著舒適感，就會害怕失去；不論何時貪著得到東西，就會害怕得不到；無論何時貪著讚美，就會害怕遭批評；無論何時貪著好名聲，就會害怕得到壞名聲。這是很基本的痛苦，沒得到四種悅意對境是種痛苦，一旦得到了，卻由於貪著心而害怕失去。

我們既然處在輪迴，當然不可能永遠得到所欲之物。我們一直找尋四種悅意對境，較常遇到的卻是四種不悅意對境。這不是什麼新鮮事，事實上這種事不斷出現。

博物館的古董文物跟這種事一點也沒辦法比得上，不管它們歷史有多麼悠久，都是從這個世界系統開始的，我們還可以數得出來它們是上千年或百萬年的歷史。然而我們在遇到不悅意對境上的經驗，從我們在今生久遠之前就開始了，甚至比這世界出現的時間還更久遠，只要我們沒脫離輪迴，將會一直遇到不悅意的東西和情況，那就是輪迴生命的本性。

只要依賴外在的東西來獲取快樂，例如像是商品或讚美，永遠都得不到安穩。外在世界總是在變化，所以我們對於外在世界的回應也一直在改變，永遠上下起伏。陽光燦爛時我們覺得開心，下起雨就不開心；被稱讚覺得開心，被批評就不開心；看到好看的電視節目覺得開心，看到無趣的節目就不開心。情況一有變化，我們的心也會隨之變化，上上下下，起起伏伏，持續不斷。

就好像聖誕節的時候，有人向來很慷慨大方，一直以來都會送給我們很讚的禮物。我們會期待她送禮物，所以看到她時內心突然上昂，這就是我們對於收到東西有貪著心的徵相。有年聖誕節，由於某原因她沒送禮了，我們覺得困惑，開始編出她為何會忽略自己的各種理由，打從內心對她有很強烈的不悅感。我們當著她的面，抱怨她愛其他人但不愛我們，我們對她大聲咆哮還批評她，或許還會朝她臉上吐口水。如果我們正坐在位子上吃晚餐，甚至是還沒吃完之前，就把盤子摔在地上，踱地，從飯廳跑進臥室，大聲摔上門，聲音大到每個人都聽得到。我們撲倒床上，邊哭邊抱怨，不斷批評她，就像唸咒一樣。我們唸誦這種抱怨咒長達好多小時，想著她怎麼會愛別人勝過我們，我們變得相當憂愁，對這位朋友有很強烈的氣憤感，還嫉妒其他人，這就是世間八法造成的成果。

懷著貪著心，我們就處於困境中，好像永遠不會結束；如果沒有貪著心，我們就能看到事情並非如此。如果發生一件讓人不舒服的事，它不會讓我們這麼苦惱，如果能經由禪修無常及死亡的基本方法來斬斷對今生的貪著，之後即便出現四種不悅意對境，也沒什麼大不了。

我們在生活裡可能遇到很大的問題，像是：在家裡沒人愛，每個人都討厭我們，我們得上法院，看似要在牢裡度過餘生，我們的名聲壞透了，每個人都說我們的閒話，不管上街去哪裡或者待在家裡，每個人都說我們不好，拒絕伸出援手……在我們的心裡感覺這樣的事情會持續到永遠，像永恆不變。其實這輩子一閃即逝，如一道閃電，出現後隨即消逝。

出現閃電時，我們能看清楚周圍東西，但看到的顯現，瞬間就消逝了。這一生的顯現也是如此，發生然後驟然消失。跟我們無始以來的過去生相比，今生就像是一秒鐘，宛如一道閃電。

宗喀巴大師曾說過，這輩子就如同水中泡沫般無常，瞬間破滅。明白這一點，我們應當致力於擷取此暇滿人身的精華，完全放下攀執。

快樂及不快樂

我們往往只有在「不悅」出現時會覺得不快樂，就是當今生快樂受到某種阻礙，通常是我們遇到不喜愛的對境的時候。我們在遇到四種悅意對境其一時，沒有出現這般不悅，所以我們會認為這樣就是快樂。事實上，我們對快樂的定義等同於遇到貪愛對境。

這就是為何世上大多數人把貪愛跟快樂劃上等號。他們沒看到這種想法大錯特錯，這是因為他們還沒體驗過真正的快樂。只有在無貪愛時，真正的喜悅才會出現，即使這就是偉大禪修者的親自體驗，大多數人甚至從來沒聽過佛法所能帶來的平和及快樂，他們只把短暫的欲樂看做是快樂，不知道每個人能夠在不貪愛的情況下得到快樂。內心的運作就是在遇到四種不悅意的對境所出現的厭惡感，會直接連結到希望遇到的四種悅意對境，所以當我們愈是需要貪愛的對境，就愈容易失望。

為什麼我們如此沉迷舒適呢？例如，很多人相當貪愛食物，密勒日巴尊者對貪愛食物提出告誡，他稱享受美食是「魔羅（Mara）的間諜」[17]，會欺騙我們生出更多、更強的貪愛。如果加以檢視，會發現，這個不快樂的心一定是來自於渴求暫時的樂，來自於世間八法。

我們擁有簡單的、營養充足的食物還不夠，每次都想要嚐到美味，要是得不到就會難過失望，得不到想吃的東西，或者得到的食物不完全是自己想要的，就變成了內心的大問題。我們從早到晚整天感到心煩，這種經驗充滿整個家：「今天午餐真難吃，我沒吃到想要的。」這件事成了很大的

17 魔羅是內在干擾的化現，食物何以是「間諜」的這句引言及解釋，可參閱本書第 241 頁。

慘事。

我們受到擾亂程度的大小，端看內心貪著有多強，如果心充滿欲求，沒有任何事能滿足我們。我們都看過像這樣的人：在他們的生活中始終缺少了什麼，永遠不對勁，不論待在哪裡，都有不對勁的地方，不管有什麼樣的衣服或吃什麼，沒有東西能讓他們滿足。或許我們沒有這麼嚴重，不過這就是我們，這就是輪迴。這是內心和對境互相連結的心理學，探究此理，是研究內心的最好方式。

如果我們對於對境的貪著少一些，就算東西吃起來乏味也不會是問題，沒有理由覺得難受，不會有內心沮喪的問題。我們對於遇到四種悅意對境時的貪愛能減輕多少，相對地，就能在沒有它們的時候降低不快樂的感覺。

從切斷我們的貪愛，修行佛法會帶來平和，我們不再迷惑，內心感到快樂。不管發生什麼事，舒適、不舒適、讚美、批評或任何事，我們的心會永遠是快樂的、穩定的、平和的。

噶當派夏瓦巴格西（Shawo Gangpa），這位偉大的瑜伽士從修持阿底峽尊者對菩提心（bodhicitta）的教導而獲得深刻體驗，他指出：

> 在我們沒出離貪愛，而去追求今生的快樂，惡業（negative karma）、痛苦及惡名會同時擾亂我們。當我們出離了世間八法，真正快樂的旭日將在內心東昇[18]。

18 參閱 *The Book of Kadam* 第597頁（含）之後。

持著強烈的貪愛等於內心有塊尖銳的玻璃碎片。貪愛不是快樂心，而是痛苦。對我們來說，得到一塊錢跟沒得到一塊錢有很大的差別；而對於出離世間八法的禪修者來說，得到跟沒得到一百萬元，兩者沒差別，不論有沒有得到，都不會改變其心。並不是得到了就快樂，沒得到就不快樂，無論是暫時的快樂或痛苦，對他來說都不要緊。

一旦沒有貪著，當我們遇到四種不悅意對境時就沒有問題，不管出現什麼情況，我們都會穩穩的。即使租的房子裝潢不夠好，吃的東西烹煮得不夠好，也沒有問題。即使端給我們的食物壞了，就不吃而已，不會覺得難過，這不過就是朋友給我們的食物意外壞了，如此而已，接下來的怒氣、爭吵、上法院訴訟，都是自己的不滿足心加諸上去的。

當我們被舒適感及享樂纏住時，內心很容易受到干擾，任何事都會使我們分心，讓我們起惱，像是外頭細微聲音、在周圍飛來飛去的小昆蟲。每件我們不想要的事都會在內心掀起巨大波瀾，變成了令我們相當不快樂的原因。例如，你之前可能看過，有些老人家只要聽到什麼小聲音，就會大喊大叫，讓他們自己及周圍每一個人都不開心。

天有不測風雲，我們被住在公寓樓上的人跳舞聲或開到震耳欲聾的音響聲給吵醒。再來我們氣到不行，打電話報警，想給對方吃頓苦頭。但這些額外的行為是沒必要的，也沒辦法讓我們重返夢鄉。噪音對我們造成多大的麻煩，端視我們對舒適感的貪著有多強。

要是我們不出離欲望，內心會一直不快樂，要讓內心快樂則需耐心。我們被批評時，應該要耐住性子；被責怪或受欺侮，東西被偷或對方不給我們期待的東西時，我們應該要有耐心。這麼一來，我們的心不會被擾亂，也不會惱怒。以心理學來說也是這樣，少一點貪著，就會少一些對於未來可能出差錯的焦慮感。

要是期待每件事都完美無瑕，無可避免會失望，內心變得焦躁不安。例如，有西方遊客去原始國家，像是尼泊爾，便嚇壞了，那裡的物質條件相較西方國家是很差的。就算他們住在加德滿都最高級的旅館，在尼泊爾人眼中已經是不可思議的豪華，無可挑剔的完美了，他們還是認為缺了很多東西，沒有這個，少了那個。就在他們記得缺少愈來愈多東西時，就會極不滿意又不快樂，想馬上飛回家。

就算是計畫長年居住尼泊爾的人，最後也落得倉皇離開。沒熱水、沒超市，物資相當匱乏。但住在那裡的尼泊爾人卻快快樂樂的，他們住在偏遠山中，幾乎什麼東西也沒有，卻沒有太多苦，也沒在怕什麼。

世間八法的念頭阻礙遊客擁有和原始村落居民一樣的快樂、放鬆的心。不快樂並不是在於床上臭蟲或者噪音，而是在盼求世間欲樂的念頭。

不管外在條件如何，不管噪音有多大聲，或者生活條件很不舒服，還是很有可能真正過得快樂。人的內心若無世間八法念頭，沒有事能讓他分心，內心無煩無憂，隨時是快樂且穩定的。

好名聲及壞名聲

貪著好名聲是我們凡夫最麻煩的問題之一。相較而言，出離食物及衣物的貪著比較容易做到，出離對名聲的貪著，則顯得困難多了。讚譽和批評，是由他人直接給自己的評價；而名聲較廣為人知，是關於別人怎麼說我們，像是報紙刊登我們曾經做了什麼，或者是別人說我們的八卦文章。

拚命想要讓別人敬佩自己，會帶給自己許多擔憂及問題，而這些都是自己一手造成。要有好名聲得付出很大的心血及金錢，當有了好名聲，不管我們多麼成功，總會擔心有天會失去它。有人為了獲得好名聲，日夜不休、花費鉅額的例子很多，但他們內心從來沒擺脫掉「可能失去一切」的這種痛苦。

無人不知貓王（Elvis Presley）。雖然達賴喇嘛尊者（His Holiness the Dalai Lama）獲頒諾貝爾和平獎後更廣為人知，但貓王名氣更盛，特別對於年輕人來說，貓王對他們就像是祈求的對象、偶像、上帝。

至少在這世界上信仰上帝的人，一直記得要對上帝禱告，但年輕人只想要模仿貓王或其他有名演員、歌手，還苦練不休，就是為了要變得有名、有好名聲。但就算他們成功了，也不會有真正的滿足感，很多人最後走上自我了斷。

在貓王時代，他是世上最成功的演藝人員，但在他要去世的那一年，唱著最後一首歌時卻淚流滿面，眼淚從他的雙頰落下。這真的很悲哀，聽眾也哭了。就算他擁有人們想得到的高名氣，朋友無數，相當富裕，當他發現自己就快要死亡時，內心仍有著很強烈的悲傷及憂鬱，還是沒得到滿足。這一切都是源自貪愛，對於今生的貪著，沒有反思無常及念死的緣故。

就算我們試著去行善，布施衣物或金錢給乞討者，如果這麼做是出自於想得到讚賞，如此的世間八法念頭將阻礙布施成為善行。我們可能覺得自己在行善，但真正的動機是想讓別人知道，讓別人認為自己多麼慷慨大方、善良；或者我們做這件事所懷的念頭是：日後自己需要幫助時，那些我們曾經幫助過的人會伸出援手。那不是真正的布施行善，只要我們的動機被貪求名聲所占，所做的行為就不會成為純然的布施、純粹的佛法。

通美桑波（Thogme Zangpo）菩薩（bodhisattva），這位偉大的西藏修行者說過：

> 即便你布施許多東西，如果做這件事是為了追求美名，這個行為的結果會很微小，因為惡念摧壞了福德（merit）。

如果我們有錢又大方，別人會蜂擁而至，想著他們或許能從我們身上得到什麼，這使得我們很容易欺瞞他們。我們可以看到人們是怎麼被有錢人的財物及鉅富所吸引，一直想要為有錢人做事。

有時一大清早，濃重的露水可能會傷了所覆的穀物，對穀物成長來說很重要的濕氣，可能會毀了穀物。相同地，布施所產生的福德也會被「想要有好名聲」的需要給破壞了，可能從純粹的布施善行轉為布施者想要有世俗快樂的行為。

對好名聲的貪愛，甚至會在我們想禪修（meditation）時來干擾。例如我們的禪修姿勢很完美時，內心念頭便趾高氣昂地想著「別人一定會嫉妒我們修得多麼好」，這種心不是佛法。修行佛法時，若不時時留意自身動機，世間八法非常可能會來干擾我們。

渴求好名聲的另一面是渴求無壞名聲。當有人抱怨我們，批評我們，告訴別人我們的缺點跟過錯時（就算我們可能沒有對方所說的那些缺點），這件事會讓我們感到十分痛苦，因而不快樂，這就是厭惡壞名聲所造成的。

我們愈渴求好名聲，就會愈嫌厭壞名聲，內心變得鬱悶，帶有侵略性。有些人一夕間失業，就算是因為人力過剩，並非自己做錯事，他們仍覺得自己在某方面還是失敗了，他們苦於自尊心低落，還覺得別人視他們為失敗者。他們對自己的壞名聲感到忿忿不平，還可能會精神崩潰，有人可能因而精神錯亂。

另一方面，如果我們不貪愛別人的讚賞，當別人說我們的不是，我們便不會在意。不管他們讚美我們與否，不管我們有沒有好名聲，內心都不會受到擾亂。不管外在條件如何，我們的內心能保持平等、寧靜、泰然處之。一旦切斷了對好名聲的貪愛，對於壞名聲的害怕也會自動消失，不管別人怎麼說，我們都不會害怕，這會帶給我們生活及內心平靜，因此能清淨修行。

對於沒有得到好名聲以及得到壞名聲所造成的不快樂，可以從反思世事無常及念死來減緩不悅。試著憶念一切現象，包括好及壞名聲，其本性都是無常。沒有什麼會恆久持續，一小時接著一小時，一分鐘接著一分鐘，一秒接著一秒，甚至一秒之內，這些事情可能隨時嘎然而止。這並不是說從禪修無常，我們把常法變成無常法，或者從禪修念死，我們馬上就要死了，我們只是努力記住，無常是今生的核心本性。

讚美及批評

當有人讚美我們，誇我們多麼善良、慷慨、聰慧，我們內心就會出現問題，貪愛馬上像氣球般膨脹起來。因為有這種危險性，我們受讚美時要非常小心。為了要保護自己，必須很敏銳覺知自己內心的情況，然後從許多有幫助的技巧擇一運用[19]。

希望受到讚美或誇獎，容易使我們感到失望。例如我們端給某人咖啡跟巧克力，她連說聲謝謝都沒有，只是接過去，什麼話都沒說。這件事在我們的內心形成很大的痛苦、很大的問題！這件事真的是重要到無可復加！有好多天我們看到對方就皺眉，還會自覺寂寞孤單，內心像被熱燙的針刺到，還隨處帶著它。

要是我們夠有膽，可能還會當著她的面批評對方沒道謝，再不然就背著她跟別人抱怨：「她跟我要巧克力，我把自己的給了她，她居然連對我說聲謝都沒有！」然後大家說三道四，說她的不是，大夥兒一起造了惡業。

從邏輯上來說根本沒道理要擔憂、生氣等等，但是邏輯並不會讓我們免於受苦，之所以會有問題，是因為我們沒破除自己對讚美的貪著。由於貪愛今生快樂，隨之而起的是痛苦、生氣、身惡業、語惡業等行為。想受讚美、好名聲等等，它們都是有毒的心，總造成痛苦以及造下更多惡業，引發無止盡的循環。

當我們在修最主要的佛法——避免世間八法，不隨順對今生的貪愛，就沒有理由對於讚美或責怪的聲音生起貪愛或氣惱。我們會把稱讚及責怪視如風聲，覺得那沒什麼意義，也沒意思。像這樣沒有瞋心及貪心，是非常強大的心，也會帶來許多快樂及自由。

某人說我們是愚笨動物時，如果我們因此動怒，為什麼我們對自己說同樣的話時卻不氣呢？如

---

19 參閱本章文末及本書後面幾章的禪修部分。

果這些話本身會導致生氣的話，我們也就會生氣。只是因為是從別人口中說出這些話，我們就生氣了，這實在沒道理可言。

如果是錄音機抱怨我們做人很失敗，砸毀它也沒有用，這麼做是沒用的，是很幼稚的做法。我們可能認為自己有權對錄音的人生氣，而不是那台錄音機；同樣地，我們應該要檢視這個人，他自己也像錄音機，他身體裡面沒有我們該生氣的所緣，他的身體也只像一台機器、一個箱子、一台錄音機。

就像是對方錄下抱怨的話，那台錄音機沒辦法選擇不播放抱怨那般；對方內心受到無明控制，因此他也無法不說。即便他虐待我們，他跟那台錄音機相較之下，並沒有更強的控制力，我們沒有理由把他變成發怒的對象。揍他、殺死他、把他切截成片，也不能夠停止其無明。燒了他的身體，直到什麼都不剩也沒有用，我們凡夫做的任何報復行為，不是解決問題的方法。

我們不能為他去除無明，我們不能讓它不存在，他受到自己負面心的控制，如果我們以怒氣及難聽的話以牙還牙，我們不只讓對方更不快樂，自己也不快樂。明白這一點，我們就擺脫被對方欺負的受害感，更進一步，還真正能對他培養悲心（compassion）。

其實被批評真的很有用處，跟受到讚美不一樣。讚美會使我們趾高氣昂，反而是快樂及成佛的障礙；遭受批評卻能讓我們看到自己的過失，給我們機會改正，讓修行變得純淨、圓滿。

噶當派格西（Kadampa Geshe）在修持思惟的訓練，會運用「批評」在其成佛道上，他們所持的理由是：如果我們喜歡被讚美，也應喜歡受批評，因為兩者都只是話語罷了，是傳到耳內的聲波，如此而已。對於噶當派格西而言，遭受責怪非常好，他們受到愈多批評則愈歡喜，愈被批評，就愈有機會來修行思惟。因此他們被欺負了還很歡喜，藉此修菩提心，他們不會氣那些批評自己的人，反而視對方是相當慈愛的人，且強烈地愛對方。

★ 禪修

除非我們隨時覺知自己內心發生什麼事，不然自己做的每件事，真的都有危險會成為世間八法念頭的僕人。因此，我們應該盡力禪修世間八法及其他菩提道次第的法類。

禪修世間八法的方式有很多種。禪修之前，先修前行（preliminaries）是很好的。一開始先數息，然後觀想本師釋迦牟尼佛（Shakyamuni Buddha）在自己前方，接著唸誦前行祈願文，例如皈依（refuge）發心文，然後修淨罪（purification），觀想在自己周圍的有情（sentient beings）也淨罪了。

從自己觀想的本師釋迦牟尼佛，化出另一相似尊，融入自己，一開始的本師釋迦牟尼佛仍在自己面前，然後自己跟本師釋迦牟尼佛合而為一。接著從自己這位釋迦牟尼佛發出智慧（wisdom）光芒，有情得以淨罪，然後一切有情也成為本師釋迦牟尼佛，接續再融入自己[20]。

之後，你就可以開始禪修主要部分，其中一項禪修便是針對世間八法。

禪修讚美及批評的聲音

藉由覺察自己內心對於讚美及批評是如何反應，就能從中相當程度認識自己的心。當有人稱讚你時，

20 廣泛解釋加行修持及釋迦牟尼佛的觀想，參閱 Essential Buddhist Prayers 第一冊當中的 "A Daily Meditation Practice on Guru Shakyamuni Buddha"，頁 167-85。

你是多麼高興？你被批評時，則是多麼鬱悶？即使你從邏輯上知道讚美跟批評兩者都沒道理，不過要把你的心從情境裡分開，對這兩種世間法有更多的實際態度，則非常難做到。這裡有個禪修法會有所幫助。

回想你最近受到的稱讚或誇獎，不用擔心自己是否名副其實，就只要專注在內心回應的方式。你當時被讚美時是純然喜悅，內心沒有任何誇張，還是心當下就起貪愛了呢？探求一下自己有多麼需要被讚美。

或許某人稱讚你的智慧，對方說：「你好有智慧。」你的心馬上就緊包住這句話，覺得很高興。但說實在話，真正的快樂在這五個字的哪裡呢？它們不過是傳進耳朵的聲音罷了。如果它們是快樂的真正原因，你每次一聽到，都會感到快樂。如果這些字句真實存在的話，那麼只要對自己說「你好有智慧」，就會有一樣的效果，是這樣嗎？

這句話可以變成你的咒語。你可以數著念珠（mala），重複不斷對自己說：「你好有智慧、你好有智慧、你好有智慧。」如果說這些是真正的快樂，你說愈多遍就會愈快樂。你可以錄下來，每天對自己重播一整天，你就會變成世上最快樂的人了。當然事實並非如此。

去看每個字，看看是否快樂在裡面。在「你」，或在「好」，或在「有」，或在「智」，或在「慧」，有固有的快樂在裡頭嗎？當然沒有。沒有理由會去貪愛單獨的字，為何會對一整句有貪愛呢？

像這樣去試驗，看看你被讚美時，快樂的感覺並不是來自話語本身。話語本身是空空的聲音，字句之所以具有意義是源自內心。

以同樣的方式，如果你去檢視「你真糟糕」這句話是否真的存在，你會發現，你認為存在的，其實完全不存在。當別人這麼說的時候，你會生氣、不開心，實際的一句話帶給你內心痛苦。但那真的只是傳到你耳朵的一些聲音，怎麼會有那種影響力呢？你相信那句話，但去檢查每個字，你會對「你真糟糕」的「你」生氣嗎？沒有道理對「你」生氣，也沒道理對「糟糕」生氣。只聽到「糟糕」兩個字聲音就會讓你生氣嗎？

如果你加上「不」到「你很好」，會得到否定句。「你很不好」，「不」四筆劃改變了整個句子。第一句沒有「不」，第二句則有。當你只聽到「不」，並不會生氣，所以為什麼會對整句話生氣呢？那是因為這些字的組合跟你產生關連嗎？如果有的話，那麼在你告訴自己很不好的時候，也應該一樣會讓你生氣。

就在你發現了自己之前相信的對境其空性（emptiness）的當下，你的感受就改變了。你的內心不會有問題，沒有迷惑。像這麼去檢視，你的貪愛或厭惡乍然減少，你的心會愈來愈放鬆，比以前還快樂。認為「事實就在那一群字裡面」的錯誤看法就這麼消失了，你之前對那些字的貪愛或厭惡也隨之消失。你找不到在你負面情緒真實存在的對境，所以它自然地會消除。這樣會讓你的內心保持平和，變成自己的醫師、心理學家及精神科醫師，為自己的生命帶來平和。

三 輪迴的本性

◆懸崖上的牛

偉大的班智達月官論師（Chandragomin）曾舉過一個非常好的例子，說明只為今生努力的世間人本性。有頭牛看到懸崖邊的一小撮草，便奔跑過去，想著要是牠能嚼到那小撮草的話會很快樂。因為牠對草的貪愛，最後墜崖，自尋死路，牠的貪愛心帶給自己痛苦，而不是之前期盼的快樂。月官論師說，世間人追求的只有今生快樂，就像那頭牛。牛看不到牠們貪愛欲樂的危險，朝著那方向奔跑，最後落崖而死。

這是一個很棒的例子，因為我們追求的只有今生快樂，貪愛的只有今生快樂，我們做的任何事就成了不善，就像那頭墜落懸崖的牛，努力想從嚼草得到快樂。我們整個受貪愛所欺，就算我們在尋覓快樂，但行為只會導致投生三惡道。

阿底峽尊者，這位偉大的瑜伽士及學者，從印度被迎請至西藏復興佛法。菩薩種敦巴尊者

（Dromtönpa），其為觀世音菩薩（Avalokiteshvara）的化現，擔任阿底峽尊者的翻譯，在西藏侍奉尊者。有次他問尊者：「行為伴隨無明、貪愛及瞋心的結果是什麼？行為沒有伴隨無明、貪愛及瞋心的結果又是什麼？」阿底峽尊者回答：

> 行為伴隨著無明、貪愛及瞋心，會投生三惡道，成為受苦的流轉有情（transmigratory being）。無明導致投生成動物，貪愛導致投生為餓鬼（hungry ghost），瞋心導致投生為地獄道有情。行為不受這些三毒（three poisons）占據則投生善趣，成為快樂的流轉有情。

要明白阿底峽尊者的回答，去看那些完全不知道佛法的人，他們對皈依或業果（karma）沒信心（faith），例如跟你住在同城鎮的居民，他們日夜沒想別的，只想著今生。他們不關心別的，只在乎未來幾年的快樂，或甚至是接下來幾個月的快樂。他們帶著世俗動機讓自己一直很忙，顯而易見這是不善業。阿底峽尊者說，身體、話語、內心所做的行為要是帶著俗慮態度，最後會投生成為三惡道受苦的流轉有情。

由於不信皈依，也不瞭解業果，這種人沒機會修行殊勝佛法，沒機會淨化他們之前累積的覆障（obscurations）和惡業。我們從牛的例子就能非常清楚地看見這一點，那頭牛如此堅定要吃到那撮草，牠看不到懸崖的危險性，就在努力要吃到草時墜落而亡。就像這個例子，因為方式是不善的，為今生快樂所做的每件事，結果就是投生到三惡道。就算告訴世間人關於皈依及業果的教法，或者給予如金剛薩埵（Vajrasattva）的淨罪法門，他們也沒辦法明白或不能接受，因此沒機會修行佛法。

能值遇殊勝的佛法，應該覺得自己相當有福報，即使可能還是會造下惡業，至少有機會懺淨惡業。對業果及皈依有所瞭解，有機會修行佛法，且知道有解決方法，這就是佛法智慧，此智慧開啟我們的眼睛，看見了面前的懸崖，還給予我們工具，使我們不墮懸崖。

阿底峽尊者的弟子——夏惹瓦（Sharawa），他是大修行者及噶當派大師，明白指出：不管我們是誰，所有問題都是源自世間八法念頭。對於在精神道路上修行佛法的人是如此，對於不信任何宗教的人亦然。如果我們不出離世間八法念頭，就一直遇到許多問題，內心也沒辦法進步。

我們碰到的一切問題，舉凡失眠到浮現自殺的念頭，都是由貪愛心所生起，這是簡易的佛教心理學，它清楚地告訴我們，帶來所有問題跟快樂這兩者的來源。這種內在科學實在極富邏輯性，研究它能夠帶給我們平靜，進而逐漸瞭解問題如何源於內心。

如果我們回想近來碰到的種種問題，便能很清楚看到這一點。回溯去年、前年，或更早之前到我們記憶所及，去分析這些問題的原因，如果誠實探究，我們找不到任何問題不是由於世間八法念頭所生。

我們把這種探索從自己問題範圍擴展到他人面臨的問題，像是家人、朋友、同事等等，檢視一下他們的問題是否也來自世間八法念頭，藉此，我們對內心的本性會更敏銳[21]。

21 參閱本章文末禪修部分。

人跟動物唯一差異在於外表

受到世間八法左右的有情，他們過的生活究竟來說大同小異。對於乞討者而言，生意人看起來很有錢，即便表面上兩者過著很不同的生活，表面之下則是相同的，兩者都純粹為了今生快樂而努力，所過的生活方式都是不好的，都是世俗的努力，沒什麼差別。

從某方面來說，乞討者的生活還更好。很多生意人靠著騙人來過日子，因為要以狡猾、奸詐還有謊言來欺騙別人，而欺騙別人就是自欺。一般乞討者不會騙別人，所以他們的生活還沒那麼壞。

學生也好不到哪裡去，他們從孩提便努力求學，直到從一流大學畢業，拿到了學位，但也只是為了要讓這輩子過得好。他們可能認為自己是為了國家，或者為了世界和平，但在其內心深處，主要目標只是為了這輩子過得舒服，所以即便花三、四十或五十年才拿到學位，他們還是世間八法的僕人。

然後，不管他們在職場爬得多高，由於所做的每件事是為了今生過得舒服，他們不當別的，就一直當世間八法的僕人。要是他們在畢業後三或四年就死了呢？讀了這麼多書，這麼拚命工作，能帶走什麼？什麼都帶不走！他們沒辦法帶走錢多多的銀行帳戶，能帶到下一輩子的，只有他們從這輩子出生以來，以及無始生生世世以來，一切行為在造業後留在心續的習氣，由於對現世舒適的貪心，這些習氣都是負面的。他們終其一生努力，卻造作苦因，而生命就這麼劃下句點，如果我們真正地好好檢視，這是場人生大悲劇。

如此一來，學生跟動物沒差。一頭牛待在牛舍周圍，嚼草及呼呼大睡，牠不會說話，學生知道的牛一概不知，牠沒學過ㄅㄆㄇ，當然拿不到文憑學位。牠活在世上十或二十年歲月，一輩子盡力找最好吃的草跟水，從出生到死亡為止，牠終其一生致力在這輩子的舒適上，就跟那位學生一樣。

我們很容易就知道動物做的每件事，牠們去田地、從田地回來、吃東西、喝東西，都是被貪欲，也就是攀著今生所驅使。我還沒聽過牠們會看電視或電影，但這也不無可能，我曾聽過美國有學校訓練動物怎麼住在屋子裡，在哪裡睡覺，在哪裡吃東西，坐在哪些椅子上，禁止在哪些地方大小便。有東方人教狗怎麼禮拜（prostrations），但會禮拜並不能讓狗的心明白佛法，不過是做動作罷了。狗一見到肉，當牠們肚子餓了，就做出禮拜動作。牠們在晚上睡覺時並沒有帶著良善念頭或清淨動機。

如果我們分析那位學生跟那頭牛的生活，所得到的結論會是：基本上二者是相同的。正如那頭牛過的生活是負面的，那位學生也如此。牛的生活沒有勝過學生，而學生的生活也沒有勝過牛。就算學生在此世投生當人，死亡那一刻來臨時，他不曾做過任何事勝過那頭牛。

不管他怎麼聰明，名聲多麼響亮，不論他能駛進太平洋深處，或飛到月球上，因為他的生命只是被這輩子舒適的貪欲所驅使，一切所做都是負面的，都成了受苦的因。他尋求快樂的方式，可能看起來跟那頭牛的方式有點不同，但一定沒有比牛更好。他們兩者做的每件事都是被貪、瞋、無明的不清淨念頭所驅使，因而受囿於輪迴監獄。有個人身無一物，日子過得很辛苦，另外一個人家產應有盡有，極度享樂，但究竟來說，兩者實在沒有太大差異，唯一差異只是在於樣子。

如果我們稱一位有情所具備的外型為人，稱另一位有情所具的外型為動物，這兩位有情的行為基本上是一樣的，內心也是相同的。我們可能會洋洋得意自己比起動物有無窮無盡的能力，動物比較低等，沒受過教育，但要是我們真正去檢視自己生命比起動物在任何方面還更具意義的話，我們可能對於結果會有些驚訝。

在這世界上有多少動物？有多少人類？查查數目，再想想每個人跟動物，由於被世間八法念頭所控制，造下的都是苦因。

首先，想想海洋的千萬億隻的動物，以及牠們的內心在作些什麼。如果我們能夠見到那些不同外型的各種魚類其內心世界，那些各種各類的生物忙著游來游去、繞一圈又一圈地覓食，找尋安全舒服的住處，我們會在其內心深處發現，全都只是追尋今生快樂。

別的動物也是這樣，鳥兒在空中飛翔，地上的動物、地底下的動物，在牠們的內心深處都一樣，都只是為了今生舒適。

現在想想人類，拿一個城市作例子，如紐約市，然後觀察一番。仔細瞧瞧在紐約市的每個人，看看他們的內心，只有少數人例外，其他人所做的事都一樣，動機也一樣，就如天空飛、地上走、地底鑽的動物一樣，他們都只在意這輩子的舒適。駕駛太空船的人、開飛機的人、開車旅行的人，或浮在水上的人，他們都在做同一件事，想法也都一樣，他們唯一在意的是這輩子的舒適、今生的快樂。仔細去看所有人跟動物，你看不到任何差別。

看看那些逛街的人、開車的人，逛來逛去，來來回回，總是日以繼夜忙碌不休。他們全都在做什麼？為什麼他們都這麼辛勤努力？他們內心在想些什麼？都是一樣，都是為了今生快樂的欲望。

去觀察他們，每個地方的每個人，都這麼忙碌於世間事，皆被欲望控制，只尋求今生的欲樂，忙到沒辦法思惟佛法，但從來不會忙到沒辦法做這些不善之事。真是多到不可思議的受苦輪迴眾生！

我們世間人看不起動物，認為牠們既愚笨又低等，但瞭解佛法又明白業力的人則看出，我們跟動物並無差別。禪修者看我們就是完全沉迷在世間俗慮上，我們所做的每件事都是苦，活在無絲毫光亮的黑暗裡，完全沒有佛法智慧，對自己所做所為渾然不知。

我們可能會回辯，自己並非不知，我們很清楚自己在做什麼。我們知道哪裡有好吃的、怎麼賺大錢、如何做生意、怎麼轉虧為盈、該如何討價還價、什麼是最好的消費品。很多人對於自身的聰明沾沾自喜，甚至認為動物沒有心智；不過對禪修者來說，人類或動物都是無意識地蹣跚步向痛苦，完全受煩惱控制。禪修者看到這一點，我們這些世俗有情就成了他生起悲心的對象。

世間八法的奴隸

我們在追隨世間八法念頭時，就像是跟著主人的狗。主人可能懷有心機去傷害牠，或甚至殺了牠，但因為狗期待能得到一些食物，一些能讓狗快樂的東西，不論多麼不保險，狗仍一直跟著主人。當我們跟隨著世間八法的心，不論主人何時丟出木棒，我們仍會追著那根木棒，因此務必要小心謹慎。

我們在大部分人生給予欲望自由，即給予世間八法這個邪惡念頭自由，我們就成了它的奴隸。它以持續欺凌及折磨我們作為回報，還帶給我們許多問題，一個接著一個。

身為欲望的奴隸，我們從來不會對已擁有的感到知足，而是不斷找更好的、更多的，永無止盡的追尋，在我們及他人的生活裡產生諸多不快樂。身造下相當多的惡業，像是跟他人打鬥；語惡業，像是說出惡語等等；我們的欲望得不到所欲之物時，甚至可能出現自殺念頭，欲望指使我們去自殺，我們照著欲望的話去做。

「人際關係」是欲望如何奴役我們的常見例子，它們可能像癮頭那樣，人際關係問題可能會持續下去，一直發生，不受控制，我們像活在地獄裡。投生到真正的地獄之前，我們就以人身經歷地獄，整個人彷彿被困住了，感到窒息甚至無法呼吸。

我們跟喜歡的對象交往，一開始可能感到極度快樂，整個人深陷進去，幾乎跟對方合而為一。但過了幾天，我們不跟對方說話了，還視對方為猛獸、敵人。整個情況，從一開始有欲望然後嫌惡，都是世間八法念頭製造出來。如果你檢視看看，這是真的，相當真實。我沒胡謅，我講的是發生在所有人身上的事。我們對於後者會生起厭惡感，清楚可見這是煩惱，但其實一開始的欲望也是種煩惱，即便我們不認為是如此。

由於我們是欲望的奴隸，就會有癮頭。想想酒癮者跟毒癮者，他們過得很不快樂，無法自制，甚至連工作都做不成。施用更多毒品，更容易毀了人生，毀了頭腦清醒跟記憶力。要酒癮者戒酒是件很困難的事，這個主要是內心的病，他們清楚發生的每件事，也看到所有危機，卻不怎麼在乎。

酒癮者散盡家產喝酒，打架、吼叫，整個人變得迷迷糊糊的。當口袋空空回到家，一身悽慘，在家裡掀起軒然大波，指控太太莫須有的罪名，到處摔東西，把家裡東西砸個稀爛；接著奪門而出，莽莽撞撞坐進車，飆速開車，違反道路交通規則；接下來發生車禍，弄傷腦袋或車禍身亡，或遭警方逮捕，鋃鐺入獄。整個悲慘事件源自受世間八法念頭控制的內心。

就算他明知喝酒多麼危險，但這惡心讓他沒辦法不喝。他或許心想小酌兩口不會怎麼樣，但不知何故卻需要喝更多，再來就舊事重演，他的心再度變得愈來愈不受控制，雖然他想要戒，但心力微弱，因為欲望實在太強烈。

菸癮也是一樣的情況。吸菸讓你的指甲顏色變黃、肺變黑、臉上布滿皺紋，還污染身心，也會引起心臟病、癌症及許多不易痊癒的疾病。這些都是由不滿足的心、世間八法念頭所引起。

佛法提到像是大麻[22]及菸草這類東西的發展，是由於魔（maras）的邪願，魔欲阻礙佛法在世上弘揚光大，便阻撓修行者，破壞世上可能會有的平靜及安樂。吸菸污染身體這工具，進而擾亂內心。吸菸也會阻塞脈輪（chakras），善念無法生起，妨礙證量迅速發展，對密續（tantra）修行者也是很大的阻礙。

吸菸除了有害吸菸者本身健康之外，煙也會讓周圍有情生病，污染其心。有許多我們肉眼看不見的有情，例如守護禪修者的白護法，如果某處被煙污染，白護法會離開。另外像是龍族（nagas）的有情，通常也需要住在非常乾淨之處，菸草的煙味破壞整個環境，有如空灑農藥機噴灑出來的巨大毒氣團。

我頭一次去美國搭的是泛美航空，那架飛機裡面煙霧瀰漫，我在整趟飛行旅程都昏昏欲睡。還有，有人在往柯槃寺那條路上抽菸時，風會把煙吹上我的寮房。當你吸氣時，菸味被吸進胸膛而造成疼痛。吸菸到底有什麼特別之處呢？不過是你在嘴巴上點了火，接著煙從鼻子出來。

22 大麻在印度常被稱作「ganja」。

只要受世間八法念頭控制，我們就是在受苦，即便當下看起來不像。自己聽任它們的控制，比起失去親人或損失億萬元，更是可怕太多了。失去親人或損失億萬元不會讓我們持續投生輪迴，而成為世間八法惡念的奴隸是最危險的事，只會讓我們不斷生死，永在六道流轉。

我們從來沒認出這個內在的魔，這個內在的敵人。不只如此，我們還盡己所能伺候著欲望。當欲望餓了，我們就餵它美食；當它覺得冷，我們就讓它穿暖和衣物；當它覺得熱，我們就開冷氣給它吹。不管它下什麼指令，我們都乖乖順從，它就像國王。

帕繃喀仁波切（Pabongka Dechen Nyingpo）曾將世間八法與女食人族相比。一開始女食人族模樣嬌美，說的話語很是動聽，說她愛我們，想要照顧我們，但要是我們真的相信她，她就會控制我們，然後把我們吃下肚。這跟輪迴圓滿對我們做的事如出一轍。

我們世間人盯外敵會盯得很緊，但注意內心敵人比留意外敵要重要百萬倍以上。這個內在敵人出現時，應該持續對它保持覺察力，不要跟隨它，或讓它控制、奴役我們，接著去運用我們所知一切來摧滅它。除非我們這麼做，不然無論自己多麼努力要修行佛法，仍只是不斷造惡業。世間八法念頭是最危險的敵人，它帶給我們不只是今生的煩惱跟苦，更因為它是讓我們投生三惡道的主因，讓我們在三惡道受苦多劫。

◆輪迴是苦

一切苦由心所造

為了要擁有無擾的、平靜的、快樂的生活，我們首先要找到讓自己受苦的原因，再採取必要行動以除去苦因。也因為世間八法念頭是一切問題的來源，培養真正快樂的唯一方法就是破除這個惡念。我們要打從內心將之洗除，我們需要被洗腦！一旦它被洗除了，才有真正的自由、真實的平靜，只要它在我們的內心如如不動，就不可能有自由。

我們通常會把欲望當成是好的，一旦真正去檢視欲望的本性，就會看到其本性是苦。欲望強大到壓倒我們時，我們有時能認清這一點，在那個時候，我們真正能把它感覺成身體的痛苦；由於我們放不下，所以它牽涉到的情緒痛苦也更加嚴重。

如果真正知道罪魁禍首其實就是活在內心的世間八法念頭，我們就能學習如何控制自心，怎麼從世間八法的影響得以自由，這就是在研究最好的心理學。不明白造成生活問題的原因，要如何找出對這一生真正有利益，而且能帶來平靜及快樂的解決辦法呢？

噶當派格西都是大修行者，他們實證了菩提道次第道路，不再有情緒性的心，沒有世間八法念頭——不滿足的心。在其著作當中，他們在解釋何謂真正的快樂、真正的平靜時，都是來自切身的經驗。他們提到，不管經驗到快樂或痛苦，全都是由動機決定，沒有其他。任何事都是看自己保持什麼動機，如果是良善動機，行為就變成善的，經驗到的便是快樂；如果不是良善動機，行為就變成不善的，經驗到的就是痛苦。

輪迴，即輪轉的蘊體，也就是屬於本性為苦的身心組合；而涅槃，即究竟解脫（liberation）的快樂——這兩者都是來自我們的動機。我們稱為地獄及成佛，也都是來自動機，一切都源自動機。

所以，心創造一切。懷著正面或負面的動機，就會招致令我們感受到快樂或痛苦的行為。如果行為全來自欲望，源自對今生的攀著，由於動機不是良善的，行為就變成不良善的，只會變成受苦的因，而非快樂的因。我們的行為被貪著今生的欲望所染，就會成為不快樂的因。

承上，所有問題皆由心造。欲求的四種對境及不欲求的四種對境，從對境那方沒有差別：第一是四種好的，第二是四種壞的，是我們貪求世俗快樂，而如此標記。我們喜歡舒適、禮物、朋友、讚美、名聲等等，所以會詮釋這些對境是好的；我們不喜歡不舒適、敵人、責怪等等，所以會詮釋那些對境是壞的。之所以出現問題，是在於我們判斷情況的方式，同樣的一個人，有時為友，有時卻為敵。

不只如此，法稱論師（Dharmakirti）解釋陳那論師著作《集量論》的釋論中提到，受世間八法控制的心是模糊的且無法了知，看不到萬法真正樣子。靜止的水清淨且清澈見底，我們無法透視充滿沙塵、晃動的水。同樣地，欲望心沒辦法穩定而住，它一直是擾動不安又模糊不清，就像暴風的天空會布滿塵土，什麼都不清不楚、模模糊糊的。

因為這樣，就算我們為他人做了什麼事，世間八法會擾亂利他不求回報的真誠態度。當我們的心充滿欲望，就沒空間容得下對那個有情的無條件慈愛（loving kindness）與悲心。

混雜欲望的愛便是由無明所生的愛，它跟真正無條件的愛不同，它不會帶來平靜，因為其主因是不受調伏、不調柔的心。如果我們臉上有污垢，就不能期待從鏡子裡看見乾淨的臉龐。相同地，當心處於由煩惱所產生的欲愛時，便無法帶來快樂跟平靜。

被欲望淹沒，就沒時間思考無常及死亡。事實上，明瞭無常及死亡，這跟欲望完全背道而馳，因為當我們念無常及死亡，就不可能認為欲望有任何用處，所以它是貪愛的對治法。

當內心充滿貪欲，也看不到空性。貪欲隱蔽了我、蘊體及一切萬法的究竟本性，也會障礙出離心（renunciation），如此一來，即便就算只為了自己，世間八法念頭也障礙了證得解脫的希求。

另一方面，要是有出離心，不論是四種欲求對境或四種不欲求對境，都不會有問題。出離心是一種非常健全的心，它不受今生貪欲所染，也擺脫了像這樣的名言安立。當我們的心不受貪欲統治，當心是平靜、沉靜、無障礙時，我們很容易就能禪修像是無常、死亡及其他眾生所受的苦，很容易進入狀況。

因此，如果想要盡快脫離輪迴苦，就有必要從根本作出改變。我們要明白，當前煩惱促成將來受的苦，比當下我們面對的任何問題，還來得更嚴重、更危險。有了這層瞭解，即便我們努力要解決當下問題，也會採取正確的方法。

當我們增長虔敬心、悲心、出離心、知足心、慈愛心、菩提心跟瞭解空性的智慧，就會有真正的寂靜。這些心一點也不會擾亂我們的心續，只會淨化覆障及惡業，帶領我們解脫寂靜，直至成佛。這樣的寂靜就從我們捨離欲望開始。沒有世間八法念頭時，我們就開始在心相續增長真正的寂靜，最後能永恆寂靜。

火的本性是燃燒，輪迴的本性是苦

追求今生快樂，比有條毒蛇盤繞在自己大腿上還更具傷害性，後者最壞的結果是我們被蛇咬死，但欲望卻有「把我們下輩子推到三惡道」的力量。世間八法念頭比愛滋病或癌症更壞上一百萬倍。單是患一種病，甚至同時患全部四百二十四種疾病[23]，如果沒有欲望心的話，光是患病不會讓自己不快樂，或者讓自己投生地獄、餓鬼或畜生道。

我們得到四種可欲對境的其中一種時，可能會感到某種程度的興奮感，但那種興奮感其實只是擾亂。我們好像被釣起的魚、陷進蜂蜜的螞蟻，或是被蜘蛛網困住的蒼蠅，被包得緊緊的，完全脫不了身，就像牛在懸崖邊吃草，或人舔刀刃上的蜂蜜，享受這種欲樂極度危險。

當蛾飛撲進融掉的燭蠟，會陷住而抽不了身，牠的身體及翅膀很脆弱，非常難以把身體與蠟分開。有經論提到，可能那隻蛾看到了什麼美麗的東西，像是在火焰裡面的空中華廈，所以蛾直撲過去，因而被燒傷且受困。蛾不會想到自己會被燭火燒傷，否則就不會飛撲過去，但我們愈阻止那隻蛾，牠愈奮力要飛進燭焰裡。

這個例子讓我們知道動物的一些心性。蛾只想著得到平靜及快樂，不想受苦，也沒有計畫為了要受苦而撲火。飛蛾撲火是因為牠不害怕，而之所以不害怕，是因為牠看不到危險。蛾想得到快樂，結果卻正好相反，牠被燒死了。探究蛾為什麼會這麼做，是件很重要的事，這就是真正的科學探查，

23 西藏醫學對於疾病分類的數量，由此包含一切疾病。

自然科學的基本研究方法。

正如畜生道的有情，像是蛾、蒼蠅、螞蟻，牠們在追尋快樂的同時，卻帶給自己痛苦，我們也做了很多只會產生痛苦的行為，這就是欲望心的本性。我們陷入在對境裡，所以不得自由。相同地，一隻鳥的腳綁著石頭，飛不起來，我們也被欲求對境的貪欲所綁。

所有毒當中以欲望最可怕，它就像毒藥，有時會造成極大痛苦，有時則少一點，不管如何一定有痛苦。由於欲望，我們從無始以來不斷流轉生死輪迴，從體型最小到最龐大的動物，從最赤貧到最富有的人，所有只在意解決當下困難的人，看不到自己的所作所為其實是將來碰到更多且更大問題的原因所在。

火的本性是燃燒，輪迴的本性是苦。就像最好不要把手指放進火裡被燒傷，最好也不要處在輪迴中蒙受痛苦。把手指放進火中卻巴望火會降溫，這是行不通的，這是不可能的；同樣地，希望能處在輪迴卻不受苦也是沒用的，重點在於要努力脫離輪迴。直到成功之前，我們要接受自己就是會受苦，發生不順己意的事情時，我們應該想：「我在輪迴，當然會發生這種事。因為我就在輪迴中，不管在我身上發生任何事情，其本性都是苦。」因此擔心無濟於事。

我們不管何時碰到什麼很慘的事，去抗拒、排斥，想著這多麼不公平，還有「這件事不該發生在我身上」，只會讓痛苦加倍，使問題惡化。我們受多少苦，取決於自己的想法，如果能接納不愉快的經驗，發生事情時，因為我們有心理準備會受苦，就不會有這麼大的驚嚇，在事情發生時也會處理得比較好。就像跳進冰水這件事，如果我們認為是跳進熱水，會大吃一驚，但如果知道是冷水，就不會有這麼大的驚嚇。我們知道自己活在輪迴裡，注定要受痛苦，因為苦就是輪迴的本性。

明白了這一點，我們就會視苦為自己過去造下惡業所感的果，也會幫助我們接受：要對自己認為的苦負起責任，不要怪罪別人。與其意圖報復偷我們錢的人，不如瞭解，之所以會被偷，是自己過去曾偷過對方的東西，我們受的苦全都是自己的錯，不是別人。瞭解了我們要怪的人只有自己，也不想再次經歷那樣的果，就要下定決心，不再造下那樣受苦的因。

有了這次的經驗，我們也能看出，自己在過去所作的惡業已經感果結束，不需再經歷。所以，就算這件事很讓人不愉快，我們也應該感到開心。如此一來，受苦也讓我們更有覺察力，對自己的行為會更謹慎。

不癢比抓癢好

龍樹菩薩，這位具相當證量的智者及中觀（Madhyamaka）學說家，當佛經（sutra）及密續教法在印度式微時，其著作《中觀寶鬘論》保存了經續教法，論中提到：

搔瘡時會有樂受，但沒有瘡還更有樂受。就像這樣，從世間欲望會得到樂受，但沒有欲望還更有樂受。[24]

24 第一百六十九偈頌。

我們可能會擔心，要是犧牲掉自己的欲望，等於犧牲快樂，什麼都沒了。不知道欲望本性是苦的話，我們就看不到，不依賴任何外在感官對境，所得到的快樂反而更大，內心會增長更深沉的平靜。

我們看不見餵養欲望就像搔皮膚炎那樣。抓癢能短暫止癢，感到舒服，所以我們標記這種感覺為「樂」。的確有些舒緩，但仍是苦，程度比較輕微罷了。世間欲樂，例如吃東西、喝酒、性行為等等，本性都相同，事實上都是苦，但被我們的惑心稱作「樂」。

我們在第二次或第三次搔癢瘡時，跟第一次搔癢感覺到的舒服相比，反倒變成痛苦，接著痛苦加倍。相同地，我們愈努力追求世間快樂，所得到的快樂並不會增加，反而轉為苦受。

吃東西能減緩飢餓感，因此我們認為吃東西是種快樂，如果一直吃個不停，卻會變得很不舒服。我們會到樹蔭處避免日曬之苦，覺得待在涼爽地方一會兒很舒服，之後卻開始感覺有點冷了，樂轉變成苦，很快就得再去曬曬太陽以舒緩冷受。像這種例子有上千種。

與其把搔癢帶來的舒緩標記為樂，完全不癢不是更好嗎？同樣地，對世間對境沒有欲望，遠遠地好過於得到世間欲望的對境。由於內心有欲望，因此有所衝突，衝突由心所造。要是沒有欲望，碰到對境時就不可能出現問題，所以出離世間八法並不是指讓八種對境不再出現，而是我們對它們不再出現欲望。

沒有欲望的話，從欲望而生的問題就不可能會生起，就不會有輪迴。沒有這副由煩惱（disturbing thoughts）、業、煩惱種子所染而引生的身體，我們就不需感受到熱、寒、餓、渴，以及各種充滿生命的其他問題。我們也不必擔心生存，或耗費這麼久的時間和大筆金錢來照顧身體。想一想，只是為了讓身體好看，我們花了多少時間在這上頭？我們費了多少心思在全身打扮上？我們生病時，就算服藥也不是每次都有效。因此沒有這些問題、沒有這副身體、沒有輪迴，豈非更好嗎？

怪煩惱，不怪別人

有些欲望是我們該避免的，有些欲望卻是該有的，很多人不瞭解其中差別。我們該避免的是不好的欲望，即是對於今生的欲樂，我們該避而遠之，這是因為我們已知這種欲望製造出一切痛苦；另一方面，我們需要追求成佛的欲望，這種欲望讓我們追隨佛道並消除苦因，達到究竟寂靜及成佛。沒有這種欲望，我們就不會有心力追隨佛道，修證成佛。

同樣的道理，一般來說，有厭惡感是不好的，但我們為了要有心力堅固地追隨佛道，則需要厭惡痛苦。例如我們很討厭住在西方國家，全心想搬去東方國家；我們愈討厭西方國家，就愈渴望去東方國家。為了要盡快到東方，我們搭的是飛機而非巴士。就像是「厭惡西方國家，想要去東方國家」的欲望是我們必須有的，這促使我們到達想去的地方，因此厭惡痛苦及欲求成佛，對於離苦相當要緊。

身為佛教修行者，應去除欲望。我們或許認為，一切欲望，包括想禪修的欲望，某種程度上都是不對的，是另一種要去除的欲望。事實上，佛陀說過：「如果想獲得所有快樂，就要離棄一切欲求。」不過我們應瞭解，不論做什麼樣的法行，是以證悟成佛為動機的話，則非貪欲，反而相當正面，如果這種欲望是種問題的話，我倒希望每個人都有。我們日以繼夜一直想要成佛，停不住成佛欲望，在進食、說話、睡覺，隨時都有這種欲望的話，就會有驚人心力想迅速離苦。

所有人都厭惡痛苦，但一般來說，我們只是厭惡自己狹隘內心感受到的粗重世間苦，也就是苦苦，而非厭惡一切痛苦，尤其是苦因。我們在無數生生世世以來都一直厭惡短暫的、世間的痛苦，但仍未脫離輪迴，這就證明一般的厭惡幫不上忙。我們缺少的是厭惡痛苦的根本原因，少了這個，就沒有心力來生起出離心。這種厭惡是火箭燃料，給我們修行的能量。

不把世間八法視為敵人的話，就不會生起想要擺脫世間八法的欲望。從無始以來的生生世世，世間八法一直扮演著跟自己最麻吉的朋友，而我們盲目地跟隨著世間八法，設想世間八法會帶給自己快樂，但現在我們要清醒過來，看清世間八法的真正目的是要傷害我們。

當我們真正地明白了，世間八法這個惡念是造成一切痛苦的真正原因，自然而然會想要摧毀它。討厭及希望消滅其他有情是不對的，但討厭及想要滅除一切的苦因，這是我們能做出最具智慧的事。滅除內在敵人就是到達圓滿快樂的道路，並不會傷到其他有情一根汗毛，這是獲得究竟寂靜最有用的方法。

順從世間八法念頭來努力得到快樂，幾乎都會傷害有情，阻礙通往寂靜道路。這就像在亞洲做珍珠買賣的生意人，卻把貨船開到西方國家，不管他找了多少劫時間，都找不到珍珠，只會筋疲力竭，不可能成功。

我們只有一個敵人，就是攀著今生貪欲的煩惱心。它在過去一直搶走我們的快樂，還造成我們受大苦。它是我們現在一切痛苦的原因，未來它也會繼續讓我們受苦。如果我們氣另外一個人，不是跟他打架、揍他，而是應該要住手才對。想一想，事實上要吃苦頭的人不是對方，應該是那個情況的真正製造者，那是真正的敵人，也就是我們心懷的世間八法惡念。被我們揍的那個人是無辜的，他被自身的煩惱逼到那種情況，痛苦根本的原因其實是我們的煩惱心。

通常有人對我們做了很壞的事，我們愈想對方就愈火冒三丈，恨意愈來愈熾盛，真想殺了對方。現在，與其去恨那個外在的敵人，千方百計以牙還牙，我們應該要轉移到內在敵人，這是讓自己在所有問題及困難中受苦的唯一敵人。

愈去深思世間八法念頭在無窮時間裡已經帶給自己無數的、各式各樣的問題，我們對世間八法的厭惡感就會愈強烈，也會比較容易停止造惡以及感得苦果，這些即是自我引導的方法。這也指出，苦並不會變成修行的障礙，反而會是助緣。我們甚至能運用痛苦，徹底斬斷問題，端看自己有多麼瞭解跟隨世間八法念頭的過失。

不論何時出現生理或心理問題，例如頭痛、飢餓、憂鬱等等，任何會讓我們受苦的問題，我們都能藉著思惟：會受苦是因為自己的惡心，並非外在條件。這麼想，能把自己的痛苦轉為佛法。過去這顆惡心，已經不讓我們獲得凡庸的輪迴快樂以及真正的佛法之樂，例如輪迴寂滅、菩提心、證悟空性、成佛。它現在不讓我們證得這些，將來也會像這樣繼續阻礙我們。我們需真正去體會，事實就是如此，不能嘴巴說說而已，文字本身沒有效果。瞭解愈深，對內心的影響就愈強，我們也能愈清楚看出真正的敵人就是惡心。

例如，挨餓及口渴會干擾禪修，但藉著把苦還給煩惱，我們可以體認到，那種感覺並不是「我們的」。如果做得到這一點，便能減輕痛苦感，其實痛苦還會全都不見，我們之後甚至不知道它是怎麼消失無蹤的。這種痛苦不會妨礙修行，反而有所助益，實在沒必要為了倒一杯水而中斷禪修，內心製造了那個問題，但也會自行解決問題，這是個非常善巧的方法。

meditation

★ 禪修

禪修貪欲的本性

有個禪修世間八法的方法相當有用，就是去檢視問題根源。

在禪修當中，應該去探究生活是否有依照自己的期待。自己一開始期待過著快樂的生活，不管是永遠能擁有自己嚮往的東西，或者跟某個人永遠天長地久，或者是其他類似的嚮往，但那有發生過嗎？要是你曾遇到任何問題，追溯那些問題的源頭，去看看為什麼會發生這些問題。這個或那個問題的原因是什麼呢？不要只是去想當下引發問題的情況，而是真正的、主要的原因是什麼呢？好好去探究。

回到更久之前，你會找到原因，你會看到當時你期待一種不切實際的快樂。假如你再盡力追溯這個問題的形成，會發現，這個問題及其他問題的根源都是同一個：世間八法念頭。

出現貪欲時，檢視看看你是否隨著貪欲現起而感到快樂。去比較真正的快樂與你內心接觸到貪欲對境時所感受到的「快樂」，它是真正的快樂，或者只是你內心標記那種感覺為快樂呢？試著去瞭解，那個心的本質是緊繃的，而非自由的。

看看自己的心是怎麼想朝著貪欲對境奔去，想把自己緊緊裹住。盡量清楚明白到底發生什麼事，然後在自己跟對境之間保持客觀的距離，就能看到內心在玩些什麼把戲。藉著探究貪欲的本性，能真正發現，這種心是迷惑的，也是不快樂的。

你也能禪修近來遇到的其他問題，或者回顧生命史，探查從出生開始碰過所有嚴重問題的原因。再次地，要看得比現前情況更遠，去看主要的原因，試著去看出每次的問題都有世間八法念頭。

當你回想過去的問題以及那些曾經傷害過你的人，你可能會生氣。如果你會這樣，要記住對治的方法，然後在當次就運用這些方法[25]。如果你在座上禪修都這麼去修的話，就能訓練自心，之後當你真正跟對方一起時，你真正處在類似的情境時，會比較善於處理那個問題，你開始變得比較善巧、具智慧。

由這種方式來探查自己問題的原因，你就能擴大禪修的範圍，去瞭解其他人的問題：伴侶、家庭、社會等等。你這麼做時，便會開始明白：為什麼組成社會的各種部分都充斥著這麼多的問題，從朋友之間的爭吵到國與國的戰爭。

首先，從你的朋友開始，看看他們在生活中經歷哪些不同的問題。運用同樣的方法，把情境拉回到最主要的原因，看看世間八法念頭在當中扮演的角色。同樣地，檢視你父母親的生活，再來是你所知道的其他受苦者的生活。

禪修貪欲：貪欲是什麼呢？它怎麼出現的？它怎麼影響你的內心等等，這是你在任何時候都能做的，不只在禪修座上才做。不管何時感覺貪欲生起，馬上去探究自己的內心狀態，然後看自己所感覺到的興奮感，它是否真的是直覺的真正快樂。運用這個方法，就能開始打破束縛住自己、讓自己受苦的舊習慣。

25 要看仁波切對此的建議，可瀏覽 LamaYeshe.com 網站，從仁波切的開示搜尋關鍵字「anger」。

四　尋求快樂，卻反招痛苦

◆輪迴那套不管用

不管一般人認為我們多麼有智慧、學識多淵博，無論我們是心理學家或老師，由於我們不知道內心的運作，所以行為總是會出錯。活在清淨佛法的禪修者看我們，就是不折不扣的傻子，渾渾噩噩過日，就好比我們奔跑穿越過伸手不見五指的森林，隨時可能被石頭和樹根絆倒。

跟隨世間八法念頭，就好比故意讓自己是無明的。這麼做，把自己陷在生死流轉，一次次地投生在三惡道。這麼做真的是瘋了，但世間人就是看不到這一點。這正是因為，無明心永遠不會看到無明是瘋狂的，反而還認為，無明所做的行為永遠是正面的、好的，而這種想法，遠比精神科醫師診斷我們精神失常還來得嚴重。

在輪迴受苦的主因是「無明」，即沒有體悟實相的究竟本性。我們的一切行為都沒有這種體悟。我們看一切萬法為自性成立，於是我們攀取萬法，彷彿從中所產生的快樂是自性成立的。想得到所欲對境，而跟隨著產生的欲望，就好像是僕人跟著主人，這樣子把自己跟苦綁在一起。另一方面，從修行佛法所生起的快樂是自在的、輕鬆的，其本性是釋放的。

就算我們有肢體障礙、受傷或癱瘓，甚至患痲瘋病，內心還是能非常快樂，甚至能處於淨土（pure realm）狀態。但如果我們因為欲望心而有心理障礙，就算身體相當健美、強壯、健康，卻永遠快樂不起來。

短暫方法對長遠無益，這一點是很重要的佛法概念。方法要是出自世間八法，只會產生未來繼續受苦的因，我們想以這種方式解決問題時，就是致力於世間八法念頭而非自身的快樂，就像是僕人為其主人下廚。

我們通常認為，解決現前的、立即的暫時問題，比停止在未來要面對的大苦要來得重要多了，更不用說停止受苦的原因——貪、瞋、癡。即便我們想禪修、行持佛法，卻仍抱持著「當前問題最為重要」的假設，這是由於沒有深刻體會到「負向及正向行為之間的差異」的這種無明。我們做事若不採取會完全消除立即及長遠問題的方法，反而做出會造成未來受苦之因，問題當然會持續加倍。

我們現在遇到的問題，是自己在過去世努力停止類似問題再次出現時造下的，即使我們有辦法投生為人十億遍，要是運用相同方法來解決問題，是沒有用的，只會造成未來繼續遇到相同的問題。

我們貪求欲樂跟舒適感，希望所有問題跟不舒服都消失無蹤，但我們用來阻止它們的方法卻是基於煩惱心。不能由貪欲來停止貪欲，不能由生氣來消氣，不能由延續無明來消除無明，錯誤的方法只造成更多痛苦。

我們認為此因會產生此果，其實剛好相反。我們最初的錯誤就是對於業果——快樂及痛苦真正原因——的無明，沒看到因及果之間的連結，我們做得不善巧。即使已經聽聞業果開示長達多劫時間，卻由於從未持續禪修業果，使得對業果的理解仍流於表面及智識層面，所以我們沒有付諸行動，還繼續犯錯。

不只在西方國家這樣，全世界皆然。世界上已成立了這麼多的組織、社會福利團體、諮商及心理組織等等，這些組織的成立，都是想處理人的問題。他們相當擅於指出大家共有的問題，像是侵略性、憂鬱、思覺失調症、現代生活的種種迷惑，因而成立了愈來愈多的組織團體，竭盡一切，想對這些問題能有所貢獻，但他們沒看到這些問題的整體原因只有一件事，就是「緊抓著今生快樂」的貪欲。

如果有個人連自己都感到困惑，看不出自己問題的根源，沒有運用對問題的瞭解來作出改變，沒有團體能幫得了他。他一直心懷世間八法念頭，如同寶藏一樣，不去打擾它。他會一直服侍它，鞠躬盡瘁，不管它給什麼命令，他都言聽計從，好像它是國王。就算有百萬個、千萬個組織，沒有一個能幫得上他，因為問題出於內在。不論我們在哪裡，地球上、外太空、山中、叢林裡，甚至跟一群鳥待在籠子！問題還是跟著我們。

我們似乎很自然認為，外在環境決定自己的快樂或痛苦。如果真是如此，那麼有錢國家的百萬富翁、億萬富翁就是極為快樂的人，愈有錢就愈快樂，內心也會感受更大的平靜，隨著財富增加，會有更大的享樂、滿意及滿足感。但事實剛好相反，因為他們不瞭解快樂的原因以及怎麼減輕痛苦，因此感覺更深的孤單、憂鬱。

我們認為自己之所以不快樂，原因只有一個，就是得不到所欲之物。我們想要睡覺、跳舞、大叫、性交，但都事與願違。我們認為馬上做出任何想做的事，做貪欲要我們做的任何事，就是開啟生活快樂及平靜的大門。然後由於某種原因，我們得不到想要的，內心就會出現某種受到阻礙，感到憂愁或氣憤。

有位出家人在德國參加一門課程，他告訴我，有間中心能幫助人舒減憂鬱感、侵略心及其他負面情緒。他們採用的方法是：請每個人排成一列，要參加者不停尖叫好幾個小時。過了一段時間，參加者累了，人沒辦法從早到晚不停尖叫，一段時間之後他們累得半死，就認為消除了憂鬱感。他們認為精疲力竭能清除負面情緒，這其實跟我們在激烈身體勞動後休息，或把扛了很久的東西放下來，所得到的舒緩感是一樣的。

這個中心還有另一種方法是：請參加者脫得一絲不掛，身上塗滿便便，這些是他們斬斷內心問題根源的方法，不讓世間八法念頭生起，而在身上塗滿大便，還有數小時不停尖叫。這不是認出問題根源的方法，而且只要沒有出離世間八法，像這種外在改變，並非解決之道，助益也不大。

像這種方法理應要讓自己脫離侵略心，但其實只是換另一種方式來虐待自己，暫時拋開問題而已。只要強烈貪著今生的快樂，就不會有平靜，在內心、在生命裡，總是缺了些什麼。

輪迴那套永遠無法令人滿足

佛陀在一部佛經裡提到，只要追隨欲望，永遠不可能獲得滿足感。再者，宗喀巴大師在其著作

《菩提道次第廣論》提到，一旦追隨欲望，就開啟許多問題的大門。如植物的繁枝源自根，我們今生面對大部分擾人的情緒及問題，都是由欲望而生。

夏惹瓦尊者，這位偉大的瑜伽士曾說過，隨著攀取而來的是不滿足感。即使我們可能擁有了比足夠還更多的物質受用、衣服、錢財等等，夠過一輩子了，我們還是覺得自己擁有的不夠多，還想要更多。跟隨欲望則填不滿空洞的內心，不管我們想要得到的所欲對境有多少，還是不會滿足，這就是主要的苦。這樣的情況不會停止。不論我們經驗到的是一絲絲或很強的欲樂，都永遠找不到真正的滿足感，我們就是這麼想要擁有，有了一遍再來一遍，有了一次再有下次，永遠都想要有更好的、更多的，但就是達不到。

欲望的本性是飢餓，永遠不可能被滿足。欲望就像慢性疾病，身體有慢性疾病，內心也有。跟隨不滿足心就像是喝鹽水，或吃印度爆米花。印度爆米花的口味很鹹，因為太鹹而要配茶，喝了茶後想吃更多爆米花，卻又口渴而再喝更多茶，茶又讓自己想要吃更多爆米花，一直反覆下去，除非自己決定停止，不然會不停吃喝下去。

滾石合唱團主唱米克傑格曾唱過一首歌，歌詞所言甚是：「我得不到滿足感。」在他的內心裡，不論有多少位朋友，不管有多少人說他們愛他，不管他的名氣有多麼響亮、多麼有錢，他還是不滿足。這首歌表達出其內心，他擁有這些外在的東西，但在其內心、其內在生命卻是空洞的。他從唱這首歌來告訴我們欲望的過患，證明了佛陀所說：輪迴快樂永遠不可能給予我們滿足，不管我們擁有多少，不管經歷多少，永遠都不會滿足。

不滿足的飢渴帶來數不清的問題。生活所需得花很多錢，我們需要這個，我們需要那個，我們還需要這個，我們還需要那個，好多好多的東西，百千億的東西。因為如此，我們債台高築，之後還不出錢來只好上法院。努力創業，事業卻倒閉失敗。

談到做生意，就算做起來了，即使賺了一千塊，仍想賺一萬塊；賺到了一萬塊，想繼續賺一百萬塊；後來一百萬還不夠，還想賺十億；再來是天文數字，不會有停手的時候。滿足感永遠躲著我們，然後貪欲告訴我們：就在下一次的目標或下一次加薪，再一步就到了喔。我們懷著同樣的憂慮過日子：失去財富的憂慮、沒辦法贏過別人的憂慮。

我們花好幾個月甚至幾年環遊世界，試著找欲求之物，努力尋覓朋友。我們過得這麼不開心，好孤單，很擔心自己得不到想要的東西。在某個國家沒得到自己需要的，轉往另一國。或許我們花一段時間在希臘晃來晃去，仍找不到能滿足我們欲望的東西，於是就去了加州。

我們就像這樣，花光了錢。緊抓著要找到完美伴侶的夢想，但在某個地方遇不到這個人，「貪」帶著我們去世界另一處尋找。我們的人生困難重重，充滿著問題，這一切都是由邪惡的世間八法念頭引起。

很多人就像這樣，完全失控，盲目跟隨貪欲。有些人到最後精神失常或者自殺，因為他們沒辦法控制自己的生活，雖然一直尋找快樂，找到的卻只有痛苦。

欲望沒完沒了，追也追不完，就像樹幹枝繁葉茂，分出百千個樹枝。數不清的問題就從根本的不滿足感所生，而不滿足感就是世間八法念頭帶給我們的。出現的問題就像湖上陣陣漣漪，不會停止，來了一波又來第二波，再來第三波，沒有結束，持續不斷。我們從無始以來的生生世世都一直追隨欲望，至今還沒結束。日子變得好沉重，困難重重，憂愁、擔憂、害怕隨之而來。

要從物質去追逐滿足感，我們就沒機會享受生命能帶給自己的種種。即使坐擁滿是豪華珍寶的宮殿，有上百億輛車子，賓利、藍寶堅尼、法拉利、勞斯萊斯，就算擁有上百億座泳池，仍無法真正享受人生。就算可能有像軍隊那樣多的僕人服侍我們，卻還是相當憂愁不樂。看看那些大富豪在其光亮外表的背後，問自己是否真正過得快樂？他們當中很多人都看起來無精打采、愁雲慘霧。

一旦我們得不到欲望想要的東西，就感到了無希望，這是生活中一種基本痛苦，這也是讓人瘋狂的原因。失去執著的任何東西，像是生意、朋友，無論是什麼，會讓我們認為人生了無意義。然後，由於憤怒、嫉妒等等，我們造了惡業，如殺生或偷竊，對自己及他人造成極大傷害。它帶來更大的不快樂，不只影響自己，還影響許多人，這是投生三惡道的原因。

一旦執著世間八法，我們要藉著修行正念及觀察內心來放下，就像美國對付伊拉克的飛彈，就算飛行千萬里也能對準目標。我們必須看到貪欲的面貌，發射正念核彈，瞄準貪欲來毀壞它。

有位高證量的西藏瑜伽士——確戒倉巴加惹（Drogön Tsangpa Gyare）說過：

在修行者屋子門口，有快樂的人平靜地躺著，對於追尋美食的人卻感受不到。
修對治法的人，其屋子門口有世間八法躺著，而貪欲者卻感受不到。
除根的人，其屋子門口有快樂的心躺在那兒，而疑心者卻感受不到。
擁有滿足感的人，其屋子門口有富豪躺在那兒，而充滿欲望、不滿足的人卻感受不到。

當然，在這裡「門」指的是內心，我們從內心能找到真正的平靜及快樂，但是攀執外在感官欲樂的人，卻永遠不知道這一點。如果還是渴求美食、美麗衣服、舒適處所的話，永遠不會知道出離這些的人感到的平靜及快樂。卓貢藏巴嘉熱說：「只有調伏世間八法的念頭，才會有平靜。」那些跟隨這個惡念的人，永遠不會知道。

他接著說：「如果修行者徹底斬斷煩惱的根、邪惡的世間八法念頭，以及執取自性真實存在的無明，就能找到真正的快樂。」最後他說：「無論人是否有家產，可能是一貧如洗，甚至連一頓餐都沒著落，如果那個人是滿足的，此人就是巨富；但對於充滿欲望，感覺自己所擁有的永遠不夠的人，就算他可能擁有數不清的財物，其實比最窮的乞丐還窮。」

我們已經知道，滿足感不是物質帶來的，而是心的狀態、心的體會。人們不瞭解真正滿足感從何而來，被欲望所綁，視外在東西是快樂的來源，被「放棄外在東西」的這個想法給嚇壞了。他們看不到，「沒有物質東西」也能有滿足感，看不到最大的財富即是「快樂與擺脫緊繃內心的自由」，這份真正的禮物，來自沒有貪欲的心。

活在欲望的煩惱中，不管多少財富，都解決不了問題。但過得最樸實，沒有物質受用，也沒有世間八法念頭的人，卻擁有最具價值的東西——「讓生命快樂」最珍貴的方法，這份禮物再多錢也買不到。

記得我第一次去西方國家，當時覺得有點納悶，大家都會問來吃晚餐的客人想吃什麼。在東方國家，無論端上什麼餐點，每個人就會接受，但看起來西方人必須要有選擇。宗喀巴大師勸告我們，不要受輪迴圓滿吸引，藉此訓練自己對於像輪迴快樂、名聲、勢力、財富這些東西，連一秒都不要受吸引，所以給什麼就接受什麼是修行的一部分，如果我們內心相續一直秉持這個想法，會生起出離心的證量，決心離開輪迴。

輪迴快樂從來不長久

只要我們被輪迴快樂吸引，就會一直待在輪迴。輪迴快樂從來不長久，一定會結束，從日常生活就能發現這一點。基於世間八法的快樂不長久：關係、處所、食物、財物等等。正因為世俗快樂不長久，我們得要努力去不斷更新，就像海浪一波接著一波，這樣的事永遠不會停止，這就是身為消費者的意思。

舉個簡單例子。拿食物跟衣服來說，買一些食物或者一套衣服，食物不會延續到我們死為止，那套衣服也不會讓我們餘生都能滿足。一天的短暫需求，不可能包含一輩子。我們必須要一直努力做事，因為世間快樂會一直結束，我們永遠都在跑步機上奔跑著，沒有什麼新鮮事，一直打轉。

就像吃東西跟上廁所，有些事情我們一定要做個不停，一直在其中打轉，對這種輪迴快樂的追尋是永遠不會結束的。除非我們斷除由無明所造的業，否則只要還有投生的因，就會一直生生死死，永在輪迴流轉不休。

輪迴的快樂不僅不會增加，不會長久，而且當快樂消退時，會轉變成苦苦，就如我們已經知道，「欲樂」標示在一種其實本性是苦的感覺上。當我們持續那個行為，就得不斷投入心力才行，但結果仍是不滿足。雖然以我們貪著的虛妄心來看，認為自己體會到的是真正的快樂、純然的快樂；但透過禪修，自己就能發現那其實是苦，而我們對此的攀執就是輪迴之因，它讓我們持續不斷生死。

世間快樂一定都會轉成痛苦。我們在炎熱天氣時去游泳而感到快樂，但如果泡在水裡太久，則會發冷而渴望暖和。我們開開心心吃東西，但要是吃個不停，則會失去胃口，吃到胃發脹還嘔吐了。雪巴人愛喝青稞酒，他們先喝第一杯，因為喜歡第一杯的感覺，繼續喝第二杯，接著下一杯，喝得欲罷不能，直到整個人都失控了，整個失去自制力；他們到最後常打起架來，大聲叫囂，胡言亂語，還砸壞了平常得千辛萬苦才擁有的東西。因為「看不到痛苦的真實本性」的這種錯誤見地，讓他們的心不快樂。吸毒的人也是如此。

相反地，真正的法喜從出離世間八法的念頭而來，則永遠不會結束，但我們需要努力去保住的工作飯碗卻有結束的一天。我們愈是體會到法喜，會愈感到喜悅，還不會耗盡。法喜跟世間欲樂完全相反。

世間欲樂的享受，是要去維持不具持續性的東西，所以都會結束，但享受殊勝佛法的喜悅卻是持續的、不斷的。我們這麼努力辛苦地保住，這麼貪執的世間財物，卻沒有一個能跟著我們到來世；而我們擁有的佛法，從修行佛法所產生的福德，卻能跟著自己到來世。

我們逐漸在佛法修行有所進步，慢慢朝向上士道（path of the higher capable being）努力時[26]，快樂會愈來愈增長。當我們最後證悟成佛，修行告一段落，但我們從修行佛法所得到的喜悅仍永遠持續，不會結束。究竟目標——成佛，並不是像有些人認為「一切萬法都變成空空虛無」，就像虛空那般，一點也不是這樣；如果是的話，那麼在我們證悟成佛後，就沒有辦法幫助其他有情。

26 根據菩提道次第教法，修行分三士道（three levels of practice）：下士道（path of the lower capable being）行者追求的是來世快樂；中士道（path of the medium capable being）行者追求的是別解脫（individual liberation）或稱涅槃；上士道行者則是為了一切有情而追求圓滿佛果。

我們在體驗世間欲樂時，為了不讓自己貪執東西，繼而造下更大痛苦的因，我們可以這麼想：「這只是我的錯謬想法，錯認這是真正的樂，其實這不是真正的樂，反而只是苦罷了，不會長久，永遠不會給予無止盡的滿足感。所以貪執這輪迴的欲樂，只會讓我一直被束縛在輪迴的痛苦，還會讓我投生三惡道，永在三惡道受苦。這種欲樂是很微小的，我不應該對此起貪著。」

當我們最後證悟成佛，修行已告一段落，達到最高境界的快樂時，這種樂不會變異，也不會退轉為比較低劣的，因為佛的內心沒有一絲煩惱，不可能會退轉，也沒有造物主能改變、擊敗，已經沒有我們還需要努力的更高境界。就如「成佛狀態」永遠不會改變，因此從修行佛法所得到的快樂，也永遠不會結束。

所以，開始修行佛法之後遇到了敵人，最後除去敵人——世間八法念頭，我們得到的快樂會很不同；輪迴的快樂則有如非常粗糙又危險的水，會轉變成廣大海洋，湛藍、平靜又清澈。

打另一個比方。如果我們從腳拔出一根刺，隨著刺被拔出來，就不再有刺痛感，刺被拔掉時，問題自然消失，這是很符合邏輯的。相同地，我們要視輪迴的欲樂如痛苦，否則不會想除去它。實際的作法是：從自己的體驗去看到這一點，就會明白佛法所言的確真實無誤。

生活真正的快樂及內心真正的平靜是出離心。我們不論何時開始修出離今生欲望，內心真正的平靜就會油然而生。所以，殊勝佛法及世間法南轅北轍，殊勝佛法是出離世間八法念頭，而世間八法念頭則出離殊勝佛法。

◆依賴著不可依賴的對象

坐雲霄飛車，卻想要平靜

只要有世間八法念頭，內心就不可能平靜。我們早上起床時心情愉快，滿臉笑容，感覺精神高昂，幾乎快飛起來了，接著在一個小時之內，心情卻跌入谷底。這種情況日復一日，我們在有些天會快樂一整天，有些天卻過得愁雲慘霧，有時候早上過得很開心，到了晚上卻整個抓狂了，真是荒謬至極。

我們的生活變成徒勞無功地追逐以為會讓自己快樂的東西，對於不喜歡的東西則閃得遠遠的，就一直處在如我們意跟不如我們意之間，上上下下波動。就算我們只想得到的是平靜與快樂，卻一直坐在情緒雲霄飛車上，受到讚美就快樂，被批評就難過，好名聲讓我們覺得真的很棒，壞名聲則讓我們覺得糟透了。

當事情順己意，擁有四種悅意對境時，我們就快樂；而當事情不順己意時，必須面對四種不悅意對境時，我們則跳進憂愁及痛苦裡。只消一天就經歷了快樂、不快樂、興高彩烈、憂愁，高高低低、上上下下，這樣子的話，我們的生活永遠不會平衡，不會平靜或快樂。我們渴望著什麼，事情都會變得像這樣。我們住在一間由邪惡的世間八法蓋的房子裡，所有煩惱由此而生。我們想平靜，但世間八法奪走平靜，使內心變得相當不平穩。

事實上，如果我們真的瞭解這個主題，就能視生活如電影，拍得好笑、有趣、可怕、噁心。如果我們加以分析，能輕易地看到世間八法念頭，就是讓日子變得這麼令人難過、如此令人窒息的原因。這邪惡的世間八法，是我們內心之所以不自在、不平靜的肇因。

我們為了要快樂，而完全依賴外在環境、欲望對境，但這些是不可依賴的，外在情境永遠在變化著。依賴於一直改變的狀態，就難以駕馭內心。體弱的動物無法身負重物，隨著情況改變而一路踉蹌、東倒西歪，結果就是：我們在前一分鐘興高采烈，下一分鐘卻鬱鬱寡歡，這就是輪迴的本性。

我們主要的娛樂活動，像是看電視、看電影、閱讀等等，就是基於這種瘋狂的波動所創造出來的劇本。機場書店賣的書，幾乎都是起起伏伏的人生，遇到的一切問題都是基於貪著今生。電視劇的編導即根據人的失控生活，某天開開心心的，隔天就不開心了；早上還是開心的，到下午就不開心了。從聆聽別人的問題，便可看出，問題全都來自分別心或瞋心，而分別心及瞋心是因貪著此生而起，貪著今生則是和八種對境有關的貪跟瞋所致。

我在世界各國旅行時注意到一件事：已發展國家的人民過的生活都很複雜、不穩；而那些在未開發國家、少現代設備、有時甚至連火柴都沒有的人民，生活似乎過得穩多了，當然他們的生活仍有問題，畢竟也是處在輪迴。在輪迴裡，光是有這副身軀就是個問題，但他們沒有已發展國家的人所遇到的問題；在西方國家，人的心情似乎每分都在改變，這分鐘還好好的，下一分卻悶悶的。

往昔許多偉大的瑜伽士，一開始修行都選擇過儉樸的生活，這不是因為他們是傻子，或不知道怎麼過世間生活，或不知怎麼玩政治手腕、搞滑頭或耍小聰明，他們選擇那種生活，是為了要對抗邪惡世間八法。如果我們修行一開始就活在短暫的需求，以及擁有一切喜歡之物，那麼我們會發現，要清淨修行佛法是相當困難的，一旦嘗試去修行，世間八法念頭總來干擾。

要是你閱讀偉大瑜伽士、一生成佛的密勒日巴尊者傳記，尊者說過，他從修行佛法而獲得生命非常強大的平靜，在他的道歌充滿這種話語。還有許多其他偉大瑜伽士，也都從自身的經驗來敘說，他們都說：只有修行清淨的佛法，不受世間八法念頭染污，行者才能在這一世及未來生生世世，找到真正的快樂。

期待從無法依靠的對境得到快樂

世間快樂能被敵人奪走，不像法喜，永遠不會被偷。不管我們擁有什麼，朋友、財富、財產等等，都一定會為了這個或那個原因而失去。如果我們的房子放滿相當貴重的東西，其他人看了會眼紅而偷走。如果我們是有錢人，總會有搶匪虎視眈眈，等著要奪走我們的財富。我們不管往哪邊看，都會有人覬覦我們擁有的東西，找到能搶奪我們欲樂的方式。

有時候可欲之物會變成不可欲的，帶著世間八法做出的許多行為，最後會得到四種不欲的結果。例如我們在商場上可能一帆風順，接連成功，因為如此，我們愈來愈多的行為便帶著世間八法念頭；過了一陣子，我們「獲得成功」的業力結束了，繼而成熟的是「會失敗」的業。我們在一天之內變得一貧如洗，前一天還是百萬富翁，下一刻我們不知道拿什麼付房租或安頓家庭，整個人生因此崩潰了。通美桑波說過：

就算每個人都能夠獲得今生的各種圓滿，這也無法保證他們能夠自在地享受這些圓滿，唯一確定的是保證會死。

我們或許能得到自認帶給人生欲樂的任何東西，但並不保證自己能自在享受它。即使別人不會想偷我們珍惜的財物，那個東西本身，像是跑車，就可能會危害自己生命。我們作了很多安排，多年來一直拚命工作，為的就是要獲得今生圓滿，但實現這些計畫與死亡，何者是比較確定的呢？死亡當然比我們的計畫還更確定。將死之際，今生圓滿沒有任何一樣對我們有益處，因為我們貪著今生，就會有許多痛苦。通美桑波勉勵我們要明白這一點，要堅定出離今生[27]。

偉大的班智達無著菩薩（Asanga）說過，世間欲樂與享受殊勝佛法的法喜，兩者無法相比。例如，沒有世間欲樂能涵蓋整個身體，我們從欲望所緣、所體會到的欲樂非常有限，時間相當短暫，範圍也十分局限。世間最極致的美食，其美味只存在舌頭與喉嚨之間，只有在吃下去的那段時間；身體的其他部位也沒辦法享受美食，我們的腳吃不到，手臂也不行；如果食物太油膩的話，還可能胃疼。

一般輪迴的快樂是來自外在所緣，要是所緣不在身旁就生不起來，這就是「不能涵蓋整個身體」的意思。另一方面，法喜不需依賴外在所緣，能永遠增長，且涵蓋全身。因此，法喜是純淨之樂，讓我們就能在今生領受聖賢的超然證量。享受世間欲樂，既不會幫助我們增長這今生的證悟，對未來生生世世也沒有幫助。

27 參閱本章文末禪修部分。

憶念本師釋迦牟尼佛的這段話也會有幫助：

如果你想要得到一切快樂，就要出離所有貪欲；如果你出離所有貪欲，就會證得無上快樂。

法喜所感到的喜樂，能給予我們滿足感。因為法喜安撫了擾動的、不調伏的欲望心，所以能去除今生及來世的問題。

龍樹菩薩在《中觀寶鬘論》勸誡國王，治理國家要合乎佛法，離於欲望的不滿足心，他就會受敬重，得到好名聲，獲得他需要的一切，更進一步地，能極為饒益其他有情。要是帶著欲望做事，即使身為國王也了無意義。

meditation

★禪修

禪修世間八法及念死無常

毫無疑問，最迅速、最有力量來滅除世間八法念頭的方法，即是禪修無常及死亡[28]。人自是怕死，人與動物在這一點是相同的。當一隻狗被另一隻狗攻擊時，牠是怕死的；牠受人挨打時，是怕死的；牠太靠近懸崖時，是怕死的。一般沒學佛的人也一樣怕死，但這種害怕沒用，完全不是解決方法，也沒有辦法阻止死亡之因。「禪修生命無常」及「必然會死所產生的害怕」則是不同的，它是必備的工具，能完全阻斷更強的恐懼，還讓自己不再受無盡的生死輪迴[29]。

我們都難免一死，一定會死。我們全都得經歷死亡，而且任何時間點都可能會死，裝作沒這回事是沒用的，除非我們對今生的死亡有所準備，否則不可能帶著快樂的心死去。

沒去禪修生命無常及死亡，就算我們可能想學佛，也會懶懶散散，一直想拖延。我們會認為佛法沒那麼要緊，不用趕，自己一直忙碌在許多看起來更急迫的世間事情。然後，因為我們的動機永遠不曾超越今生快樂，就算我們想學佛，但行為卻成了世俗化。達賴喇嘛尊者說過：

28 參閱即將由耶喜喇嘛智庫（LYWA）出版仁波切開示無常及死亡的書、FPMT 許多關於這個法類的教材，以及宗喀巴大師著作《菩提道次第廣論》、帕繃喀大師著作《掌中解脫》及其它菩提道次第典籍當中有關的教法。

29 此為 *Wholesome Fear* 這本書的主題。

如果我們沒有經由禪修無常來出離短暫的生命，我們所表現出來的法行，就會成為世間八法的僕從。

我們或許在邏輯上知道自己總有一天會死，但除非真正研究這個主題，不然，我們仍會認為死亡遙不可及，遠在天邊，會再過二十、三十、四十年才到來，死亡對我們不是那麼真實，我們直覺認為，自己似乎永遠長生不死。我們跟隨這種錯誤的恆常見地，因而做錯很多事，對於不可信賴的東西卻存著信心。如果我們很堅定地記得自己有天一定會死，而且不確定死亡時間，其實還可能隨時會死的話，那麼一切無意義的事情就會散去，我們自然會捨棄今生一切無意義的掛心，例如好名聲、受敬重、財物等等需求。我們當下就會看到自己所做的每件事，一定要能夠對自己死亡及下一生有所準備，就算我們做的事可能是世俗行為的樣子，但它們會自動轉成殊勝佛法。過這種生活，會帶給我們在死亡時刻能擁有快樂的心，而且朝向快樂的來世，還會對證悟成佛這個目標扎下基礎。

棄貪的禪修

好好想想，你想到死亡的次數多麼寥寥可數。一般來説，你的行為就好像自己長生不死，但這完全是妄念，每個人都會死，你也不例外。更進一步地，你根本不知道自己什麼時候會死，可能是幾年之後，也可能在明天，或甚至就在今天，好好想想，你真的不知道自己的大限之日。

回想你最近收到的禮物或者得到的稱讚，禮物或稱讚是怎麼讓你快樂？那種快樂感覺是永遠的，但以下兩者哪一個比較能確定：你與貪欲對境分開或永遠不分開？同樣地，問問你自己，投生三惡道或三善道，哪一個比較肯定？因為你所造的惡業已經遠多過善業，你更可能投生三惡道。

接著，盡量清楚強烈地觀想地獄道的痛苦[30]，可不要只想文字，而是要真正觀想出清楚的情境，生起真實的感受。去想：「這個有不可思議痛苦的可怕地方，就是我快投生的地方。」這是控制貪欲非常快速的一個方法。如果你能觀想出強烈的地獄受苦圖像，然後把地獄看作是你因貪欲而很快就會去的地方，你的貪欲就會自動消失。

接下來得出的結論是：你從貪欲得不到任何益處，貪欲還可能會帶你到這麼苦的地方。想著如此受苦的地方，就會明白你貪欲的對境，例如禮物或讚美，比沒有用處還更糟糕。

這個禪修也可以運用在發怒時，例如有人批評你，你發怒了，這時要好好看住內心，觀察可以怎麼轉變內心。如果對方曾稱讚過你，你那時會覺得快樂；一旦對方說你的不是，你就暴跳如雷。看看你的心多容易因為對境而變化，這個就是受苦的原因，而不是對境。從那一點開始，繼續依上述提到的死亡禪修。

當你對於瞋心帶自己去的地獄道，有清楚的觀想，瞋心自然會消失，最後思惟「永遠都不需要生氣」的理由。

也要禪修萬法的無常本性，我們在輪迴會失去想要的東西，以及碰到不想要的東西，這是輪迴的本性。

---

30 仁波切及許多偉大上師對於三惡道有諸多描述。參閱耶喜喇嘛智庫即將出版仁波切開示三惡道的書，以及菩提道次第典籍，例如宗喀巴大師著作《菩提道次第廣論》與帕繃喀大師著作《掌中解脫》。

蓮花生大士說過：

見此生猶如昨夜之夢，一切了無意義的行為如湖上波粼[31]。

不論何時遇到問題，與其擔憂牽掛，愈滾愈大，讓自己神經衰弱，不如把問題看成一場夢，你只是夢到自己遇到問題而已。你應該照著蓮花生大士所說的思惟方式，你可能作了場短夢，但夢中似乎時間很長，可能長達一萬年。你在某個地方長大成人，到了中年頭髮發白，你回顧多年人生，在那段時間有很多欲樂，也遇到很多問題，但實際上作夢時間可能只有五分鐘。當你醒過來，發現只過了很短的時間，空空如也，不管你在夢裡遇到什麼問題或者興致盎然，全是一場空。

同樣地，這一生看似很長，但你在臨終時刻會突然體會到人生已逝，會覺得自己好像從夢中醒來，你會發現，其實人生相當短暫，你在瀕死時一定會體會到。你應該牢記這一點，才能控制住自己的煩惱及為死亡作準備，如果你這麼做，就能快樂地往生，而且來生也會過得快樂，一直到解脫及證悟成佛。

思考無常及死亡是最有力量的，不只是你可能在未來某個時間點死去，而是你當下就可能會死。就在吃東西的當下，在蹲廁所的當下，在你喝茶的當下，在走路的當下，在回家路上的當下，隨時都可能會死。從這裡到那裡，只消幾步路的距離，你可能就會死，你甚至可能在這次禪修結束前就會死。

你要把這點與業果相連結，不然死亡就只是意識與身體分開，那接下來呢？當你想到，自己光在此生

31 仁波切的著作 *Wish-fulfilling Golden Sun* 這本書在禪修死亡九要點的段落也有引用。

就已造下相當多的惡業，死後下一刻，幾乎能確定到三惡道，處於無法想像的痛苦。這是非常令人驚恐的，沒人想作驚恐的夢，我們都希望夢到的是甜美的夢、好夢。我們連在人道的痛苦都受不了，怎麼能夠忍受在三惡道受著無法想像的痛苦呢？

例如，或許有位婦女正想要自殺，因為她太貪著丈夫，沒辦法承受先生有天會先死的念頭，獨留她一人。對她來說，只有跟先生在一起才是最重要的，所以害怕「有天會失去先生」這個念頭，整個淹沒了她，甚至到想自殺的程度。若能憶念佛法所提到的無常及死亡，她就會看到，其實先生就是會離自己而去，所有人不免一死，彼此一定會分開，所以貪執有什麼用處呢？如果她能憶念無常及死亡，就在那一刻，那個極大的困擾，就會像天空的雲朵一般消散開來。

思惟在這一小時、這一分鐘、這一刻可能會死，就會切斷世間八法的念頭，你的內心會馬上平靜下來，當下內心放下攀著今生快樂的貪欲。你所有的害怕及煩憂，一切由世間八法念頭引起，多到不得了的期待、迷妄，都會被切斷。然後，當你回想過去自己多麼憂心忡忡，只會放聲大笑，因為過去的那些是多麼幼稚。你的心擺脫了迷惑，不管做什麼都會成為清淨的佛法，就如純金。

如果你學佛一直沒進步，無論研讀或者禪修，不管是菩提心、空性或任何法類，你之所以沒進步的原因，是因為，還沒有從無常及死亡這個最基本的禪修著手；如果忽略起頭的部分，就不可能在更高層修行有所成就，你得要切斷世間八法念頭。為了做到這一點，就需要像禪修「生命無常」及「必定會死」的這種方法，要是你覺得它們無趣之味，或者害怕它們而逃避禪修的話，那就大錯特錯了。

五　欲望帶來的問題

◆為了追求快樂，我們造惡業

由跟隨世間八法念頭來追尋快樂，不僅不會帶給我們想要的快樂，往往還會讓我們造下更多惡業。

我們睡得正香甜時，突然間被隻蚊子打斷睡眠，我們要的就是平靜跟舒服，這隻小蟲子卻施展全力搞破壞，當然我們會覺得很煩。可是，我們只是被隻小蚊子咬一小小口，一般來說不會有什麼危險，也不會引起嚴重疾病。那隻蚊子就是從我們的身體吸一小小口血，但看到那隻蚊子的身體吸滿了自己的血，我們就怒氣沖沖。一旦我們挪動身體，蚊子會去咬身體其他部位，我們想逮住那隻蚊子卻抓不著。這隻蚊子幾小時以來一直在旁邊嗡嗡叫，咬我們，還閃躲捕捉，終於最後被我們找到了，真的想殺了蚊子，一定要的！我們抓到了那隻蚊子，打死牠，真是開心極了，開心地不得了，現在終於平靜了。由於我們做了一件不善行，又相當開心，這件事就變成非常強大的業，而我們當然不是這麼去看待的。

工作應該是帶來世間快樂的來源，但對於大部分人而言，不只沒帶來世間快樂，還造成很多有情受苦。我們或許不認為自己很差，屠夫也不會這麼想，屠夫的工作是屠宰有情，屠夫真心認為，他也只是在照顧自己及家庭的需求，但他造的業卻是讓自己在來世蒙受大苦的強大惡業，這是加倍的惡業，會帶給自己及其他有情受苦。

我們就像那位屠夫，為了得到自己想要的而去做壞事，不僅得不到想追求的快樂，還造下未來受苦的因。我們做的事情是為了要避免落入貧窮和飢餓，那些是先前惡業的果報，卻因而造下更多的惡業。換句話說，我們從造惡業來停止惡業，這是不可能的，這也不是誰的錯，只是想要以不善巧的方式來停止自己的苦，只會讓苦延續苦，持續不斷。

全世界的人都一心一意想要過得快樂，因而欺騙、說謊、偷竊，甚至殺生。有人其實擁有的已經足夠度日，由於他的不滿足心，仍覺得自己擁有的還不夠多，而唯一能過得快樂的方法是去搶銀行。然後他去偷別人的東西，造下惡業，讓他自己和很多人也都難受，他冒著被抓、被槍擊、被殺、吃牢飯，及被折磨的危險。他可能已經謀殺了某個人，拿走對方的財物，警察可能逮捕他，法官可能判他罪，但其實是邪惡世間八法念頭讓他鋃鐺入獄。他的行為帶來的臭名及憎恨，都是因為他想要得到快樂而萌芽，是他的無明帶著他犯罪。我們的無明可能不會帶著我們做出那麼嚴重的事，但無明還是命令我們做出許多惡業。

恐怖主義者做的事，綁架、劫機，這些都是駭人聽聞的，對任何人來說，無論是犯罪者或受害者，都無絲毫益處，完全就是世間八法念頭迫使人做出這種事。

跟隨世間八法念頭而去殺人，內心不會得到平靜，永遠冒著被死者親友殺死的危險。他得到壞名，永遠得躲躲藏藏，逃離自己的國家以免被逮捕入獄，這就是他的人生。而且他在未來感得的痛苦是相當可怕的，這就好像他故意讓自己去往直通三惡道的路，一切都是由貪執此生舒適的邪惡念頭所造成。

當今印度仍可見這種情況，有人從電視上看到西方國家的綁架事件，於是有樣學樣，他們學到怎麼在傷害其他有情時能做得俐落、巧妙。綁架另一個人是多麼可怕的一件事，然後打電話給對方的可憐父母：「如果你不給我一百萬，我就會殺了你女兒。」一家人也只能答應，因為女兒在別人手上，有被殺死的危險，當然他們說會付錢。但當綁匪拿到錢了，仍殺了那個女兒。就算她沒被殺，事情會怎麼樣呢？父母沒辦法償還贖款，往後一生拚命工作，永遠清償不了這筆債。

經常看到有錢人做出惡行而獲得鉅額財富，就像撒謊、瞞騙、偷竊，就算他們擁有各種想要的舒適，到底那是什麼樣的生活呢？他們死後會發生什麼事呢？沒有絲毫真實平靜。

如果我們看看西方國家那些超級富翁，很容易就能看出這一點，他們過得其實並不輕鬆。窮人家的時間比有錢人還更多，有錢人忙碌不休，滿懷憂愁，生意隨時有可能會失敗，而失去不斷拚命努力的一切。他們永遠無法百分之百確定經濟不會垮，或競爭對手不會研發出更好的產品。

貪著世間欲樂，我們會去看他人是幫助或傷害自己而起分別心，這就是所有人與人之間，甚至國家之間不和諧及鬥爭的原因。我想要的東西，這個人給了我，所以他是好人；而這個人阻擋我，不讓我得到想要的東西，所以她是壞人。我們總是以此來評斷他人，無關他們的品德，都是關乎我們要實現自私自利的欲望。

如果我們去檢視，會發現自己一直都是這麼起分別心。這些人是好人，那些人是壞人；這國家不錯，那國家很差。我們的分別不是基於他人快樂的考量，而只是關心我們自己，非常自私。像這樣的分別，我們希望自己的敵人受到傷害，我們不想要被批評或虐待，但對於自己的敵人正好倒反，我們希望他們遇到所有四種不悅意對境，還愈多愈好。

我們浪費了潛力

要能獲得暇滿人身，我們必須付出非常大的努力才辦得到，世間八法念頭卻讓這一切努力變得沒意義。另外，浪費這一輩子，就浪費未來生生世世，還毀了能獲得更好來世的可能性，以及我們可以從中證得的許多成就，特別是解脫的究竟快樂和證悟成佛。

我們浪費自己驚人潛力的其一方式，是花了所有力氣在迷惑的、不善巧的方法，就只是為了要擺脫世間困境。舉個例子，我們晨起時自然會盥洗，沒人想渾身臭味，但我們是以什麼樣的心態來盥洗呢？帶著世間八法念頭。我們在盥洗或盥洗方式上，並沒有更高層次的念頭、特別的理由來做這件事。

然後，我們喝著茶，突然間就冒出想喝茶的欲望，這個念頭同樣也沒有特別的理由，沒有清淨的動機。我們就是喝著，渾然不覺，帶著貪欲、懷著世間八法念頭。吃早餐或散步也一樣，又再一次完全不具清淨動機。然後，花一整天埋首工作，我們在工作時忙得要死要活，對於自己的行為是善或是惡，卻一點也不清楚。

我們的動機可能是為了此生的舒服而去賺錢，得到想要的東西，以及不被炒魷魚；我們的動機不是清淨的，跟學佛沒有關係，跟利益眾生沒有關係，我們內心只關心一件事，就是自己，隨時隨地都是那個偉大的、最大的自己。如果我們誠實檢視內心深處，就會明白我們為何工作。

我們在工作時，常浮現各種惡念：厭惡、嫉妒、貪著等等。我們懷著嫉妒心或瞋心，抱著世間八法念頭，說三道四。午餐時間一到，我們懷著對於世間欲樂的貪欲，懷著世間八法念頭吃飯。我們帶著世間八法去逛街，貪著了不起的大我去買東西，只為追求今生舒適。

夜暮低垂時，我們舉辦派對，又是沒有善的理由做這件事，而是帶著世間八法念頭相聚。或許我們希望客人送禮，但那些禮物是讓自己享樂的，而不是讓自己成佛。或許我們期待受讚美或好名聲，但無論我們辦派對、看電影、看電視或跟朋友講電話，所做的每件事都是相同的過程，都是致力在世間八法念頭。

接著我們睡覺，仍是失去控制力的，累到沒辦法想起任何善的事情。再次地，沒有清淨的動機，只有渾渾沌沌，「我好累」，求的只是這一輩子的舒舒服服，而且帶著這種貪欲去睡覺，變成像死人一樣。

我們現在看的還只是平日活動，沒有發生什麼可怕的事，沒包括傷害其他眾生，像是殺生、狩獵、打鬥這些事，就算是這些相當普通的日子，我們仍是帶著世間八法念頭來過生活。

我們身為貪欲的奴隸，沒有做出任何事情能帶來有益的結果，或者帶來快樂。我們所做的種種行為，反而毀掉原先想藉此而得到的快樂。我們會想自己沒有時間學佛，「我得要做這件事，我還要做那件事，然後，我必須要做這做那，這個跟那個。」這再明顯也不過，就是受世間八法念頭所控制。工作以外的時間，我們倒有時間做其他有的沒的，像是看電視等等，就是沒時間禪修。我們可以很清楚看到這是自心所造，世間八法念頭讓我們不想忍受禪修的辛苦。

很多事情看似無害，但由於做這些事情是在浪費生命，對我們造成很大的害處。有位卸任甘丹赤巴（Ganden Tripa）去美國，他看到電視，十分驚訝，發現看電視是多麼浪費時間，於是勸誡西方弟子不要再看電視。

我也會看電視，看電視真的非常浪費時間，但我們可以從菩提道次第的觀點來看電視，在看節目時，可以看到輪迴本性是怎麼束縛自己。電視演員讓我們知道他們去派對、被殺、被拷打、互欺、發動戰爭，不管做什麼全都是苦。

達瓦札巴

從前在西藏一戶富裕人家有位僕人，他多年為那戶人家工作，每月所得是一盤麥子。他每個月都存下一些麥子，最後存到一大袋麥子，於是他帶這袋麥子回家，從天花板用一條繩索垂掛著。他躺在床上，相當開心有這一袋麥子，他想著：「現在我有這袋麥子，我可變成有錢人了，還非常有錢。我該怎麼做呢？」他在心中盤算著，他認為自己應該要結婚成家，生個孩子，接著想該為孩子取什麼名字。

就在他左思右想的時候，月娘露出臉了，月光從窗戶灑進地板。他瞧著月光，突然間，要為他孩子取的名字出現腦海。「太妙了！我應該以月亮來為孩子命名，就叫『響月』（藏音為達瓦札巴）。」在他絞盡腦汁之後，這個名字似乎很完美，他喜悅滿溢地從床上跳起來，抓了根棍子，在房裡跳起舞來，棍子在頭上揮舞，然後打到那包麥子，麥子掉落砸到頭，當下就被砸死了。

這個人辛勤工作多年，還沒機會好好享受麥子，連一盤麥子都享受不到，或者結婚生子呢。這一切都錯在他那不受控制的心，他貪著麥子以及覺得自己變有錢了，對以後的計畫起貪，以及貪著他將來的孩子，還有那個很美麗的名字。由於沒辦法控制世間八法念頭，他死得不值。他被世間八法念頭給殺死了。如果我們不控制內心的話，這種情況也會發生在自己身上。

◆基於自己的需求而傷害他人

自私關係而有的痛苦

通美桑波說過：

> 一直跟領導者、老師、朋友、親戚爭吵，沒辦法承受痛苦、壞名聲、沒有享樂，光是惡念就造成一個人無法克制地做出這些事。

就算我們可能廣泛研讀心理學，覺得自己是個專家，只要還沒認出世間八法念頭，就不可能發現自己在人際關係中碰到問題的主要原因，也沒辦法做出什麼來解決問題。其實不善巧地反擊這些問題，只會讓問題惡化。

我們從報紙新聞以及電視節目看到，人一直以來，在人際關係遇到好多可怕的問題：打架、爭吵、不忠、分手、兩相殘殺。如果我們去找這些問題的來源，就會看到它們來自世間八法念頭。

我曾經在報紙上讀到：有位住在希臘的老人，他梅開二十度，一直換娶年紀輕的太太。那篇文章提到他想再娶，這次的年輕太太在監獄服刑。在東方國家像這種問題少很多，因為很多婚姻是被安排好的，為求和諧共處，一開始就是由父母親請上師或星象學家觀察他們孩子的一生。

我們為了想交朋友，而給自己衍生出許多問題。例如，我們搬到另一國，感覺非常寂寞，誰也不認識，連個朋友也沒有。過了一陣子，我們認識了一些人，過了一段快樂時光，過不了多久，我們卻開始嫌厭對方，他們不再符合自己的期待，我們從他們身上得不到什麼了，於是就埋怨他們不好、個性差等等。由於期待別人會順著自己，不順己意時，我們便發怒，朋友轉成敵人。此外，由於一開始就缺乏平靜，因此得到的是加倍的痛苦。

只要我們內心一直有世間八法念頭，就會不斷遇到人際關係問題。由於關係的最底層只有自我需求，從自私自利角度去看待關係，想當然爾，自己的伴侶永遠給不了自己想要的。我們深陷在自己的問題裡，導致吃不下、無心工作、睡不著，身體健康甚至會亮起紅燈，像背痛、胸痛。

當失去欲望所緣時，像是朋友不再愛我們了，跟我們絕交，或發生其他事情，如果我們不採取任何行動來控制整個情況，像是殺了阻礙我們欲望的人，我們就會精神失常或精神崩潰。除了自殺的念頭外，欲望不會給我們內心其他想法的空間。我們皈依的是過量安眠藥、上吊自縊的繩子、高樓屋頂，或者是我們跳下去的高橋，例如著名的金門大橋或雪梨港灣大橋。

有位瑞士籍弟子，他會說藏文也教人藏文，還翻譯經論，以及從我的第一位上師、同時也是耶喜喇嘛的上師——拉登仁波切（Geshe Rabten Rinpoche）座下學習佛法。有天太太離他而去，他受不了痛苦及憤怒感，在家自縊，就這麼結束了生命。他沒辦法承受他對貪著對境的欲望受挫，如果他沒這麼貪著太太，對他來說，太太離開這件事就不會是這麼嚴重的悲劇。沒有人到他家吊死他，是他自縊，其實是世間八法念頭吊死他。在他的生命裡，真正的問題不是出在他的太太，而是自己內心。他沒有修對治貪欲的方法，沒放下貪欲，沒捨棄貪欲，他的貪欲是如此的強烈，以至於折磨他，帶給自己這麼強烈的痛苦，甚至自殺。

我曾見過一位新加坡人，他告訴我，他遇到了非常嚴重的問題，不確定隔天他是否還會活在世上。他的太太離開他，跟別人在一起，太太告訴他，她會回去他們的家整理東西，而他正打算要在家裡把她給殺了。他告訴我，他要到寺院跟佛說他要帶走她，意思是先殺了她之後再自殺。嗯，反正他重複告訴我，他不確定隔天是否還會活著。

我盡力向他解釋，他所說的話跟佛陀教導是完全顛倒的，但我之後就再沒見過他了，不知道後來發生什麼事。或許他現在投生在另一道，或許他們兩人都投生在另一道，我不確定。讓我們整個人癡戀、不能忍受與其分開的人，居然變成了我們想殺死的對象，這真是令人無法置信。貪欲帶來的問題接連不斷，一個接著一個。

夫妻之間的嫉妒也很常見，嫉妒是小說裡最為人熟悉的題材，電視上播的、在戲院放映的電影，很多都是關於嫉妒跟劈腿。這一點真的很好笑，因為看這些電影的人，在自己現實生活也捲入像那樣的情況，他們自己就是活在電影劇情裡，但在看大螢幕的版本時，卻不知道那部電影跟自己的生活有多麼相似。他們看電影，就好像自己不是處在電影描繪的那種生活裡，宛如他們超脫了那種生活，世界上到處都是這種人，但他們卻從來沒檢視過問題的根源。

有位已婚男子不滿意太太，跑去跟其他對象約會，他覺得這段新關係更好，對方比太太漂亮，他享受到的欲樂也更強烈，不管世間八法念頭要他做什麼，他乖乖照做，無法自制。或許過了一陣子之後，那位新對象也沒辦法滿足他，所以他又去找其他對象，接著另一個，就這樣一直下去，這就是因為貪欲所導致的不滿足。他在生活裡給自己、太太及其他女性，製造了這麼多的煩惱。

他就像在花叢裡嗡嗡叫的蜜蜂，從這朵花飛到另一朵，在這朵花沾些花粉，然後飛到另一朵花也沾些花粉，接著下一朵，再下一朵，永遠安頓不下來，不斷給自己跟他人製造煩惱。而且要是自己會做這種事，他也擔心妻子如出一轍，她也可能會劈腿，跟其他人跑了，所以他日子過得提心吊膽，擔心會失去擁有的，這情況也是由於世間八法念頭而出現。

他的強烈貪欲讓他在每當太太出門在外時，內心怕得不得了，就算只是出門一下下，或許就只有一兩個小時，他在家裡擔心太太被其他男人引誘。如果太太出去玩幾天，他沒跟著去，他就會失心瘋地擔心個不停。他沒辦法忍受，沒辦法等到太太回來，一刻也放鬆不下。如果她沒在預定時間內回家，他就開始打電話給他們所有的朋友：「她在哪裡？人呢？」讓每個人忙著團團轉。他內心裡是這麼地緊張不安，整個身體也是緊張得不得了。

或許太太的確出軌了，要保密，就像金剛乘（Vajrayana）教法也要保密。有天他聽到朋友說：「喔，對，我有看到你太太跟另一個男的在一起……你太太在那場派對喝酒……」朋友跟先生說這些事情。他氣炸了，就等著她回家。他的臉氣到脹紅，沒辦法做任何事，只能來回踱步，雙手擰得緊緊的。她回來了，兩人大吵一架，其他樓層的人家，樓上樓下都聽得到。發生什麼事了？屋子裡放的是哪一齣電影呢？其他家庭最後受夠了這對夫妻，兩個人鬼吼鬼叫沒完，大吵大鬧，所以其他住戶全搬走了，以圖個清靜。

這對夫妻繼續吵，情況愈來愈糟。他說一些話，她也說一些話，互扯頭髮，互毆對方，或許最後結果是互相殘殺，或者可能她逃走了。她走到衣櫥前，抓了衣服，把衣服丟進行李箱，走人，大聲地甩上背後的門。

之後他聽說，她跟另外那個男的坐飛機到芝加哥或夏威夷，他受不了，強烈發抖。在他的眼裡，那個男的是全世界最邪惡的人，他想殺了對方、炸了對方，讓對方人間蒸發，如果他有辦法的話，他會這麼做。他難過到食不下嚥，就算廚房裡面很多吃的，就算有人煮了一頓飯，還帶過去給他吃，他就是沒胃口。他擔心得要死，全神貫注想著那個敵人跟太太。

他徹夜失眠，整晚在床上翻來覆去，整個晚上就專注在兩個對境：太太跟情夫。他難過到完全沒辦法放鬆，然後決定要搭機飛到對方那邊，不管要花多少錢，他都要買到機票，馬上出發。所以，現在他完全專注在那個問題上。

他抵達之後，到處去打聽，四處探聽，去每個地方找，焦慮地找人，神智不清，每個人看到他臉上的表情，就知道他的問題是什麼。當他找到了太太跟情夫，大吵大鬧，最後射殺了那個情夫。或者可能在他殺了對方之前，他自己先死在對方手上，就這麼結束，那些種種擔心、一切的努力，整個前功盡棄。

就像這樣，人際關係牽涉到很強的痛苦。有個男的因為太太離開自己，他去看精神科醫師，而醫師只告訴他，去找另外的女性，另一個欲望對象。就算他找到下一個太太或女朋友，可能跟對方交往一段時間後，由於他善變的心，使關係無法長久，情況又變化了，他再度離婚，出現更多問題，例如他的孩子從他身邊被帶走等等。

從他太太的立場來看，他的嫉妒心讓她抓狂，她需要有人對她好，這驅使她去找或許能好好對待她的人，她的所有害怕及擔心也是由貪欲造成的。或許她因此懷孕了，雖然她服用避孕藥，選擇不懷孕，還是可能意外懷孕了，然後她更加擔心，流產手術的費用高昂，自己又沒錢，能怎麼辦呢？她沒辦法告訴先生或父母，他們會氣炸了，把她趕出家門，況且那個讓她懷孕的人也不會幫她，所以她必須要偷錢來做流產手術。

對於這樣的人，跟孩子、太太、先生、女友、男友的這些問題，都會一再重演。就算年紀已過六十的人，事情也還沒告一段落，必須再次從頭再來，開始第二回合。這些問題都是由世間八法念頭，也就是貪著今生快樂所造成。

就算在一起的伴侶，也可能害怕另外一半劈腿而受折磨。他們的關係瀰漫著猜忌、嫉妒跟對立。先生感覺太太總是傷他的自尊，而太太覺得先生的工作不夠好，或者他們的社會地位不夠高尚。

他們可能想要蓋房子，但各自想要的不同，彼此都想以自己的想法來做事，所以就算房子蓋好了，也不會如誰的意。因為，都想以自己的意思來做的這個想法，深植在兩人內心裡，誰也不聽對方的想法，兩個人大發脾氣。由於他們覺得自己的想法比對方更好，驕傲因而出現，接著也出現其他負面心態。我們很容易能發現到，當生活受到世間八法念頭控制時，會變得多麼混亂。

或許事情不是這麼嚴重，先生跟太太只是吵架、爭論，日復一日，什麼都能吵，連早餐都能吵。

她想吃麥片，而他想吃麵包。他覺得吃麥片會讓他噁心，她說吃麵包才讓她噁心，其實兩個人都有病。不管他們最後吃什麼，沒有人會快樂，整頓早餐都在跟對方吵，或許最後打起來了吧，有可能的，由許多次的小事件，累積成嚴重的爭論及大吵大鬧。對我們來說，可能看起來沒什麼，但對當事人而言，真的非常嚴重。整件事就像小朋友在打鬧，小朋友懂得不多，只在意怎麼得到他們想要的東西，所以常常為了微不足道的東西而吵。

就算那位太太給先生吃麵包，先生也不會快樂，他還是迷妄的，仍有貪欲病。吃到麵包或許解決了沒有麵包這個問題，卻解決不了貪欲這個問題。相同地，因為太太想吃麥片，她覺得想吃麵包的先生是自私的，她跟隨自己的欲望、自己的貪欲。他們整個人生永遠解決不了那個問題，然後人生就這麼過了，他們則繼續遇到貪欲帶來的問題，然後就過世了。不管他們下一輩子到哪裡，貪欲造成的問題還會繼續。

想像一下，如果這麼做會發生什麼事，例如：先生與其堅持吃麵包，他可以接受改吃麥片，心想：「我認為自己的欲望很重要，但她的欲望跟我的一樣重要。」只要出離「自己的欲望比太太的欲望還更重要」的這個念頭，不跟隨自己的貪欲，問題就會迎刃而解。他會感到快樂，也不會讓太太不開心，這也不過改變思惟，只不過是觀念問題罷了。

先生接受太太準備的早餐，他們兩個都不會生氣而造下惡業，而是心平氣和、輕鬆、愉快。這是科學性的試驗，不是什麼我們被要求去相信的宗教迷信，內心就是這麼運作的，這是相當簡單的心理學。

當我們貪著某人，就算對方正受著苦，我們卻沒有空間對他有真切的悲心。我們被自我需求給淹沒時，永遠生不起悲心及菩提心，那種心是為其他有情而證悟成佛的至心發願。但如果我們可以減輕對短暫欲樂的貪著，那麼人際關係的煩惱就會比較少了，自己會更為平靜及更滿足，就能帶給伴侶、朋友更平靜跟滿足。

社會問題來自世間八法

不和諧的關係不僅發生在兩個人之間而已，只要是人組成的團體都會爭吵，舉凡家庭、幫派、社區，甚至是國家，肇因全來自邪惡的世間八法念頭。報紙主要新聞永遠是關於爭鬥，不論是政黨、企業公司或國家之間的爭鬥。我們看電視新聞，大部分畫面也是爭鬥、謀殺跟戰爭。這世間的一切敵意，都是來自於：需要得到自己想要的東西，以及意圖去傷害別人來獲得它。

例如，大學應該是充滿智慧的地方，但也可以是由於驕傲、瞋心及其他負面心所引起，而充滿競爭和心胸狹隘，學生可能對更有學問的同儕充滿嫉妒心及怨恨感。她認為其他學生懂得比自己多，他們有更好的名聲及更多朋友，她受冷落時，受不了那些好像很享受好名聲及溫暖情誼的人，所以她謀算著怎麼去傷害對方，甚至可能殺了對方，她不想對方活在世上。就算對方根本沒對不起她，她還是找對方吵架，想要把對方拉下來，毀謗對方的名聲，所以她能得到老師的疼愛，以及得到應該屬於對方的地位，但這些事都沒辦法讓她有滿足感。

就算是授課老師也會有許多的問題，他們看彼此不順眼，對立嚴重。某個人的野心較大，往上升遷，其他人就眼紅了。另外有個人的學識較廣博，在學界領域頗有名氣，卻被其他人討厭，因為其他人沒有安全感，擔心自己可能會丟了飯碗。這些負面的心，像嫉妒、驕傲、恐懼、痛苦，都是來自於只追求今生快樂的世間八法念頭。

世界上每一個國家都充滿了問題，充滿了對立，例如員工與老闆、抗議者與警察，發生嚴重暴動，以至於政府必須召集軍隊鎮壓。

有人只要擁有權力，就成了被攻擊的對象。不管他是否有把事做好，其他人把國家所有問題都歸咎在他身上，而且盡可能使出一切手段讓他名聲掃地，拉他下台。在西方國家，這種情況經常出現在議會或媒體，但在其他國家，情況可能更骯髒不堪。有個人經由選舉當選總統，領導國家，擁有「總統」頭銜以及權力，但同時帶來密謀想推翻他的敵人，就算要傷害總統家人或更可怕的行為，都在所不惜。

即便殺了總統，也不會帶給他們平靜，並不能破壞他們的嫉妒心，或者破壞想要奪取他人權力及財產的這種欲望，只會造成更多的問題。例如已故總統的親戚打算進行報復，或如果他們自己獲得權力後，輪到他們被其他想要權力的人給殺害了。這種事很常見，我們一天到晚聽到這類的事。

當兩國相戰，各自的國家領袖總是說，戰爭是為了帶給人民快樂。但戰爭永遠不可能變成清淨的行為，不可能帶給另一方有情快樂。不管他們怎麼說，在那些領袖內心深處，發動戰爭是為了各自的聲譽及權力。他們想要名聲響亮，想要擁有統治人民的權力，想要變得有錢，他們並非真正關心本國人民的福祉，想當然爾，遑論會去關心敵國人民。

光是一個人，像是希特勒或毛澤東，就可以造下不可思議的嚴重惡業，摧毀整個國家，屠殺百千萬人，還不只是人類，還有無數其他有情。

這些貪婪跟對權力的欲望，是從哪裡來的？對我們而言，很難看清楚整個狀況，我們真的只能覺知到貪婪及瞋心具體顯現的這種結果，卻不明白問題的根源。我們全都可能對他人擁有的東西生起嫉妒心，而且都可能有理由證明，自己比對方更有權利擁有那些，為了能得到手，還理直氣壯傷害對方。

世上有很多人在生活中就是會傷害其他眾生，卻毫不在乎，沒想到這麼做是不善業。小偷竊走他人財物，不曾想過偷竊會怎麼傷害失主；傭兵隨意殺死他人，不管有多麼危險，他們一點也不在乎，想到的只有名聲及錢。這樣真的非常荒謬又很悲哀，像這樣的人，將身為人而擁有難以置信的潛力運用在如此無意義又愚蠢的方式，因為他們認為財產比生命更重要。

也有很多人並非故意傷害其他眾生，卻做出沒意義又危險的行為，例如登山或探險，造成其他眾生很大的痛苦及受苦，就只是為了要尋求刺激或追求名聲，而讓自己及登山嚮導冒著生命危險。我不是在批評他們，我只是在形容，我們有多少人平常缺乏自覺地在過生活，這些問題都是由於世間八法念頭。

不論是資本主義或社會主義的社會，都有許多問題。資本主義社會的目標是，要今生過得舒適，免於物質麻煩，例如貧窮跟飢荒，其採取的方式是增加財富及發展科技。這是此種社會的思想，從最貧窮的工人到最有錢的實業家都是如此，擁有物質享受及休閒娛樂、沒病不窮，資本主義所追求的莫過於此。另一方面，社會主義者說，他們關心的是他人福祉，他們會說，為了要有和平，每個人必須平等地擁有物質；但無論他們怎麼使用「平等」這個詞，在理念上似乎關心他人福祉，他們還是被貪求舒適的欲望控制。

去看資本主義及社會主義這兩種體制，在其更深的層次上，我們可以看到兩邊都只是要舒適度日，個人或社會皆然，兩個體制都只是為了今生舒適。我認為，當兩個體制的目標一致，卻會彼此對抗，是很奇怪的事。

就算它們化解歧異，仍不會有真正的平靜，因為問題來自內心，並不是在於財富分配。只要邪惡的世間八法念頭存在於人內心，就不會有和平，不管是哪一種政府制度皆然。

世間八法念頭逼使我們虛擲生命、造下惡業，讓我們過著空洞的生命。世上最強盛的國家，蓋最龐大的建築物，擁有最多財富、最多人口，還是會彼此爭鬥，依然很不和諧，這一點在任何被自身利益宰制的團體都是真切的，例如伴侶、公司、政府。

◆帶著貧乏的心往生

偉大的蓮花生大士說過：

> 修行者若不瞭解自己內心是騙徒，他在臨終時會走向錯路。

他看出，除非我們清楚世間八法念頭是怎麼製造出一切痛苦，否則臨死時會蒙受劇苦。儘管修行者在臨終時，應當能自在選擇任何一條路，前提是：除非他們已經摧壞世間八法念頭，不然他們實際所走的路是錯的。雖然他們在之前可能修持高深的法類，例如無上瑜伽（Highest Yoga

Tantra）、控制氣脈（nadis）或擁有神通力，像是飛起來的本事，但他們實際上只是朝著更多苦的道路前進。

死亡本身既不困難也不可怕，我們內心貪著今生欲望，才是讓死亡變得相當可怕的原因。這是我們持續投生的原因，也是我們不斷被綁鍊在輪迴的原因，一次又一次，一而再，再而三，就好像在我們背上綁著一塊熊熊燃燒的巨木。火指的是輪迴痛苦，綁住我們的鍊子就是繼續存在下去的渴求。

由於攀著今生，我們的心不會想跟今生的任何方面分開，像是身體、土地、財物、朋友、親戚、父母或其他東西，所以儘管死亡是自然的過程，我們讓自己幾乎沒辦法安詳地、平靜地經歷死亡。我們常為了今生的事情而分心散亂，沒有修行佛法，沒有懺淨往昔惡業，我們造下無數投生三惡道的因，還讓自己的死亡變得困難重重，在臨終時刻心懷大懼。

meditation

★ 禪修

禪修過去及現在的世間八法

在你睡前有個非常有用的禪修。回想自己當天做過的每件事，看看做的行為裡，多少是懷著清淨動機，多少則是懷著世間八法動機。檢視從早到晚的每一項行為：跟別人講話、喝東西、吃東西、工作、玩樂、看電視。捫心自問：「我有做過任何事情是懷著清淨動機，內心不對今生舒適有任何期待嗎？」去檢視，去檢查，如果發現有一項行為是帶著這種清淨動機，內心有出離今生的話，就非常值得好好隨喜。

檢視你今天遇到的問題，如果你跟某人發生摩擦，找看看是否由世間八法念頭造成的，看看是否心貪著世間快樂就是問題的根源。

然後試著回想昨天發生的事，如果你在昨天有困擾、碰到問題，或過得不快樂，檢視是否由世間八法念頭造成。接著再回溯年初，回顧你曾碰到過的所有問題，再來是去年遇到的問題，以此類推，盡可能回顧愈久遠愈好，回憶到你記憶所及曾遇到的問題，回溯這些問題的來源，看看是否是來自世間八法念頭。

去檢視世間八法念頭是怎麼障礙學佛；去檢視世間八法是怎麼干擾自己持戒，持戒是獲得增上生的因。不論你怎麼努力行善，例如禪修、供養聖物、布施、幫助其他有情，這邪惡的念頭會出來擾亂你，不讓你做的這些行為成為獲得快樂的因。仔細檢視一番，看看是否如此。

如果你是有覺察力的，要是你讓自己的心專注於內心想法的過程，就會很清楚地瞭解到，不快樂、寂寞、內心不平靜、憂愁、侵略性，以及其他負面情緒，全都是貪欲引起。去研究自己的心，心好比是一本書，去讀它，研究它，你自然就會明白了。你現在之所以不瞭解，不是因為沒人告訴過自己，純粹是因為自己從來沒這麼禪修過。

這些話不是枯燥的教義，不像與實際生活無關聯的抽象哲學，也不是缺乏事實根據而要求你信從，這些教導是真實的，所解釋的內容是真正的事實。

像這樣子檢視後，你會瞭解到，真正的敵人是世間八法念頭，你也會比較容易不跟隨那個敵人。然後，當那個敵人對你說了讓你覺得快樂的事，給你看一些很誘人的東西，你就能認出敵人，會去想：「這是邪惡的世間八法念頭告訴我要去做這件事。」由於明白世間八法的過失，你自然再也不想跟隨世間八法，自然更能控制自己的生活，日子會變得比較穩定，也終於開始體會真正的滿足感。

六　混雜世間法與殊勝佛法

◆不可能以世間八法來修持佛法

大菩薩通美桑波尊者曾說過：

修持通往解脫道路的殊勝佛法，其最大障礙是「全心專注於獲得今生圓滿」此種惡念，因此千萬要避免此惡念。

學佛最大的障礙是世間八法念頭。為了證悟成佛所做的努力與為了今生所做的努力相混雜，就會失去證悟成佛的這個結果，就像是食物要是跟毒藥相混就吃不得了。

我們實實在在想行善，像聽聞佛法、研讀經論、省思、禪修，但不知何故，總是沒辦法做得很好，原因是世間八法念頭一直干擾我們。這裡有最上美食，但有毒混雜在裡面，表面上看起來很誘人，其實是不能吃的，非丟不可。

我們的身體系統有毒的話就會生病，感到疼痛、頭疼，吃什麼都索然無味。只要內心受世間八法控制，所做的每件事都是有毒的，不論怎麼努力控制外在條件，獲得物質舒適，這些都無法解決問題。同樣地，除非排掉體內的毒，否則不可能健康；除非我們能把世間八法念頭這種毒從內心排掉，否則不可能真正快樂。

在那之前，我們可能表現出一副具出離心的樣子，卻不過是場表演罷了。即使我們禁食、禁語，或住在偏遠之處，由於是出自世俗動機，這些行為會變成世間法。

如果我們把黑白襯衫混著洗，白襯衫會被染色，黑色那件還是黑的，白色那件則變成灰色。我們藏人把酥油茶不小心滴到法本的白色書頁之後，紙不可能還能回復白色。同樣地，內心混雜殊勝佛法及世間八法，永遠不可能是清淨的，邪惡的世間八法念頭會污染了整個心。

通美桑波尊者也說：

> 就算我們手上持著教法之燈，我們還是會蒙蔽自心。烏雲籠罩的惡念蒙蔽了我們雙眼，帶我們墜落罪惡懸崖，給自己及周圍他人衍生問題。

佛法被比喻為燈，這是由於，佛法能除去讓我們看不清楚萬法真實面貌的黑暗。不過就算我們知道許多佛法，還能對他人解說，自己卻沒有實修，內心沒有跟佛法合一，所以就算我們手上拿著燈，我們還是處在黑暗之中而看不見。就好像我們雖有眼睛，但眼睛壞了，譬如白內障造成我們看見懸浮物，或者由於某種原因造成我們將單影看成複影。被世間八法蒙蔽，看不到實相，我們就給自己跟他人衍生各種問題。

我們做的每一項惡業，都帶自己更靠近懸崖；我們做的每一項惡業，更能確定預約了受苦的三惡道。要是我們認不出這一點，進而避免的話，內心就無法與佛法合一，就像牛奶跟水相混一般，而且永遠會遇到問題。

我們不明白佛法是唯一能調伏內心的方法，而將上師開示的內容想成是有害處的，佛法甚至變成敵人。如果我們跟佛法智慧變得更麻吉，聽到佛法開示中提到錯誤的行為時，我們就會視其為對治三毒的方法；不過，如果是跟世間八法念頭比較麻吉，對我們不安定的、未受調伏的心來說，殊勝佛法似乎看起來是完全顛倒的。我們的欲望並不想被安撫，受世間八法的控制之下，內心視佛法如威脅。

這麼一來，我們做的任何行為都不會成為佛法，世間八法念頭毀壞了暇滿人身具有的不可思議潛力。就算我們學佛良久，到目前仍未獲得任何證量，我們用功努力，但不知為何內心仍紋風不動，跟從前沒兩樣；要不是一直跟隨世間八法念頭的話，到現在一定已經深深改變了。

我們努力想修行，心力卻太過薄弱。我們在禪修無常、死亡、三惡道痛苦，或者輪迴總體過失方面做得還不夠，內心深處卻並不想面對這件事，害怕要是自己出離輪迴欲樂，就會失去所有樂趣及快樂。邏輯上的瞭解及內心貪戀之間有所落差，讓我們有種很奇怪的感覺，所以忽略要禪修輪迴的各種痛苦，反而專注觀想美麗的對境，這麼做，真的會讓我們變瘋狂。

當世間心與殊勝心彼此交戰時，會造成修行極大的障礙。不知為何，我們似乎從來沒時間修行，連空下持一串唸珠咒語的時間都沒有。我們真心誠意想禪修，但總是有理由拖延下去，這種情況全是世間八法念頭的錯，我們一直都有其他事情非做不可。

當你看到了這一點，真的會覺得非常好笑。我們向來都是找得出時間睡覺、吃東西、聊天、看電影，做些無關緊要的事。不過由於我們跟隨世間八法念頭，永遠都能找得到一千個重要的理由不去禪修。

過了一週又一週、一月又一月、一年又一年，我們都沒有修行。我們總是打算晚點再修，再晚一點，過一陣子再說，再過一陣子再說，然後突然間死亡迫在眉睫。死神可不會說：「噢，你修行還沒結束，我給你特別的寬限。我會等到你結束。」死亡可是不等人的。

西方國家生活在相當進步的物質發展當中，很容易把問題歸咎外在環境，好像自己清淨無暇，是外在世界讓自己受苦。不過，不應該怪社會或自己的物質財富，是我們造成自己很難去修行，不是他人。

當我們在印度或尼泊爾待上一陣子，可能回家後想修行的心力很強，但在都市工作，環繞在我們四周的人，他們的態度跟自己迥然不同，我們會覺得孤單。就算我們試著不顧慮今生的俗務，但職場及社交生活的其他人，則完全醉心在世俗欲樂，只在乎今生快樂，這會讓我們非常難以保持清淨的動機。

當我們的日子過得太舒服，太奢華，內心便會失去控制，因為這會造成我們在修行佛法時出現太多散亂。我們在遇到個人問題、生病、家庭問題或人際問題時，很難讓內心保持平靜，同時又能修行佛法。生活要過得既不會太舒適又不會太困苦，能做到這樣是相當少見的。學佛要靠我們有好品質的、持續的禪修，為了要達到這一點，則需要穩定的生活。我們需要掌控好今生的各種散亂，而掌控散亂正好就是世間八法念頭從我們身上奪走的東西。

剃度出家的主要原因是對於今生的出離心，但有些人出家為僧為尼卻不具出離心，出家只是今生的另一種吸引力：穿著暖和僧服、唸誦很多祈願文，聲音大到像是老虎嘶吼。我們可能是喜歡這一身莊嚴僧服，這是很有意思的規矩，就因為別人很尊敬自己，讓自己感覺很棒。在家人很難得到的東西，像飲食、衣服、好名聲，我們不費吹灰之力就擁有了。

我們可能身著僧服，手持念珠，剃除頭髮，外在表現為一位完美修行者，其他人從外表上看我們，是尋求解脫的修行者。要是內心貪著此生，我們就無法做到修行者的法行，做的事永遠不具偉大意義，不管學了多少佛學，內心並不會變得更細微、更柔軟，反倒更僵硬，像鐵那樣，我們變得更沒同情心。

世間八法念頭就是阻礙我們修行的罪魁禍首，踏上心靈旅程的第一步，就是必須出離貪著此生的欲望。如果想要搭機到加州，一開始要先起床，不可能從自己的臥房踏進機艙，先要起床，穿好衣服，搭計程車去機場。同樣地，如果真的想要修行殊勝佛法，首先就是出離今生，出離追求今生快樂的貪欲。

帶著世間八法，不可能清淨禪修

我們想禪修時，世間八法念頭讓自己無法專心，而且會一直讓自己分心散亂，把注意力從觀修對境轉到欲望對境。

我們會發現，連要開始禪修都很難。我們想說：現在該是禪修的時間了。但不知為何，過了很長時間之後才去做這件事。我們差不多準備好了，正當開始禪修之際，出現了一件令自己分心的事，所以延後禪修。之後，我們再試著禪修，又出現另一件令自己分心的事，而花了十分鐘、半小時處理，只要再做一件小事，然後我們就能禪修了……喔，還有一件小事要做。貪欲告訴自己，一旦沒掛心任何事，自己就能禪修得更好。欲望跟我們這麼說：「晚點再修行吧」、「你先為我做這件事」，欲望給我們這麼棒的建議。

我們認為需要睡得好才能保持健康以及內心清明。當身心疲累、心模糊不清時，要進行禪修是很困難的。這一點沒錯，但我們躺在床上久一點的真正理由是這個原因嗎？或者因為床很暖和又很舒服呢？我們對於「全世界的人都還在睡覺，而自己卻得要寒冷天氣爬起來，坐在硬梆梆的地板上」內心感到不平。沒人強迫我們這麼做，為什麼我們要這般自虐呢？想到這一點，時間一分一秒過去，而我們還是躲在棉被裡頭。接著就到了吃早餐的時間，就得趕著出門上班了。之所以會拖到很晚，找不出時間禪修，並不是因為沒時間，而是因為看到，過得舒服比修行佛法更重要。

或許我們會強迫自己坐在蒲團上，努力想禪修，內心卻覺得無聊，沒辦法持續專注。我們告訴自己：這樣子做行不通，「我已經禪修一個禮拜以上了，卻還沒有任何證量。」所以我們找到放棄禪修的藉口——或許明天再禪修吧；可能過一段時間，比較有精神的時候再說；今天有點累，去海邊走走可能比較好。

尤其我在美國時，有很多學生跟我說沒時間禪修，他們倒是有時間睡覺，還睡很久；他們有時間吃飯，還吃很久；也有時間喝飲料、聊天。內心充滿了俗慮，「會障礙禪修比整天世俗活動還更重要」的感覺。太忙並不是沒空禪修的主因，跟隨世間八法念頭才是。我們愈跟隨今生貪欲，修行時間就會愈少，也會讓我們覺得更難學佛。相反地，我們愈不跟隨今生貪欲的話，就愈有更大空間來學佛。

就算我們全都明白這些內容，但不知為何，自己還是辦不到。我們沒有心力去對治自己的不甘不願，如飛機缺少燃料就無法起飛，並沒有什麼能說服自己要提起勇氣來修行。煩惱占領內心，它的力量變得愈來愈強大，我們成了世間八法念頭的奴隸。我們做的每件事，就算研讀經論，甚至閉關修行，都成了服侍及餵養世間八法的方式。

就算我們帶著清淨的動機，打算開始禪修，世間八法念頭卻慢慢潛入，就像貓走進房間。就像一隻貓，牠無聲無息，安安靜靜，經過一段時間，我們才注意到那隻貓已叼走東西了。就像這樣，世間八法念頭悄然無聲地出現，壞了我們的動機。

我們努力讓內心安定下來，但世間八法念頭不會就此罷手，我們內心紛亂不已，如滾沸的水或者被一陣強風吹起的塵埃，四處飛揚，心沒辦法放鬆，我們連一分鐘都沒辦法專心，心神遊在貪欲對境上。我們內心充滿了期待，貪戀這個和那個，內心充滿了這麼多的東西，思緒散亂不堪。

或許我們已經下定決心要禪修一小時，但過了半小時，四十分鐘，甚至五十分鐘，內心卻還是沒辦法帶進那個禪修對境。要是我們真的這麼去做，也只是在那個所緣上一秒，接著所緣又不見了，就像蒼蠅停在桌上之後飛走了。我們把這個對境再帶回來，下一秒對境又不見蹤影了，一直重複。我們心思相當散亂，即使花兩小時，實際真正專注在禪修對境上的時間，沒有超過幾秒，或最長就是幾分鐘而已。

更糟糕的是，不只是內心不會停在要禪修的對境上，甚至是心反而專注在某些貪欲對境上，因此那種是負面的心。我們坐在那裡，努力想修數息禪修，但世間八法念頭卻忙著造下不善業；我們坐姿挺直，想的是：不知其他人是否看著我們，認為我們是大修行者，他們一定百般羨慕著我們做得多麼好，當然他們一定會請我們去教導禪修課程。

出現在我們內心裡的大部分影像，不是喜愛就是厭惡，而出現貪心或瞋心的情緒。這些影像會無意識地一直出現，由於我們對今生還是有強烈的貪欲，會發現非常難以忘掉這些影像。

我們可能正想禪修，但隔壁房的朋友在跟別人聊天。他們的對話真是有趣極了，讓我們內心沒辦法禪修下去。我們想要聽他們在聊些什麼，聊天跟聆聽還更吸引人。如果我們知道一些朋友不知道的東西，由於志得意滿，我們就迫不及待想在禪修結束後告訴對方。並不是對方壞了我們的禪修，而是世間八法念頭壞了事，就算沒人在聊天，還是有來咬我們的那隻小蟲讓自己分心。

我們追求今生快樂的貪欲愈強，就愈無法掌控內心，就有愈多讓自己分心的事出現，要讓自己內心平靜下來就更顯困難。當我們想要禪修時，如果我們保持對於內心散亂及影像的覺察力，便容易從自身的經驗明白這一切。

就算我們一開始能專心禪修五分鐘，很快會發現，自己經歷一場壯旅。有時我們神遊東方，有時則在西方，有時神遊印度，有時在尼泊爾，有時在印尼旅遊。我們可能也努力想觀想釋迦牟尼佛，但不消幾分鐘，我們就神遊美國、拜訪親人、跟朋友聊天，做些自己喜歡的事，完全沒有意識到自己的身體就在這裡，我們卻遠遊度假去了。然後，不管花多長時間禪修，五分鐘也好，五小時也罷，都成了世俗禪修，而造下了更多受苦的因。我們所做的禪修讓自己待在輪迴的時間更久，想當然爾，在這次的禪修，我們並沒有覺知應修的禪修對境。

甚至在我們的禪修告一段落後，世間八法念頭還能成為障礙。我們準備帶著清淨動機來禪修，這成了清淨的法行，後來我們卻生氣了，因為想起自己本來可以去做的世間事情。世間八法念頭就這麼毀了我們在禪修所產生的任何福德。生瞋的結果就只有苦，瞋心毀壞了我們證得解脫的任何機會，所以有一點非常重要：就算我們的禪修結束了，依然要保持正念。

有世間八法就不可能成佛

世間八法念頭也會阻礙我們證得究竟本性——空性，意即我們沒辦法獲得佛果。偉大的印度班智達——法稱論師，他曾解釋：貪欲的本性曲解了實相，因為在貪欲的影響下，內心會誇大貪著所緣的特質，將所緣的優點看成是自性有，其實根本沒這回事。由於我們的煩惱，無法看出自己對於貪心對境的投射是虛幻不實的，而認為是真真實實的，是自性有的，所以沒辦法破除這種錯誤的見解。

尤其世間八法念頭會障蔽自己領悟自性有我的虛幻本性，所以這是個根本的錯誤見解。即使我們禪修了實相的究竟本性，來體悟「我」的空性，世間八法念頭總是會出現，來障礙我們的證量。世間八法不想被毀壞，不想被粉碎，也不想被滅除。我們對這一生的貪欲愈強，連去理解「我」的究竟本性也變得更難，更別提體悟了，這就是貪欲讓我們難以脫離輪迴的作法。

如果我們真正體悟「我」的空性，就會馬上知道，世間八法念頭是怎麼一直在欺騙我們。它就像能言善道的騙子，每個人對它深信不疑，因為它說的謊話是如此令人確信。它就住在我們的房子裡，我們把對方當成好友，實際上對方一直在偷我們的東西。因為我們是這麼信賴對方，不曾起疑心，還總是怪其他人偷了我們的東西。只有在我們真正去審察，才會發現，一直以來，我們的「朋友」從頭到尾是騙子、小偷，所有問題都是對方引起的，我們相當震驚，因為從來沒懷疑過對方，當下我們決定把對方踢出門，毀了對方，因為家裡再也容不下這種人。

同樣地，只有領悟自我的空性，才能領會世間八法念頭完全是虛幻不實。我們看出世間八法不僅是最危險的錯誤見解，還是一切問題的根源時，就有勇氣去摧毀世間八法念頭，徹底到即便是「貪欲」這詞都不會存於內心。這就是為何，世俗心見外在之物為真實的快樂，還會如此害怕禪修空性，也是為何每當我們想禪修時，貪欲便乞求我們：「拜託你別這麼做。」因為貪欲害怕它會消失不見。

就像世間八法念頭，「愛我執」也是相當具傷害性的錯誤想法。不過我們可能在懷著微細的愛我執之下，還是能脫離輪迴及證得涅槃。即便有愛我執，懷著「我是自性有」的錯誤見地，還是能造下善業，而且來世投生善趣。但我們要是懷著世間八法念頭，就無法辦得到。世間八法念頭不僅障礙我們的短暫快樂，也障礙來生快樂，當然也障礙解脫之樂及證悟成佛的究竟快樂。

證悟成佛依於證得菩提心，證得菩提心則依於證得出離心。只要世間八法念頭還在內心，就不可能證得出離心。就像水火不能相容，追尋今生暫時快樂的同時，就不會出離今生暫時快樂。貪著今生快樂，我們就會毀壞了創造現在及未來快樂的機會。

這就是為何文殊菩薩（Manjushri）開示：如果我們貪著今生，就不能被視為佛法修行者[32]。我們懷著世間八法念頭所做的任何事，只會變成輪迴之因，而非成佛之因，除了「雖然不具清淨動機，但由於殊勝對境的力量」是少數例外。所以我們應該深切思惟佛陀的教導，佛陀指出一條能證悟成佛的道路，我們要下定決心斷除任何錯誤的見解。

我們目前就像嬰兒，在嬰兒牙齒長好之前，母親不能餵肉，因為嬰兒沒辦法咀嚼或消化硬的食物，這類食物對他的傷害很大，母親要餵他喝奶或軟食。我們想咬住證悟，出離心牙齒卻還不夠硬，只有在我們日常修持是清淨的，而且擺脫了對今生的攀著，才能對「想要證悟成佛」這件事感到興奮。問題就在於：許多人沒去檢視自身動機，無法真正明白，什麼樣的行為屬於有害或有益。

我們想要成佛，要的還是迅速成佛，就一定得確定具備所有順緣。如果我們想去印度，得要搭機，其他交通方式花太久時間了，所以我們真的要確定有足夠的錢買機票。飛機是密續道路，而機票則像證得菩提心及空性。買機票要有足夠的錢，指的是心已完全出離邪惡的世間八法念頭。

因此，當我們跟隨世間八法這種心，就不可能修密續。密續的基礎修行，是要住於避免投射出不淨見地的不清淨念頭。就像蓋一棟房子之前，先需要很穩固的地基，這個修持是所有密續的基礎，遠離不淨想法，要比遠離愛我執還更難。

密續是最迅速的道路，這是無庸置疑的，但我們在考慮修行密續之前，必須先增長其他修行。我們可能靠著偷溜進海關能從這國到那國，但在佛法修行，這樣是行不通的，如果我們想要成佛，

32 薩迦派（Sakya）著名的教法〈遠離四種執著〉提到：若執著此生，則非修行者；若執著世間，則無出離心；若執己目的，則失菩提心；若執取生起，即失正知見。另參閱 *Mind Training* 這本書，頁 517-66。

所有的根基條件都需到位。

◆帶著世間八法去閉關

或許我們到了偏遠的閉關茅篷，感覺自己不會受世間八法念頭影響，相隔得遠遠的。但欲望在這裡還可能變得更強大，也可能有更強烈的自得意滿，我們所有的煩惱都來折磨自己一番。閉關是非常好的方式，可讓內心轉向佛法，卻暗藏陷阱。

我們訂下很高的閉關目標，要做許多遍大禮拜，規畫出嚴格的閉關時間表，每天受戒、下定決心，堅定地修長時間的禪坐，還對於這些目標感到很快樂。事實上，我們開始覺得自己非常與眾不同，自我感覺良好。當自傲跟自我爬進閉關，我們會失去一切努力所帶來的益處。我們獨自一人，與世隔絕，每天花好幾個小時做頂禮及禪修，相較於某人在都市工作，每晚小酌一番、玩樂，兩者的唯一差異只在地點。

或許，由於自己嫉妒朋友已在尼泊爾閉關圓滿，我們便迫切想從自己的閉關日誌裡選出一些美麗的故事，好讓他們驚歎。我們在關房外放了很大的標示牌，每個人都看得到「閉關」、「嚴格閉關」或「極嚴格閉關」，因為不是很確定內心會多麼嚴以律己，標示牌是給朋友看的，「看看我！我在閉關耶！」我們覺得是自己在閉關，其實是世間八法念頭在閉關。

假如我們沒有時時刻刻覺察內心狀態，驕傲及名聲的欲望就躡手躡腳爬進來了，讓我們所有的努力變得沒意義。即便用泥巴封死門窗，住在沒有排氣孔的地方[33]，就像在洞裡的小蟲，要是我們的心貪著很細微又短暫的對境，像是名聲、想受人尊敬的話，做這些都徒勞無功。

一旦有想過得舒適的欲望，永遠都會有散亂。外頭總會有人發出噪音來干擾我們的高深禪修。如果不是大人或小孩，就是鳥、狗或羊。我們試著不去聽，內心的怒氣卻是愈來愈高漲。我們是為了一切有情而閉關，我們嘴巴說出這些內容的時候，暗地裡卻是想要宰了外頭干擾我們禪修的那個很吵的有情。

接著，我們座間的休息時間，會有可能「主動去找那個有情」的危險性，我們祈請最好附近沒有石頭或其他武器，不然自己可能會變得很危險。我們一生氣，那個人或動物就是最大的敵人；氣消之後，我們知道完全不是那一回事。對境是一樣的，那位有情在上一刻是敵人，下一刻卻不是。

就算在閉關，都可能冒出厭恨心、瞋心甚至想要殺生的念頭。嘴巴持著咒，內心卻能回想過去某人曾經傷害過自己，盤算著，要是再遇到對方，一定會殺了他。我們手持一串念珠，內心卻握著一把刀。不過我沒聽說過有人真的在閉關時殺了別人的事件——沒真的殺了。

閉關時的束縛是指：我們的行為雖然跟戒律相繫，心卻很容易跟貪欲相繫。除非閉關時能遠離世間八法念頭，不然我們所做的一切只是把身體關在關房，不跟任何人交談，就像住在監獄裡。如果這是閉關的必要條件，那麼每個在監獄的受刑人也是在閉關，我們每次睡著也是在閉關。

困在關房裡面，我們不但無法得到貪欲想要的東西，也得不到閉關環境給予我們能過著守戒生

33 西藏傳統進行非常嚴格的閉關時習慣做的事。

活的利益，我們沒辦法找到內在快樂，沒有遵循善知識（virtuous friend）給予的教誡，也沒有辦法服務其他有情。這樣還可能使自己精神失常。閉關應當讓自己每天感到安寧及更放鬆自在，不過由於得不到自己貪欲的對境，心會變得更糟糕。

我們坐於窄室，禪修了整個世界，回憶過去曾經接觸過的對境，像朋友、去過的國家、做過的工作等等這類對境，而我們不調伏的心，利用這些對境來增加更多更多的貪欲。我們愈是念念不忘這些對境，貪欲就會愈強。即便與世隔絕，沒有讓我們分心的其他東西，這些所緣產生出貪欲的電力還愈來愈強。

我們的關房變得像壓力鍋，內心壓力不斷升高到快爆炸，完全沒辦法禪修；由於已承諾要在小房間閉關，也無法踏出一步。或許我們會徒勞無功持咒，由於自己沒有修對治法，所以心變得愈來愈緊繃，愈來愈沉鬱。很快地，我們整個人看起來非常怪異，說出很可笑的話，就像是在監獄裡的囚犯，眼球轉來轉去，在房間隨地大小便，最後我們會被注射鎮定劑，接著被送去醫院，就這麼結束了閉關。

遠離世間八法念頭去閉關

任何一種閉關都可能出現貪欲，我們一定要修內在對治來處理這個問題。出現世間八法念頭時，除非能善巧地面對，不然真的會發狂。藉由禪修菩提道次第、思惟無常及死亡，像這樣的對治，會把內心從世間八法轉移開來，幫助自己出離今生。不然會變成：我們在禪修，像是自己雖然把箭射向目標物，反而射中自己。

「閉關」這詞指的是遠離世間八法念頭，閉關就是我們真正該做的事。遠離世間八法念頭的意思是活在出離心、放下對今生的貪欲，就在這段珍貴的時間裡，我們讓自己自由，而非讓世間八法念頭自由。

通常閉關時間相當短，因此要投入所有心力來確定，我們所修的閉關、自己的態度以及閉關期間做的每件事，都成為清淨佛法，這一點真的重要到讓人難以置信。不然的話，即使我們相信自己是個閉關的學佛人，實際上只是自欺罷了。如果我們在寶貴的、短暫的時間裡，都沒能看顧好自己的心，把身語意所做的一切行為都轉為佛法，在其他時間更不可能辦得到，因為一般日子充滿了散亂、迷信跟煩惱。

為了要讓我們的閉關真正有成效，就必須看到苦的本性，然後下定決心要脫離苦。我們要看到整個輪迴的本性是苦，還有輪迴欲樂是怎麼愚弄我們，然後我們就能真正地遠離愛我執想法，以及遠離對今生欲樂的貪著，讓自己保持菩提心。

我發現以下這段引言對內心非常有幫助，這段話是由勝樂金剛（Heruka Chakrasamvara）傳予偉大的瑜伽士——呂巴尊者，他是勝樂金剛教法的其中一位傳承上師（lineage lamas）。這段話簡短扼要，卻包含菩提道次第及密續道路的精要：

放棄伸腿，
放棄當輪迴的僕人，

偉大的國王——金剛薩埵，再三告誡如是而行。[34]

這段話意思不是說，閉關期間晚上不能睡覺、不能躺下來、不能伸腿，勝樂金剛的教誡不是這個意思。「放棄伸腿」的意思是：捨棄心被世間八法念頭所掌控，也就是只追求今生舒適的世間八法念頭。

例如，當我們跟別人在研讀經論或禪修時沒辦法伸腿，但是在獨處的時候，開始覺得有點疲累時，世間八法念頭、追求舒適的念頭就會出現。接著，由於內心跟隨那個念頭，身體自然就真的「伸腿」。這麼一來，很容易翹過禪修時間，或者不去修誓言定課，或甚至把全部時間花在睡覺上，這樣就是把腳整個伸得直直的。這種行為實在是不可思議的浪費時間，因為我們沒有把生活過得非常有意義，我們在那段時間損失了可能會獲得的極大益處，根本的錯誤在於：任由我們的心受世間八法念頭掌控。

就像這樣，我們浪費了一天、一週、一個月、一年，直到浪費整個人生。如果去累計，就如算帳，我們真正把生命花在有意義事情的時間，加總起來相當短。我們試著去修行佛法時，就像先前提到的，除了一些例外的行為是由於殊勝對境的力量，讓所做的行為成為佛法之外，我們的其他行為鮮少是清淨佛法。我們最大的敵人，他讓我們浪費人生，就是世間八法念頭，想要「伸腿」的心。

我們在閉關所做的每一件事，都應該要能對治世間八法念頭。有個有效的方法是：從下士道開

34 仁波切多年來對這句偈頌有許多種的譯文。參閱 *Bodhisattva Attitude* 一書當中更詳細的譯文。

始修菩提道次第，就像我們之前提過的。特別是思惟暇滿人身（八暇十圓滿、暇滿人身具大義及難以再得）（eight freedoms and ten richnesses）；然後思惟無常，永遠要想著自己很快就會死，甚至今天可能就會死，甚至在這一小時就會死，所以追隨煩惱是沒有意義的。由此觀點來看，我們所做的行為，全都看起來既幼稚又可笑。

有個更高深的閉關是我們的心出離整個輪迴，遠離貪著來世的輪迴圓滿及快樂。然後以此為根基，我們處在菩提心，來遠離自我及愛我執的念頭。菩提心是珍愛及利益其他有情的想法，為了其他有情而努力，而非為自己努力；為了其他有情而追尋快樂，而非為自己而追尋快樂。

再來，更上一層的閉關是遠離無明，其為輪迴根本，也就是認為「我」是從自己這一方而有的無明。雖然完全沒有從自己方面存在的「我」，但「我」看似從自己方面存在，然後無明視這樣的顯現為真實。蘊體也一樣，不論什麼出現於五蘊：聲音、味道、滋味或形色，就算它們完全是空，不是從自己方面而有，但對妄心來說，它們是由自己方面而顯現出來的，無明便認為它們是真實而有。

我們可以去閉關，在每天日常生活修正念來遠離無明，視一切為空或如幻。我們要去檢視自己只是安立為「我」的虛幻，只是安立為蘊體，只是安立為形色，只是安立為聲音，只是安立成味道、滋味、有形物體，地獄只是安立而有，成佛只是安立而有，輪迴解脫只是安立而有等等。去檢視我們安立在僅是名言為萬法的虛幻，然後視它們不外乎是虛幻的，因為我們內心覺察萬法的方式就是虛幻。

即便這些現象顯現為真實存在，我們這麼去修持正念的話，就不會讓內心把錯誤的見地理解成實相，也不會讓自己相信現象顯現的方式是真實的。我們可以透過觀察所有現象：我、行為、對境，全是依賴而有，都是依賴因緣或在基礎加上名言安立的現象，藉此修持正念。

禪修微細的緣起法或者任何這些方法，會讓我們的心停止認為現象，包括「我」是自性有及真實有的這種錯誤見地。好好思惟這些想法，則會是另一種閉關。

這是把心維持在出離心、菩提心及空正見的閉關。以宗喀巴大師的傳統，這些是三主要道（**three principal aspects of the path**），即涵蓋整個佛道的三件事，具有這三者的話，則沒有缺失。閉關是：我們的心處於這三主要道，遠離對今世的貪著，遠離對整個輪迴的貪著，及遠離愛我執念頭及無明。

不過，我想要強調的是，要是以善心來閉關，就會帶來好的結果。就算我們沒辦法淨化內心對今生的貪著，即便自身的動機還是受到對於今生貪著所染，至少我們老實努力，以善心來努力持戒，就能保護內心依然能感到相當平靜，修行佛法也不會出現很大的障礙。不論閉關時間長或短，仍會是一段很美好的日子，也會成熟出好的果。

◆三類世間八法

帕繃喀大師曾這麼談到偉大的宗喀巴大師：

他丟棄八種世間黑法以及八種世間混雜法，

甚至不受八種白法所染，

他引用百千部經論及以理路，讓佛陀所有教法純粹、清淨，如純金般，
宗喀巴大師，我隨喜您的傳記故事！

帕繃喀大師從禮讚宗喀巴大師而提到三類世間法，黑法、混雜法及白法。八種世間黑法就是我們一直所談的：喜歡舒適，厭惡不舒適；想得到好名聲，厭惡壞名聲或默默無名；想要讚美，厭惡被批評；想要得到東西，厭惡得不到東西。出自這些世間八法所做出的行為，就是屬於其中一種的八種世間黑法。

八種世間混雜法是指：所作所為雖然沒有懷著世間八法，但懷著愛我執的念頭。八種世間白法指的是：所作所為雖然沒有愛我執的念頭，但攀著萬法，就像它們是真實而有的錯誤想法。在宗喀巴大師的傳記，其一切行為，一天二十四小時，不但沒被黑法、混雜法所染，也不受到世間白法所染。

有則公案顯示，宗喀巴大師在近拉薩的吐龍（Tölung）地方，是如何棄捨世間黑法、混雜法及白法。我的一位善知識——耶喜喇嘛，他比所有三世諸佛還要慈愛，其出生地就在吐龍。當宗喀巴大師在吐龍，對一百零八位學識淵博的僧眾以及持有三藏（three baskets）的偉大實修者傳授佛法時，文殊菩薩要巴沃多傑（Pawo Dorje）捎口信給宗喀巴大師，要他中止弘法，改去僻靜處實修。

由於傳法正傳到一半，巴沃多傑回答文殊菩薩：「我怎麼能要求宗喀巴大師這麼做呢？他為了佛陀的教法，正在做相當偉大的事業。我怎麼能打斷他的傳法呢？如果我怎麼做，會被批評，請不要叫我做這件事。」

文殊菩薩回答：「你怎麼知道這個傳法是否有益於佛陀教法呢？如果繼續下去的話，宗喀巴大師圓寂之後，對於佛陀教法就不會有什麼利益了。這麼做還不夠，行者一定要嘗試去利益與虛空同樣廣大的有情。」文殊菩薩的意思是，光是講說這些文字，並沒辦法利益他人。

就在巴沃多傑告訴宗喀巴大師這個口信後，宗喀巴大師傳法到一半，嘎然停止，隨即出發到僻靜處，過著苦行日子，只帶了八位弟子隨行，以及出家人的主要僧衣[35]。

35 此處指的是宗喀巴大師在沃卡卻隆（Olka Chölung）做的著名閉關，宗大師與其八大弟子歷時四年修數十萬遍大禮拜、供曼達拉（mandala offering）及其它修持。

meditation

★禪修

禪修內心如何朝向吸引人的對境

禪修的主要障礙有兩種：昏沉及掉舉。昏沉是缺乏清明，出現沉暗的模糊。掉舉，或稱內心遊蕩，指心無法停留在禪修對境上。掉舉通常是由世間八法念頭引起，所以在禪修時，去觀察內心是怎麼慣性轉向貪欲對境，這麼做是非常值得的。

例如，在修數息時，一般會常去檢查心是否還在禪修對境——呼吸。這是很正常的。然後你延伸擴大，去觀察究竟發生什麼事。運用伺察力，有一部分的心拿來觀察心的其他舉動，去監視：當你應該要觀察自己呼吸的同時間發生了什麼事。檢視自己內心出現哪些畫面，我敢打包票，你會發現它們是你感官貪著的對境。

一旦對境出現了，你的心就跳上去，然後編起故事：「喔！那件事真的好棒，我好享受，我想要再來一次。」等等，一段很長，很長的故事。然後你想到現在，或許還有未來，你貪著的對境也是故事的一部分。

不要把自己捲進那個故事，而是要觀察內心怎麼被對境吸引。當你回到呼吸上頭時，去觀察另一個貪欲對境如何跳出來，再次地，你的心是如何想撲上去，就像孩子在運動場上那樣。

只要對過程有客觀的觀察，就能在內心與其對境之間產生出一些空間，這樣會幫助你跟令人分心的影像及念頭分離，增長自己的禪修力。

禪修內心如何回應世間八法

這個禪修法跟上一個有點不同，上一個只是觀察任何自然出現在內心的事情。現在這個禪修法，你要主動現出所欲或所厭的對境，然後觀察你的心怎麼回應，以及為什麼心會這麼回應。

在禪修時，想像碰到感官對境，那是你貪著的對境，是你想要擁有的對境。觀想你擁有了那個對境，然後看看你的心怎麼回應。當你感到欲樂時，檢視一下，你的心是否貪著那個欲樂，然後去分析它，它的本性是什麼？它是令人平靜的或令人不平靜的？是令人感到沉靜的或令人緊張的？以同樣的方式，你可以禪修碰到不悅意對境的痛苦。當你體會到痛苦，看看心會如何反應。

試著有覺知力，這是重點。例如，觀想某人讚美你，接著探察內心會如何反應，內心是否會貪著那些讚美？觀察一下那些感覺有多麼好，以及它是怎麼來自世間八法念頭。它讓你感到欲樂，所以檢視一下那個欲樂的本性。那是令人平靜的、放鬆的，或者令人緊張的？然後，再次地，想像令人不悅意的情況，例如某人批評你，你的心會如何回應呢？如果你對於任何讚美沒有貪欲，在受到批評的時候會難受嗎？

運用同樣的方法來禪修其他相反的組合：得到東西以及沒得到東西、美名及惡名等等。想像這些情況時，檢視一下你的心會有怎樣的感覺，最重要的是，要檢視你的欲樂或瞋心的本性。如果是欲樂的話，那是真正的快樂嗎？是令人平靜的跟令人沉靜的嗎？或者是讓心上揚，是令人緊張的、煩躁不安的感覺呢？

然後試著去瞭解，你在遇到感官所欲對境時，你稱為的欲樂其實是痛苦，就跟沒遇到欲望對境稱為的苦，兩者是相同的。試著去看到我們稱為的痛苦是怎樣的痛苦？我們很容易就能辨認出痛苦，而我們稱為的欲樂是貪著的，跟痛苦是相關的，試著去看，這兩種感覺在本性上都是痛苦。試著明白這個事實，看到我們在一般跟感官對境的關係上，是怎麼誇大它們的特點，然後起分別心，相信感官的欲望對境其本性是永恆的快樂，而非痛苦的本性。要知道這是徹底錯誤的想法，試著去看到它們真實的面貌，試著去覺察，而不是無知。

然後檢視一下，如果你可以丟棄對所緣對境的貪，內心是否會改變。如果沒有那個東西，你是否還會覺得痛苦呢？如果那個所緣對境起了一些變化，或者你遺失它的話，你會不開心嗎？

以這種方式來瞭解你的心，這是非常重要的。這樣的分析式禪修是真正能夠研究你內心的方法，真正研究你內心的本性。你自己的研究就能證明這些教法有憑有據，就能明白，這些教法不是跟實相沒關係的虛構理論。

對你的內心有覺察力，才能體認到自己所經歷的一切不悅意對境，是由貪求今生欲樂而引起的。寂寞、憂鬱、不快樂、侵略性，這些負面的狀態都來自貪欲。以這種方式來檢視並不會很難，這個概念也不難理解，也不需要像禪修空性那樣深奧的禪修，這只是保持覺知力而已，只是要看住你的內心。反正我們的眼睛一直都在看東看西，讀書、看電視、看風景等等，現在移轉你的注意力到內心，成為一位觀察者，看你的內在歷程，看你的心怎麼隨著環境及內心遇到的對境，就從快樂倏忽跳到不快樂。

七　世間法與殊勝佛法的差別

◆瞭解佛法的重要性

就算我們對其他的都不懂，假如能認清世間八法，就能清楚區分什麼是佛法、什麼不是佛法，這就很有福報了，這是最關鍵的一點。單是這方面的智慧，就讓我們有絕佳的機會，能夠如實將佛法運用在日常生活，以及產生不可思議的福德。

佛教是間滿是珍寶的房子——珍寶指的是為了獲得來世快樂、解脫大樂以及成佛至高快樂的修行——而明白佛法及非佛法之間的差異，則是開啟一切寶藏之門的鑰匙。無論我們多麼瞭解空性、脈輪，或透過修昆達利尼瑜伽（kundalini yoga）來控制自己的重要能量，缺少這種對於「如何修持佛法」的極重要理解，不知該如何糾正自己行為的話，這一切都了無意義。相當多人在自欺欺人，虛擲整個人生去研究佛教最深奧之處，卻從未瞭解佛教的最基本，就在於佛法跟非佛法之間的差別。

有人會帶著世間八法的念頭做諸種法行，例如持咒、誦祈願文、供養等等諸如此類，常有這種事情。但實際上，殊勝的佛法，包括這些法行，事實上指的是出離今生，所以殊勝佛法以及世間八法從來不可能同時修持。沒有人能同時修持這兩種法，既要出離今生，卻同時又以世間八法追求今生的快樂。我們能修持其中一種，接著再修持另外一種，內心不可能兩者同時共存。

修行佛法更好

無論何時，不同的施主寫信給帕繃喀大師請求忠告，帕繃喀大師似乎都建議對方，要勸說其他有情修行佛法，特別是菩提道次第教法，而且要盡己所能去修，大師藉由給予這個核心指導，教導他們怎麼活得最富意義。

因為世間八法是我們遭遇每個問題的源頭，如果佛法修行指的是出離痛苦，意即出離世間八法。「我在修行佛法」這句話真正的意思是「我在出離今生及未來生生世世的一切痛苦，我在出離世間八法念頭」。

往昔，阿底峽尊者的親近弟子及譯者——種敦巴尊者，看見一位老人繞行瑞廷寺（Reting / Radreng Monastery）。老人認為自己是在修佛法，種敦巴尊者說：「繞寺院很好，但修行佛法不是更好嗎？」老人聽後就不繞寺院了，改唸誦經典，他認為這就是種敦巴尊者的意思。種敦巴尊者再遇到他時，說：「唸誦經典很好，但修行佛法不是更好嗎？」於是老人不唸誦經典了，認為可能禪修就是修行佛法，他雙腿盤坐，閉上雙眼。種敦巴尊者又看到了老人，就說：「禪修很好，但修行佛法不是更好嗎？」

老人這下子真的無所適從了。如果不是繞行、讀誦經典或禪修，他想不出其他修行方式。所以，老人微怒地對種敦巴尊者叫喊：「修行佛法！修行佛法！你到底是什麼意思？」種敦巴尊者回答：「出離今生。當下就出離，如果你不出離對今生的貪著，不管你做什麼，都不是修行佛法，因為你沒有超越世間八法。只要你出離今生的慣性思惟，不再受世間八法而分心散亂，不管你做什麼，都會在解脫道路往上提升。」

種敦巴尊者建議那位老人要出離今生，因為沒出離今生，沒人能修行清淨佛法；而具出離心者就能修行清淨的佛法，帶給今生及來世快樂，這是有可能的。出離今生不是指離家出走，或丟掉所有財產，出離今生的意思是離受苦之因，單單這個就可以切斷我們的痛苦。只要我們追隨世間八法，不管是否離開了這副身軀，毫無疑問地我們還是會受苦。

同樣地，就在阿底峽尊者圓寂前，尊者的一位弟子，名叫南就查克崔秋（Naljor Chaktri Chok）的瑜伽士，跟尊者說：「您圓寂後，我會全心全意禪修。」阿底峽尊者說：「捨棄任何惡行。」阿底峽尊者並沒有說禪修是好或壞，就是不做任何惡行。然後南就查克崔秋跟阿底峽尊者說：「這樣子的話，我有時說法，有時禪修。」阿底峽尊者的回答如前。這位瑜伽士想了一下子，又說了另一個提議，不論他說什麼，阿底峽尊者給他的回答都是一樣的。最後他問尊者：「那我到底該做什麼呢？」阿底峽尊者回答：「打從內心捨棄今生！」

南就查克崔秋把此勸誡牢記在心，他之後住在瑞廷寺後方的檜木樹林裡，實際上跟住在森林裡的動物沒有兩樣。他獨居，再也沒見過其他人，後來就在森林裡圓寂了[36]。

出離今生的意思，不是非得要拋棄所有東西，過著遁世生活，離開這座星球去別的地方，要拋棄你一切所有物，甚至拋棄世上一切東西，這些都不是出離今生的意思。我們的身體離開家或國家，也不是出離今生；甚至住在山洞裡，什麼東西都沒有，只有這副身體，也不是出離今生；即便跟身體分離，就像我們每次死亡都會跟身體分開，也不是出離世間生活的意思。出離今生不是依於物質，而是內心的改變。

◆世間八法與佛法的差異

我們不出離世間八法念頭的話，所做的任何行為，包括繞佛塔（stupa）、禪修、研讀佛書，都會變成負面的行為、世俗的行為，而非心靈的，這與佛法不但不相應，反而背道而馳。換句話說，不能以行為本身來決定某件事是否與佛法相應。種敦巴尊者很清楚地讓我們知道，修行佛法就是出離邪惡的世間八法念頭。

我們要非常清楚佛法與非佛法之間的差異。我們都知道生氣是不好的，當然如此，但我們也不是隨時都在生氣，真正浪費寶貴生命並不是生氣，而是貪著世間八法的貪欲。

要是不清楚什麼是佛法，就算終其一生努力學佛，卻沒有一件事成得了佛法，因為我們仍是以

36 參閱 *The Door to Satisfaction*，第34頁。

錯誤的動機在學佛。非佛法的定義是指：所做的任何行為，其目的僅為了今生的快樂；非佛法就是受到貪著世間八法驅使的任何行為。佛法的定義，恰恰相反，所做的任何事情都是為了超越今生快樂，不受到世間八法的貪著所染污的任何事情。

我再重說一次，我們做的任何事，只要是懷著世間八法念頭就不是佛法；我們做的任何事，不被世間八法念頭所染就是佛法。我們從早到晚所做的任何行為，屬於佛法或非佛法便是以此判定。

如果我們清楚佛法及非佛法的界線，明白相應佛法行為與相應世間行為之間的界線，我們就是非常有福報的了。除非能達到那樣的程度，不然的話，儘管我們忍受所有痛苦，也盡一切力量不再受苦，還是沒辦法離開不快樂。當我們達到那一程度時，就能開始著手了，過去我們可能想要做很多不錯的事，像是禪修，但因為缺少了這個基本的理解而犯了很多錯誤。即使我們不瞭解其他法類，學習了這一點，就能像是初次睜開雙眼般。

清淨的佛法是：任何能對治煩惱的行為。基本上，修行佛法能利益來世，不像今生做的無意義之事，或許會帶給今生一些短暫快樂，但也僅止於此。獲得今生快樂並無特別之處，即使動物與小如螞蟻的昆蟲都能做得到，所以我們如果不做得更多的話，並不會比昆蟲來得好。

不論在自身領域多麼專精，沒有修行佛法，就不能實現人的潛力，特別是對這一生暇滿人身而言。擁有此暇滿人身的特別目的在於：能獲得來世快樂、解脫輪迴，以及圓滿證悟。這是我們可以辦到的，因為我們能夠在人生的每一秒去造下這些成就的因。

善（virtue）與不善的定義便是以此為基本。懷著出離對於今生的貪著，所做的每件事都是善的；帶著貪著今生所做的每件事，都是不善的。如果我們出離了攀著今生欲樂的貪，我們的態度就會變成清淨的，所做的每件事都會成為佛法。我們做的每件事，沒有一件只是為了這一生。

只要我們出離邪惡的世間八法念頭，就會找到平靜。不需要等到明天或後天，並非如果我們今天出離世間八法，卻要等到幾年後或下一生才獲得快樂。

內心沒跟世間法念頭混雜，我們做的每件事都會變成佛法。我們愈深切瞭解受苦的因，智慧就愈增長，更能把佛法應用在日常生活，我們就會有更強的心力讓做的每件事都是佛法。就算我們生活在大家庭裡，有二十個小孩，擁有許多東西，我們所做的每件事都能對治煩惱，可以說就是過著出離今生的日子。

沒人能夠從外貌知道誰已出離今生、誰還沒有出離。出離心是心的狀態，擁有許多東西完全不是判斷的指標。就算有人貴為國王，擁有數不清的僕人、許多珠寶及財產、多間豪華公寓，我們仍無法定論其內心不是活在出離心。出離今生是一種內心的行為，不是物質上的。

如果問題只在於不擁有任何東西，那麼所有動物跟昆蟲，牠們什麼都沒有，住在洞穴裡，沒食物可吃，牠們應該是具有強大出離心的有情。靠近艾弗斯峰的勞多閉關中心，那邊就有很多洞穴，過去是許多偉大瑜伽士的住處。當我走進那些洞穴時，發現到處都是便便，因為犛牛會睡在洞穴裡頭，可能是裡面比較暖和的關係。如果瑜伽士的定義是指某人住在洞穴裡，或許我們都應該視犛牛為偉大的瑜伽士。

還有另一種界定佛法的方式，就是：不符合世間人的任何行為。如果我們做的事是一般人會去做的，那就不是佛法。如果我們做一件事，是一般人不做的，就是佛法。偉大的師長——種敦巴尊者如此對波多瓦尊者（Potowa）解釋：

> 如果它能對治煩惱，即為佛法；如果它不能對治煩惱，即非佛法。如果所有世間人都群起反對，即為佛法；如果他們都認同的話，即非佛法[37]。

大部分世間人對於什麼算是好命的理解，是基於貪著心以及透過我執而來，於是擁有更多財富、更大的成功、結交更多朋友、生更多孩子、有更多輛車，這些東西被視為好命的一部分。他們以自己擁有了多少東西，從外在的進步來衡量快樂，有孩子、孫子、曾孫子，擁有愈多就愈快樂。

這一點恰好與佛法智慧相反，佛法智慧是立基於：對業力及菩提道次第具有基本的瞭解，而被認為是好命。貪著心對於好命的見解，並不認為內心擁有平靜、擁有真正滿足是重要的。說真的，大家都在追尋內心平靜及真正的滿足感，但相當少數人知道這一點，知道怎麼實現它的人更是寥寥無幾。

◆動機的重要性

我曾經請教過一位住持「世間法」的意思，他說世間法指的是賭博、耕作等等，這些是世間的活動，這種對世間行為的想法是很普遍的，只是關於行為，沒有牽涉動機、態度。不過，如果帶著

37 *Liberation in the Palm of Your Hand* 此書第 298 頁有引用。

清淨動機來做的話，這些行為都能成為清淨佛法。

上述種敦巴尊者的例子，要好好地牢記在心，這相當重要，因為這個例子非常清楚指出佛法與非佛法的界線。大家很容易把世間行為想成像踢足球、抽菸、喝酒、性行為等等，但這不是世間行為的定義，所以我們必須對於自己在日常生活所做的每一個行為的動機，都要具備相當的覺察力，以便知道什麼是佛法、什麼不是佛法。

如果你的動機是世間八法，所做的行為就會變成世間活動，不可能是佛法，即便那個行為是唸誦祈願文、禪修等等。行為看起來可能像佛法，事實上並非如此。帶著世間八法的動機「修行」佛法的人，或許看起來像修行者，其實並非真正的修行者，兩者差別可大了。

曾有人送我一筒塑膠冰淇淋，它看起來跟冰淇淋一模一樣，甚至從湯匙滴下來，就像真實融化的冰淇淋。當護持大乘法脈聯合會蒙古計畫的前任會長——維里跟我吃午餐時，我送給他這塑膠冰淇淋，他被騙得好慘。

那冰淇淋真的做得非常好，當然是完全吃不得的。修行佛法，卻懷著貪著今生的心而染污修行的人，跟塑膠冰淇淋是一樣的道理。他的行為可能看起來跟佛法一模一樣，他聽聞佛法，也省思、禪修、閉關，甚至開門授課，但其實這些行為都不是佛法，他可能看起來是一位佛法修行者，其實不然。

既然我們都追求解脫，知道這一點是最要緊的。如同收音機的波段選擇鈕，可以調到不同電台。不瞭解佛法跟非佛法之間差異的話，不管我們做了多少不同的靈性修行，不管花了多長的時間去做像是建寺、頂禮等等的事情，就算做到往生，一生會有充滿惡業的實際危險性，造成我們陷在輪迴，注定受苦。沒有這些的認識，我們就是處在自欺的巨大危險裡。

不能以行為本身界定世間行為，行為可以是殊勝佛法或者世間法，可以是善的或非善的，全依動機而定。享受感官欲樂可以是正向或者負向的，擁有財富亦然。兩個人做出相同的事情，對於其中一個人可能是正面的，對另外一個人卻是負面的，全依動機而定。

懷著好動機的政治家，可以做很多好事；但如果其動機是世間八法念頭，想要有權力、美名、財富等等，那麼他的政見就會變成是負面的，會傷害自己以及身邊的人。沒有世俗心的話，他的政見會成為佛法，而且如果他的動機沒有受到愛我執所染，而是具有菩提心的話，那麼那些政見就會變成大乘（Mahayana）佛法，對其他有情提供清淨的服務，還會是他能證悟成佛的因。

任何行為，不論表面上看起來如何，沒有世間八法捲入其中的話，就是相應佛法的行為。我們不論運用什麼方法來出離世間八法念頭，它就變成不讓惡業持續下去的方法，並且這個方法會朝向離苦以及證悟成佛，這就是圓滿的、實在的方法。

所以，我們開始任何佛法修持之前，最重要的一件事是培養清淨動機，瞭解這要點相當重要，它會開啟我們的智慧眼，它是我們在跟隨佛道時需要做的第一件事。即使我們一開始沒有清淨動機，單單明白佛法指的是什麼，以及佛法怎麼讓生命變得有意義，就相當有助益了。當我們修行佛法愈多，我們以瞭解佛法作為基礎，就能發展出一個更好、更清淨的動機，然後就有機會能依教奉行，不犯過錯。

我們沒辦法在幾天之內，或甚至幾個月之內，就跟往昔高證量的瑜伽士一樣，但光知道他們怎麼從修行佛法當中，獲得相當大的自由及平靜，這樣就非常有助益了。這讓我們對於怎麼過生活能有些洞見，自己能去觀察，然後確定自己做的行為都是盡可能清淨，而非受世間八法念頭控制。

不善行是指什麼呢？

不善行是指什麼呢？最簡短的定義是：任何會招致痛苦結果的行為。為了讓這個定義更清楚些，我們可以說，任何受到不善念頭所驅使的行為，而不善念頭是基於無明的三種毒心，特別是業力無明，也就是瞋心或貪欲。我們已經知道，是貪欲主導著自己的生命，而非瞋心，我們日以繼夜活在世間八法念頭，貪著今生快樂。

這並不是單純指我們想要追求好名聲、獲得報酬、得到讚美或感覺舒適，我們也可以出自於良善的心，出於想要利益他者的心來追求這些。在此所指的是單純為今生快樂，攀著今生貪欲而去追求這些。

我們做的每件事，無論是走路、坐著、睡覺、工作等等，甚至是唸誦祈願文以及禪修，一旦被貪著今生快樂所染污，就會轉為不善的，唯一的結果就是痛苦，而非快樂。世間八法念頭不只障礙我們獲得究竟快樂，也障礙我們獲得暫時快樂。煩惱以不可思議的強大瀑流傾倒在我們身上，即使我們不想生氣，仍會勃然大怒，這就告訴我們，自己在大部分時間受煩惱控制。

我們或許知道對治煩惱的禪修技巧，但如果在日常生活不運用這些技巧的話，當發生事情了，就沒辦法守護好內心，也會錯過珍貴的機會。我們可能試著要修行佛法，但如果內心還是被煩惱掩沒，大部分的所作所為都會變成不善的。我們要睡覺時，更難生起善的念頭，所以連睡眠都變成了不善，不管睡幾個小時，就造了相同時間的不善。

既然現在談到動機，我想要問大家一個問題：有個人快餓死了，我們給對方食物，並非以善的念頭做這件事，而是以懷著世間八法的不善念頭，是基於對名聲的貪欲，想要獲得別人讚美而去做，那施予食物這個行為是善或是不善的呢？

你可能認為施予食物的行為是善的，因為我們是在幫助人，但是動機是不善的，是為了受讚美而做。如果在這個例子，像這樣的行為是善的話，那麼如果有人想要被殺，然後你也殺了他，那殺人這個行為也應該是善的，因為這行為帶給對方快樂。這個例子類似於前個例子，讓一個快餓死的人吃飽，使對方開心，或許你同意那個動機是不善的，但我的問題是，從行為本身來看是善的或是不善的。

還有另一個例子，這麼說好了：你得了癌症，吃藥延長壽命，你吃藥的動機只是出自攀取今生欲樂的貪著。你想活得長壽，但長壽只是為了自己。你沒想到要為利益其他有情而要長壽，這種動機算是善的嗎？

如果是善的話，那麼你為了自己的生存所做的每件事都會是善的，舉凡吃東西、睡覺、上廁所、工作，因為你做這些事，都是為了讓自己長壽而且有舒適的生活，沒有一件牽涉到殺生或任何對其他有情的暴力行為。吃東西能止餓，喝東西能止渴，有房子遮風擋雨，讓你住得舒服，穿上衣物讓你覺得溫暖，有份工作使你有收入，有了錢就能幫助你獲得想要的欲樂。因為你一天二十四小時所做的做每件事，都是幫助自己生存下去，你也沒有傷害到其他有情，所以這些行為應該都是變成善的。但事實並非如此。

第一世班禪喇嘛——班禪洛桑卻吉賈參[38]，曾寫過一篇問答文章，其中一個問題是：「禪修一開始是什麼？」大師回答：「禪修一開始便在於動機。」

如果只是因為沒有透過殺生等等涉及到傷害其他有情的行為，就屬於善行的話，那麼不管我們什麼時候禪修，都不需要發起良善動機，因為光是禪修本身就是良善的了。可能會發生這種錯誤，這就是為何如此強調觀察內心以及轉化內心，成為不只有善念，還要出離整個輪迴的念頭，又不只如此，還要轉成菩提心。

如果你相信，就算是帶著不善動機所做的行為，因為行為本身沒有傷害其他者，就是善的話，對於相反那一方呢？帶著善的動機所做的行為有涉及傷害，例如當一位菩薩殺了某人呢？因為有暴力行為，造成另一個人受傷，就算是那位菩薩具菩提心，那麼也是不善的。

例如，釋迦牟尼佛過去世曾是菩薩，那時他是船長，知道有人打算要殺了船上另外五百個商人，船長因而殺了他。那個菩薩由殺死這個人而累積了極大福德，縮短他在輪迴裡十萬劫時間。他距離解脫及證悟成佛，縮短了十萬劫時間，會這樣子並不是因為他殺人行為，而是他以大悲為動機。他的大悲心轉化了殺生行為，決定行為是善或不善，是在動機。

所以，以布施食物給一位快餓死的人來說，就算食物讓此人得以生存下來，活得長壽，給予食物這個行為本身，因為不善動機的力量，也會變成是不善的。我們每天生活也是一樣的情形，當我們吃東西或吃藥，目的是要讓自己健康長壽，但如果動機是不善的，行為就是不善的。

38 第一世班禪喇嘛（1570-1662）撰寫了《上師供養法》（*Guru Puja / Lama Chöpa*）和《安樂道論》這部著名的道次第典籍。他同時也是第五世達賴喇嘛的上師。

例如有則公案：有兩個人都在本波（Penpo）地方閉大威德金剛（Yamantaka）的長關，其中一位在閉關期間往生了。他往生之後，另一位閉關者在每天晚上都修餗供（sur practice），把燒糌粑（tsampa）的香味布施給餓鬼[39]。有天晚上他沒有修餗供，然後有個形貌相當可怖、還有很多手的餓鬼出現了，看起來就像是大威德金剛。閉關者問對方是誰時，餓鬼回答：「我是你的朋友，就是跟你一起閉關的那個人。」就算是在多年修本尊閉關期間往生的行者，他還是不知道怎麼正確修行。他懷著貪欲心閉關，忽略了菩提道次第及菩提心動機。他連追求來生快樂的善念都沒有，這至少會使他的動機是如法的，能讓他免於死後投生餓鬼。

這就是為何動機如此重要的原因。動機掌控了行為，如同《珍貴功德寶藏》提到：

> 若根具藥效，則芽亦然。
> 若根具毒，不需多言，芽亦有毒。
> 不是由表相決定善或惡，
> 亦非規模決定，而是決定於行為背後為善或惡之動機。[40]

如果一株植物的根具藥性，其花、果及植物的其他部分也具藥性；如果其根部具毒性，其他部分也具毒性。行為的結果依於動機，偉大的菩薩被開許能做出七種行為：殺生、偷盜、邪淫、妄語、

39 參閱 *Aroma Charity for Spirits* 一書。

40 *The Words of My Perfect Teacher* 本書第 125 頁有引用。

離間語、綺語及惡語，因為他或她對其他有情具有如此大悲心，讓所有的行為都能轉化為善行。

如果我們不知道什麼是善行，那麼不管做什麼事，都是基於無明所做。即使試著禪修，運用一些簡單的瑜伽姿勢，或者觀察呼吸，由於缺乏佛法智慧，我們只是在模仿修行者罷了，就像猴子學人，這樣要讓我們的修行變得清淨，是相當困難的。

我們實在需要對每個行為都具有正念，要做某件事時，要檢視為何而做，看看是否被世間八法念頭所染。如果是的話，我們也看到做這件事會變成受苦的因，就可以把自身的動機改為良善的動機，於是行為的結果就會成為圓滿平靜的因、證悟成佛的因。噶當派格西——嘉瑪巴尊者說過：

> 出離今生是修行佛法的第一步。你其實沒修任何佛法，卻自詡為佛法修行者而自傲時，真是愚蠢極了。所以，打從一開始，永遠都要檢視你的心續是否有出離今生此首要步驟[41]。

這個非常有效的教導是出自這位瑜伽士的深切體驗，也顯示他處於修行，有出離今生。不論我們做任何事，都應該檢視動機，看看是否是懷著出離今生來做事。要去檢視，因為這才是真正修行佛法，沒有如此探索自身動機，而只知道文字內容的話，對內心無益。

我拿自己的生活為例。我自認是佛法實修者，但就在我起床的當下，並非馬上專注在出離今生，我想的全是第一杯茶。所以，我懷著世間八法念頭喝了第一杯茶，然後早餐時間就到了。從此開始，

41 亦參閱 *The Door to Satisfaction*，第64頁，以及 *Liberation in the Palm of Your Hand*，第 296 頁。

慢慢地，我的一整天，吃午餐、喝茶、出去走走，回來屋內，盥洗、穿衣服、講話、上床，整天都花在服侍世間八法上。我認為自己過的是修行人生，其實並不是。或許我整天連一個法行都沒做到，整天過得空空洞洞的，一片空白。我唯一做好的確定安排，就是很快會投生三惡道，持續在裡頭受苦。如果我們每天都是這麼過的話，能預期來世不會有什麼好事；我們死時，可能隨時會突然往生，就會走得極為懊惱。

四種動機做出的同樣行為

有一句話是這麼說的，「一切存在依於動機」[42]。這句話的意思是，我們經歷的一切都來自內心的動機，地獄源於動機，解脫及證悟成佛也源於動機。被稱作為快樂及痛苦，均來自於動機，一切唯心造，一切都依於我們的意圖、態度及動機。

就舉四個人為例子，這四個人有錢或貧窮並沒有關係，他們都布施錢給一位乞丐。

第一個人布施的動機是為了證得圓滿證悟、圓滿智慧的一切遍智（omniscient mind）、大悲心，以及圓滿威勢力，所以她能夠圓滿地讓一切有情從痛苦及覆障中解脫，並且帶領他們獲得圓滿證悟的無比快樂，她布施的這個行為變成證悟成佛的因。

第二個人，他布施的動機不是為了一切有情而證得佛果，而是證得究竟解脫，意思是從他自己

42 有時會以「一切從一絲絲的願而有」來表達。

的痛苦及痛苦的原因當中解脫，只是為了他個人的輪迴。他布施的這個行為並不會成為證悟成佛的因，只會是他自身解脫的因。

第三個人，他布施的動機不是為了解脫，也不是成佛，只是為了要獲得來世快樂。毫無疑問地，前面兩個人布施的行為變成快樂的因，但即使是第三個人，仍會變成快樂的因，指的是來世的快樂。

最後，第四個人他布施的動機是為了美名，希望自己之後遇到麻煩了，在需要幫助的時候，對方會拉他一把。他會布施是為了要獲得四種悅意對境，以及避免遇到四種不悅意對境。他的動機只是為了攀求此世短暫快樂的欲望。

帕繃喀大師開示的《掌中解脫》也提到類似例子。有四個人對度母（Tara）唸誦度母讚文，抱持的是以上四種動機[43]。第一個人唸誦讚文的動機是為了其他有情而要證得佛果，第二個人是為了要獲得個人解脫（individual liberation），第三個人是要獲得來世快樂，而第四個人追求的只是今生快樂。

前三個人所做的行為都符合殊勝佛法，不過第四個人的行為非殊勝佛法，而是世間法，因為是懷著世間八法，攀著今生而做，動機是不善的，結果將會是投生地獄道、餓鬼道或畜生道。所以，就算是祈願文本身是佛法，當事人的行為並沒有變成殊勝佛法。

從這裡我們可以清楚地看到，佛法跟非佛法之間的界線在於善與不善的差別，在於快樂因及痛苦因的差異。第四個人，他布施乞丐的行為（或者唸誦度母讚文那個人）沒有變成為了一切有情而

43 參閱 *Liberation in the Palm of Your Hand*，第 154 頁至 155 頁。

證悟成佛的因，沒有變成究竟解脫的因，甚至沒有變成來世獲得快樂的因。他只懷著世間法的念頭來做這個行為，貪著今生的短暫快樂，因此是不善的，也不是目前或來世會快樂的因。

一般而言，小偷認為偷竊是獲得快樂的方式。不過，他們從偷來的錢所得到的快樂，並不是偷竊造成的結果，而是過去曾行善的結果。偷竊只是個緣，並非快樂的因。由於只懷著愛我執的動機去偷竊，只是為了尋求自身快樂，還企圖傷害別人，懷著貪瞋癡三毒其一，於是偷竊這個行為是不好的，而且在內心留下的習氣會感得未來受苦。所以，就算那個人相信偷竊是可以獲得快樂的方式，他所相信的，跟實際真相完全相反。

在我們例子的第四個人也是一樣的情況，他布施金錢，卻是懷著世間八法念頭。他在尋求快樂，但只是為了自己，只是為了今生，僅僅為了暫時的快樂，他的動機是不善的，這不是佛法，只會感得痛苦。

偉大的寂天菩薩（Shantideva）在《入菩薩行論》曾說過：

> 若人於此勝法要，心之祕密不了知；
> 欲求安樂除諸苦，唐勞漂流無義淵[44]。

這裡的「心之祕密」並非指高證量，像是光明和幻身（illusory body）的雙運[45]，也不是指艱

---

44 第五品，第十七偈。
45 密續當中最高深的法門，即將成佛前所做的修持。

澀難懂的內容，我們可以詮釋它為剛剛提到的不同層次的動機。這一偈頌強調看守跟守護自心的重要性，讓心保持於善，因為，快樂跟痛苦依於內心的正向及負向念頭。一種思惟會產生快樂，而另一種思惟則產生痛苦跟問題。每件事都依於我們內心，從每天的問題、六道痛苦、直到解脫跟證悟成佛，都是如此。

勿把佛法跟世間八法相混

馬爾巴（Marpa）大師傳授即生成佛的所有教法給弟子——密勒日巴尊者，當密勒日巴尊者要離開之前，馬爾巴大師教誡他：

兒啊，不要把佛法跟今生的事相混，如果它們相混雜，你就會失去佛法。好好想想，你，我的兒啊，在輪迴受苦著，就算我試著解釋痛苦的本性，以無數劫的時間也說不盡。痛苦的本性是無法表達的，也是無盡的。即使我化現千萬口舌，以千萬劫時間來解釋也說不完。所以，我給你的教導，就是不要浪費了佛法，不要把佛法跟今生的生活相混。

這段話具有偉大的法味，但如果我們不知道佛法的真正意思，如果我們的佛法只是嘴巴上說說而已，那麼馬爾巴上師所說的內容，對我們來說不會有太大的作用。

不管我們為了證悟成佛多麼努力，如果修行混雜為今生而努力的事，那麼便了無意義。那個行為不能帶來我們期待的結果，就像要從羊角擠奶，就算花多劫時間擠奶，永遠擠不出來。沒有任何有情可以兼具今生的事及殊勝佛法，不管我們怎麼試著去兼顧兩者，不願失去其一，我們只是在自欺罷了。

有則關於古代瑜伽士的公案。有位噶當派格西名為奔公甲（Geshe Ben Gungyal）[46]，他隨時看著自己的動機。他在年輕時做人不誠實，白天是搶匪，晚上當小偷，但他最後遇到了那些對佛法修持是知行合一的殊勝上師時，便完全改頭換面了。他出家為僧，住在山洞裡修道次第教法，唯一擁有的東西就是僧服，沒有其他的了。

一天，有位施主要供養酸奶，於是他獲邀到附近寺院，所有僧人坐成一列，由於他戒臘低，於是坐在靠近最後的位置。正當他人在供養酸奶，沿著列一位接著一位時，他聽出有多少酸奶被倒進在前面僧人的杯子裡，就愈來愈擔心酸奶在輪到他之前就會沒了。接著，他檢視自己的動機，瞭解到內心是怎麼一回事，就把碗倒蓋起來。當那些人到了他面前，要他把碗掀開正放時，他說：「沒關係，我已經喝完了。」

在這個例子，奔公甲格西貪求酸奶的這個貪欲跟他說：「別人得到酸奶供養太多，自己快喝不到了！」所以奔公甲格西就把碗倒放，以處罰自己的惡心。他告訴惡心，他不會讓惡心毀了平靜，他沒有跟隨惡心，而是跟它搏鬥。

另一次是他身為出家人，受邀到一戶人家修法，當其他人都在外頭工作時，他獨自留在客廳。

---

46 亦參閱本書第 197 頁至第 198 頁，「我們一直擁有自己所需的」奔公甲格西的公案。

突然間，他發現自己手握著一把麥子，這是他從當小偷以來的無意識反應。當他知道發生什麼事情的時候，大叫：「有小偷！有小偷！」其他人跑進來找小偷，問他：「小偷在哪裡？在哪裡？」他指著麻袋裡自己的手，說：「小偷就在這裡！」聽起來很好笑，但其實他正清淨修行，努力對抗惡心、世間八法念頭，以及對抗內心貪著短暫的今生快樂。

還有另外一則公案。有一天，奔公甲格西的施主要去他的偏遠住處[47]。他提早打掃好房間，把供桌陳設地非常莊嚴，確定每樣東西都相當整齊乾淨。然後，就在他坐下來後，去檢視自己的動機時，他看到自己打掃房間是為了要讓施主有好印象，以使施主繼續護持自己，他的動機便是世間八法念頭。他發現到這一點，突然站起來，然後從爐裡抓了一把灰，灑到整個供桌上，弄得亂七八糟。他體認到自己之前所做的是佛法行為的表相，實際卻不是佛法。所以，為了當下修持對治，棄捨貪欲，他就灑了灰在佛堂上。

就在那一刻，帕當巴桑傑（Padampa Sangye），他是奔公甲格西的上師，也是一位如密勒日巴般的偉大瑜伽士，正在遠方弘法。就在他說法到一半時，突然間笑了，弟子問他為何而笑，他說：「就在今天早上，我的弟子奔公甲做了全西藏最上的供養，他把灰塵丟進世間八法的嘴裡。」

一項行為要不是殊勝佛法，不然就是世間法，無法兩者兼顧。我們能做這兩種行為，但無法在同時間都做，一項行為不能同時成為殊勝佛法以及世間法，這兩種是完全相反的；而且如果我們試著同時去做的話，結果是會失去殊勝佛法。如果我們不出離攀著今生的念頭，連不投生三惡道都是

47 另參閱 *Liberation in the Palm of Your Hand* 第 117 頁。

很難的，更別說是讓我們的修行通往涅槃的道路。

噶當派波多瓦格西說過：「雙頭針沒辦法用來縫紉。」殊勝佛法及世間法是完全相反的，不管多麼努力去混合兩者，是不可能辦到的。我們可能認為自己在修行殊勝佛法，然後同時也在做今生的事，但這兩者永遠不可能會一起，就像一根雙頭針，沒有針眼的針沒有辦法縫紉。我們想魚與熊掌兼得，想要證悟，同時也想要今生舒適，我們努力兼具兩者，但這麼做時就會失敗。正如馬爾巴尊者告誡密勒日巴尊者，當殊勝佛法與世間法相混，會失去殊勝佛法。

只要內心包含了世間八法念頭，我們就是世間人，不管做什麼事，像禪修、研讀經論、教授佛法，所做的事都是負面的。所以，偉大的印度班智達及古代的西藏瑜伽士總是教導其弟子，踏上修行的第一步，就是要避免世間八法念頭。

許多古代的偉大瑜伽士，其精采的傳記公案，都顯示出他們怎麼藉著出離世間八法來修行。岡波巴大師（Gampopa）在《解脫莊嚴寶論》著作提到：

> 沒有人同時獲得殊勝佛法及今生的事。毫無疑問地，想要同時獲得兩者的人是在自欺。即使我跟你直接面對面，除了這一點，我也沒什麼其他好說的了。你在自身所處的地方，要保持身與心都是善的。

岡波巴大師讓我們知道，不可能同時修行殊勝佛法及世間法。舉個例子，如果我們是帶著貪欲，期望有好名聲而去閱讀佛法經論，那我們只是在自欺罷了。我們可能認為自己的行為是佛法，但其實失去了殊勝佛法。他繼續說，佛法真義是唯一值得對談的主題，所以就算我們能在某個地方見面，他也沒什麼其他好說的。當我們分隔兩地時，應該要去各自的處所，然後保持身、語、意清淨以及處於善的狀態。

要是我們處於出離世間八法念頭，不論外在看起來如何，只會做出持續讓生命有意義的清淨行為；不過要是跟隨世間八法，卻只會耗盡過去生善業所感得的果，而且不會對我們的來生做出任何安排。當我們過去生善業的果耗盡了，未來世只剩痛苦，就像是試著要在海市蜃樓喝到水，這永遠沒辦法解渴的。要從已經受到世間八法念頭所染之下來行善，不可能會帶來快樂，像這種行為永遠不會變成佛法。

我們內心現在就有世間八法念頭，所以出現情緒及感受時，覺察它們是很重要的，並且要去處理這個問題。我們需要運用自己的一切力量不讓貪欲生起，以這種方式，就能變成自己的嚮導。其實，貪欲出現時，我們能覺知到，而且能馬上就處理的話，就能變成自己的救星。

惡人能被佛法調伏，佛油條則否

出自禁飲食齋法門（nyung-nä）的〈觀世音菩薩祈請文〉提到：

以悲心待我這般佛油條，
虛有外表虔誠態度卻無證得偉大意義，

> 被貪欲、瞋心及世間八法淹沒，
> 沒有觀察因果來調伏自心[48]。

我們表現一副修行者的模樣，但行為卻永遠沒辦法獲得修行應該帶來的三種殊勝（three great meanings）：來世快樂、解脫、成佛，而真相則是，我們修的其實是世間八法念頭。

奶油在西藏相當重要，藏人使用皮革做鞋子或衣服時，會使用奶油讓皮革變得有彈性，用的是腐壞的奶油，非常難聞，色如藍綠。他們把皮放在地上鋪展開來，用腳把奶油踩進皮裡，讓皮變得有彈性，接著放在豔陽下曝曬。但他們也會把皮革作為放奶油的容器，那種皮革就比較不同了，因為皮整個被奶油滲透，變得非常硬又沒彈性。

因此，常言道大惡人可以受佛法調伏，但是「佛油條」卻不能被佛法調伏。即便累積了許多惡業的有情，他們第一次聽到佛法時有可能感到懊悔，他們能明白過去所做的事極壞，能就此改變內心、淨罪，修懺，而且下定決心不再造惡。這樣的話，不管他們是多麼壞，其內心都能被佛法調伏。

但對於佛油條卻不是這麼一回事，就算他們可能住在寺院裡，或者住在有佛法的其他環境，每個人都一直在修行，整天聽聞教法，但沒有任何法能穿透他們的硬油皮。就像我們的日常生活可能變得單調、公式化，例如吃早餐或喝咖啡等等，相同地，聽聞佛法對他們來說沒什麼特別。他們不管聽到什麼，總是：「對啊，當然，當然，我知道啊，是啊。」佛法變成了滋養愛我執的良藥，而

48 出自 *Nyung Nä: The Means of Achievement of the Eleven-Face Great Compassionate One* 第 41 頁。

不是調伏他們尚未調伏的貪欲和瞋心的良藥。

我們聽了這麼多的佛法，讀了這麼多的佛書，內心卻從來沒改變過，也沒有任何長進，這不是傳法上師的錯，也不是佛法的錯，而是自己的錯。如果我們沒有進步，那是因為錯在跟隨世間八法念頭。有段教言是這麼說的：

> 你有好幾百個優點，但你還是受到那一個錯誤所控制；你有一百個念頭，但你唯一的錯就是沒想到那一個念頭。

我們可能有許多很棒的優點，還受良好教育，但還是受那一個錯誤控制，就是讓自己受世間八法念頭所控。不管我們文憑有多高，不論瞭解多少佛學知識，還是沒學到怎麼生起快樂，如何累積善德。我們所受的良好教育沒用在這方面，反而由於只追求今生快樂，我們的教育都導向累積不善。

我們所受的教育讓自己變得更像佛油條[49]，充滿驕傲及自大，而非調伏內心。在那一個錯誤的控制下，虛擲人生，整天想東想西，有很多的想法，好多，好多——所指的就是教言提到的「一百個念頭」。為什麼我們還是有這麼多問題呢？因為我們遺漏了這個非常主要的念頭——出離世間八法。這種情況就像是在自己腿上綁著重石，沒有想去哪裡就去哪裡的自由，因為那一個錯誤，就沒能增長內心的自由。

49 仁波切有時稱這種人是「佛法厚頭」。

長路漫漫

修行佛法是真正能照顧好自己的最好方法，也是唯一的方法。達賴喇嘛尊者常說，如果我們想自私，應該要具智慧的自私，意思是如果我們想要快樂，不但要永不傷害其他有情，還要永遠利益他們，找到服務他們的最好方法。換句話說，照顧自己的最好方法，是把自己完全奉獻在其他有情的福祉。

這樣去修行佛法，有自私的部分在裡頭。在我們想得到來世的快樂、解脫輪迴及證悟成佛的同時，連同我們想要的今生快樂，就在當我們服務其他有情時，也都會在內心當中。因為我們內心還是有煩惱，所以動機不是完全淨除貪欲，也因如此，即使在生命沒辦法完全的滿足，即使這般，我們仍做了正面的行為，依然在利益其他有情。

所以，就算我們的動機不是清淨的，即便我們依舊充滿煩惱，也沒有理由不去幫助其他有情；如果一直等到有完全清淨的動機才開始要行善的話，那麼可能永遠做不了任何有助益的事。雖然動機是混雜的，但因為我們在幫助別人，所以依然過著好的人生。「認為自己還沒有清淨的動機，而不去幫助其他有情」的這種想法很瘋狂，表示自己沒去做正面的行為，完全浪費了每項行為，表示所有時間、心神跟金錢，放在房子、食物、藥物、衣服等等，這樣就全浪費掉了。我們既沒有利益到自己，也沒有利益到其他有情。

如果你是佛法初學者，可能會想放棄，因為你認為這麼做沒用。你覺得寂寞、憂愁，和朋友疏離，這其實是來自於不夠瞭解佛法，在運用對治煩惱方式的力道不夠強。你身旁的人，一直努力增長三毒煩惱，只為世間八法而努力；而你卻努力反其道而行，努力減弱你的三毒，擺脫世間八法。你可能認為，既要修行，又要有正常生活是不可能的，你能做的唯一一件事，就是脫離現在的生活。

不過，內心離佛法更近時，你會發現到，自己對今生快樂的興趣減少一些。你不需要這麼投入在世間八法的事情上，在你身邊的人，他們的態度對你的影響也會比較輕。你周圍出現的驕傲、嫉妒、貪心、瞋心、惡意等等一切，你看別人顯露出來的情緒，對你來說也不會這麼重要了。你發現你做的事跟想法不像周圍的人，你跟這樣的人減少聯絡時，當然你就有比較充裕的時間來修行佛法，但一開始可能會感覺怪怪的，老友不再找你時，你可能會覺得孤單。

不過，重點是沒必要因此辭掉工作，棄捨生活，但有必要改變態度。你在所在之處也能持戒跟布施，但只要你跟隨世間八法念頭，就沒辦法獲得解脫。解脫道路的大門是指內心出離輪迴，而出離今生快樂就是你必須在內心生起的首要出離。

有很多藏人住在瑞士，包括一些還俗的轉世上師，我聽說他們工作的工廠有次停工一週。那一週沒人有收入，大部分的人，瑞士籍跟藏籍工人都一樣，對這件事憂心忡忡；但有幾位修行者卻相當開心有這段休息時間，特別是其中一位先生，他發現有很多時間能做佛法的事。他告訴我，他見到其他工人都很不開心，但他卻度過一段很美好的時光。

有一次我們在加拿大時，住在宋仁波切的親戚家，我看到他們日以繼夜努力工作賺錢，不只為了養家活口，也為了要護持密續佛學院及大寺僧眾、做供養，還有護持建造大尊佛像。他們每年都抽出時間回到東方，拜訪寺院，拜見他們的上師及護持上師說法。他們對三寶（Triple Gem）有這麼強大的信心，盡量把最多金錢運用在累積福德上，做這種事相當值得，他們沒白活，沒虛擲人生，且造下的福德帶得到來世。

或許我們是多年住在寺院、尼僧苑的男眾或女眾出家人，但因為自己內心還沒完全出離，依舊不是真正的快樂。我還是會說這是很好的生活，因為我們所做的一切修行，會在來世感得善果。我們還是持守戒律，並且遵循善知識的教誡；另一方面，如果我們的希望幻滅了，想要放棄這種生活，就可能給自己造下很大的痛苦。

或許我們會想：「啊！我出家這麼多年了，出家也沒有帶給我任何滿足感。研修藏傳佛教沒有成效，或許我應該試試看當回教徒。」也許我們這麼想，或者想說去過自由的生活，不受規矩限制，什麼時候想做什麼就放手去做，這才是通往快樂的道路。以前我們努力擺脫貪欲，但現在我們放棄了，允許自己再度變成貪欲的奴隸。我們是從世間八法的觀點來解釋何謂快樂，而不是從佛法智慧的觀點來看。

還有一點，如果我們離開寺院環境、捨戒的話，或許短時間來看，可能有更多的樂趣，似乎過得比較開心，但其實全是妄想而已。我們對自己的動機以及長遠快樂閉上了眼睛，看不到我們必須為當前的、短暫的快樂付出多大代價。表面上是欲樂，但業力作用的結果會是強大的苦，所以我們應該只從「動機」及「是否會帶來善果」來界定快樂。

我們在閱讀密勒日巴尊者傳記時，瞭解到尊者過去承受多大的苦難，他是如何在其偉大的上師——馬爾巴尊者的指導下努力修行，尊者把自己完全交給馬爾巴上師。他得多次重蓋一座九層塔，第一次蓋好後，上師要他把塔拆了，還要把石頭搬回原處。他做完後，卻又得重新再蓋。他被要求反覆做好幾次，但從這樣的修行，他的惡業在當世全都被淨除了。

那洛巴尊者（Naropa）如同密勒日巴尊者及其他許多偉大的瑜伽士，其修行也都經歷難以置信的苦難，我們如果知道為何必須經歷如此苦難，就會幫助自己明白該如何修行。

當我們受了不同的戒，例如在寺院或尼僧苑受出家戒，就必須要耐苦，沒辦法在一天之內把內心變得清淨，這需要時間。不過，如果我們做每件事的目的是要利益內心的話，當然就會進步。當我們持續禪修菩提道次第的下士道，且能守戒的話，就能守護內心。這是紀律，不過跟軍隊要求的紀律完全不同。寺院紀律，就像在色拉寺（Sera Monastery）、甘丹寺（Ganden Monastery）、哲蚌寺（Drepung Monastery），或下密院、上密院，其紀律規矩都是由那些不可思議、博學多聞的聖賢制訂，每一規矩都是為了有益內心，並不是要傷害他人，反而是要幫助他們。即使我們認為那樣的規矩太嚴苛，並不會讓我們過得快樂，但我們從不殺、不偷等等修行，所感的果一定會在來世感得善報。

當然，這是需要時間的。還有，我們的禪修要發展成持續的且堅固的，特別像是思惟暇滿人身、念死無常、業果、三惡道苦，以及輪迴總體痛苦的這些法類。當我們內心對這些法類的瞭解更堅固了，對今生的攀著就會減低，而且遇到世間八法對境時，內心就不會受擾亂。

根深柢固的習慣不會突然說改就能改，一、兩次禪修出離貪欲沒有什麼用，即便是花一年、兩年、十年、三十年、四十年，也可能不會徹底改變我們的生命。

無始以來的生生世世，我們都一直為了貪欲而努力，我們的心總是受到它的掌控，即便在今生，貪欲也不斷出現，讓我們的心愈來愈習以為常，所以，怎能期待一瞬間就解決問題呢？就算是生活習慣，像是抽菸也很難戒。因此我們想努力修行佛法時，不應三心二意，花一個月或兩個月禪修後，就算沒看到自己有多大的進步，也不應變得意志消沉。當我們在閉關一個月期間做完一千遍大禮拜，在內心尚無徹底轉變的情況下，不應斷定所修的法門沒有效果而放棄，重回原本生活，還在內心裡裝了更多便便。

同樣地，對惡業感到懊悔是件好事，但我們為了轉化內心，在做了非常正面的事之後卻感到懊悔，這種懊悔則是不好的，這種負面的懊悔會毀壞我們先前修行所產生的福德。

當我們試著要去克服貪欲時，由於我們惡業習性，自然而然會遇到許多困難，瞭解這一點是很有用的。真正瞭解這一點的話，會讓我們持續有心力修行，就算我們不舒服，就算看起來進步很少——即使我們一直還沒有獲得任何的成就（siddhis）！

密勒日巴尊者在當生就獲得佛果，但他在過去生已經修了很多關於空性、徹底出離心等等的禪修，他的內心對於那些法類已經修得非常好了。釋迦牟尼佛也是如此，世尊為了一切有情證得佛果之前，已多劫累積福德。我們一點一滴地建立起修行，去閉關，或者日常生活的佛法修持等等，就像是把水滴加進海裡，累積了一點點福德。所以，認為我們能在一瞬間獲得證量的這種想法是不切實際的，這種期待是眼界小的人才會有的。當我們感到喪氣時，就想想聖賢們如釋迦牟尼佛，他們修行相當、相當久，這麼想會對你有幫助。

meditation

★禪修

禪修世間八法的對境為醜陋

我們對於一個所緣的貪欲，要看我們認同所緣的哪一面，所以有個有用的技巧來除去貪欲，就是：改變內心專注在所緣上的那一面，而最有效的方式當然是禪修所緣的空性。我們看到那個所緣，認為是其美麗讓我們有欲樂，而這些我們認為它們存在的樣子，其實都是空的；我們認為是真實的，事實上絕對是幻覺。通常我們見到貪欲的所緣，它們的美是獨立而有，是自性存在的，這一點不是真實的，這就是為何貪欲只是一個錯誤的念頭。

要改變我們貪欲所緣的那一面，有個比較簡單的方法，就是把它想成其他東西。例如，如果你很貪著某物，就想像它是石頭或木頭做成的，就像是個很普通的東西，你的貪欲就不會生起。或者你可以專注在那個東西醜的一面，不是美的一面，這能有效對治你對那個東西的貪欲，又無需丟掉它。問題並不是在於那個東西本身，而是在創造者，也就是加諸「美」於之上的心。

如果有人送你禮物，你的心很快就失控了，對那個禮物的貪心強到破表，你去改變看那個禮物的面向，從「很棒」改成危險的東西。想像在你手上的那個東西是熱鐵做的。如果你這麼做，讓內心變得緊繃跟有壓力的強烈貪欲，會瞬間降低，你就能掌控它了。你可以讓自己既開心又自在，且不會造下惡業，這個練習本身就是清淨的佛法修行。還有思惟：「這塊熾紅的熱鐵會燙傷我的手，但熱鐵不會讓我投生下三道，也不會讓我繼續在輪迴受苦；但我貪的這個東西，從無數前生到現在一直讓我受苦，而且也會不停造成我繼續受困輪迴，持續受苦。」如果你如此禪修，就很容易沒有貪欲。

有個類似的禪修技巧可以運用。在聽到自己會貪著的聲音，像是音樂，而生起貪欲，遇到這種問題時，你聽見了聲音，觀想聲音就像是熾紅熱燙的針，然後思惟：「這根熾紅熱燙的針無法造成我投生輪迴三惡道，但是引起的妄念及貪著的這個聲音，已經從無數過去世持續至今，而且還會繼續引起妄念的產生，還讓我體會到不間斷的痛苦，甚至來世也是如此。」

這個簡單的禪修技巧可以阻斷貪欲生起，這是非常有用的。如果你能知道聲音的真正本性，就不可能會生起貪欲，但很難做到這一點。你需要有所理解，需要智慧，但有時自己的智慧沒有強大到能發揮作用。在那種情況下，像這樣的簡單禪修技巧就非常有幫助，較快能阻斷貪欲。主要的問題不在於聲音，而是在內心，在自己的貪欲，藉由運用像這些禪修技巧，就能去掉貪欲。

不論何時，你聽到會讓內心充滿自傲的讚美，這時試著對發生在你內心的狀況有所覺知。如果你的手上有個很痛的開放性傷口，你處在擁擠喧嘩的人群當中時，就會非常小心保護那隻受傷的手，以免有人碰到傷口，讓傷口惡化。你的心就像那脆弱的傷口，如果你不好好照顧內心，會有各種事情出現在你的念頭、語言及行為上的危險性。

所以當你聽到讚美時，就如之前，試著去觀想，讚美就像會毀壞東西的雷電或燙紅的針。你不需開口說任何話，還是可以照樣聽著別人對你的稱讚，但同時間要在心上下功夫，因為問題是在你的心。

明白那些讚美的話語會讓你愈來愈自得意滿，貪心以及其他許多的惡心就會生起，然後在同時間，觀想那些話語是雷電或者燙紅的針的可怕外形，之後出現在你內心的東西就會非常不一樣了。在那之前，你的內心是高昂的，就像是被風吹起來的一張紙。就如那張沒有力量的紙，任憑風往哪裡吹，就往哪邊去，所以你的心被讚美弄得也沒力量。但只要改變那個東西，用不同的方式來觀想它，突然間，它會改變你的內心，心會冷靜下來，變得比較平靜、輕鬆。

然後，去思惟：「跟貪著讚美相比，這根燙紅的針沒什麼，因為就算它刺穿我的身體，能傷害的也只有今生身體，傷不了我的來世身體。但讚美已經讓我經歷了無數次輪迴的無盡痛苦，讓我得不到快樂、證量及證悟成佛，到現在還是這樣子，未來也將如此。」如果你強烈思惟這一點，不是說說而已的話，這個方法會非常有用。不管你得到多少讚美，你的內心都不會有問題，不會混亂，內心會處於平靜、輕鬆。

我們當中有很多人對食物太貪著了。再次地，問題不在於食物，而是在內心。人類不該吃得像狗，狗一看到食物就猛吃，希望得到快樂，而我們吃東西的動機應該比狗的層次更高。我們做的每件事，包括吃東西，基本動機都應該是要獲得快樂及平靜，所以我們應該要找到能帶來平靜的方式來吃東西，而不是透過貪欲而得到更大的痛苦。這麼一來，吃東西就值得了，會變成有智慧的飲食。

再次地，觀想食物是噁心的東西，像糞便。這麼想一定馬上能減輕你對食物的強烈貪欲。然後，就像之前的例子，去思惟：「這個東西，這糞便，可能會對今生造成一些傷害，但它的傷害沒像食物對我的傷害那麼大，從無始以來過去生，食物已經造成我經歷痛苦，不讓我得到快樂及證悟成佛，到現在還是一樣，未來也將如此。」像這樣子去練習，你就遠離了內心的危險，遠離了造成自己投生三惡道的貪欲心。特別是對食物的貪欲心會造成投生成餓鬼，所以，你是在保護自己沒有那種危險性，還能有極大益處。

你也可以運用在四種不悅意對境上，例如令人不悅的話語、辱罵及批評，來毀掉負面的心，讓它們傷害你的貪欲心，而不是你自己，要感覺它們是你在與自己惡心搏鬥時的盟友。

即使你沒有禪修或沒有持咒，就算沒有佛堂，即便平常生活都花在吃東西、睡覺跟上廁所，但與惡心搏鬥依然是佛法修行，就看你的本事跟內心的力量。這麼做，要比沒有任何東西、就坐在洞穴裡禪修、卻抓著邪惡的世間八法念頭還更好。

八　出離世間八法

◆當我們出離世間八法，快樂自來

西方國家主要強調外表，以及某樣東西是否能讓我們當下就覺得快樂。這個主要的目標似乎是「現在要快樂」，還是馬上，現在！當下這一刻！這就是生活裡最主要的事，這是舊式心理學，也就是要愛自己。不過，愛自己的最好方式、照顧自己的最好方法是修行佛法。意思不是說要否定自己，而是要修出離心，使自己脫離輪迴。我們需要的就是這些，不然的話，我們會一直遇到痛苦，持續不斷，沒有結束。

我們對世間八法的貪欲，讓自己焦慮於無法滿足欲望。出離心指的是對這種擔憂的止息。如果我們想擔心，還有更重要的事情可以去擔心，像是造下惡業，或者在三惡道受苦。只要沒有出離世間八法念頭，生活就會充滿問題。我們開始要出離這種惡念的當下，就是真正快樂開始的時刻。

要得到出離心的平靜，價格便宜，不需靠工廠製造，也不靠火箭、武器、軍隊或總統。這樣的平靜力量會愈來愈強大，會持續下去，直到證悟成佛。出離世間八法就像是打開一扇門，只需要一顆能理解的心，這簡單的一步即可。我們要知道這類行為的演變，瞭解其因以及預期的結果，不要像我們對於自己做的大多數行為的結果是無知的，像是吸毒讓我們逐漸愈來愈瘋狂；而出離心則會讓我們愈來愈清醒，它就像一把鋸子，鋸斷問題及迷亂。

許多對佛法沒有經驗的人，會被那些跟隨心靈道路、捨棄世俗東西的人給嚇到，尤其是對於西方佛弟子的父母。他們視出離猶如很強的痛苦，認為只有狹隘內心的人才會做這種事。他們認為那些出離世間八法的人很傻，人生無意義，只會衍生更多問題。不過，這都是以無明做出的評斷，並不瞭解出離的真正利益，因為他們沒有經歷過，無法真正瞭解。他們認為這是導致生活痛苦的因，其實那樣的出離行為，是讓我們從自己的煩惱釋放出來，會帶來將來的益處以及現前的幫助。

我們在學佛過程所遇到的任何問題，是來自我們對於法門的態度，不在修行法門本身。如果我們覺得自己在學佛前反而過得比較快樂的話，就需要去找出這種想法是從何而來，要弄清楚，這樣的想法是危險的，因為它們會損壞善行所生的福德。

如果我們處於清淨佛法修行，根本不會遇到像過世間生活的人會有的一般問題。有位近代的菩提道次第傳承上師曾說：

> 已出離今生的人，當有人瞋心對之，他不會以牙還牙；當有人冒犯他，他不會以眼還眼；當有人揍他，他也不會報復回擊。能做到像這種程度的人，已具出離心。

我們在學佛時，看到所有問題是來自「貪著今生」的這個事實，就會生起很大的寧靜及平和，跟永遠覺得不夠的、攀著的、不滿足的心相反。擺脫了欲望，就不會有痛苦的心；沒有被困住的心，就像是從監獄裡被釋放。在我們終於從欲望的痛苦及情緒被釋放出來時，會感到不可思議的快樂。

沒有欲望，我們就不會再遇到一般的其他問題：不舒適所帶來的痛苦，被批評所感到的痛苦等等，而只會有平靜感。這是在道次第的中士夫對於出離心的界定，如同宗喀巴大師於《三主要道》（*The Three Principal Aspects of the Path*）有清楚的解釋。

出離今生會帶來很強的穩定感，遇到四種悅意對境及四種不悅意對境時，幾乎沒什麼差別。如果我們被稱讚了，我們開心，要是被批評了，我們也開心；如果別人送我們東西，我們開心，倘若沒送，我們也開心；不論是好名聲或惡名，都無法干擾我們的內心，我們平等待之。不論環境條件怎麼改變，我們的心仍不受干擾，所以會感到相當平靜，非常輕鬆，沒有焦慮感。

事實上，這是保持健康的最好方法。輕鬆自在、無憂無慮是來自沒有貪欲，那麼我們就不太可能會在街上突然心臟病發作，路倒在旁，被人群圍繞，我們的家人難過哭泣，坐在救護車上趕赴醫院，警示燈閃爍，響聲大作，我們常聽到這種警示聲。佛法能拯救我們免於這一切，不只是保護我們而已，還會保護其他人及拯救他們免於問題。

以出離心所做的任何行為，不論是世俗的或者精神上的，都會變成清淨佛法。我們奉獻全部的精力想獲證佛果時，仍需食物、衣服及住所來維生，但獲得這些，不再是我們做事的主要動機了。此外，住於清淨的、必要的佛法修持裡，生活必需品會順便就出現在面前，我們在這方面無須花費太多心力。它們就像我們旅行到遠方國家，路上看到的許多東西一樣，令人愉快，但不是旅程的目的。

明白只有佛法具有減少煩惱的力量，到最後能除滅所有煩惱，我們就能瞭解，要是自己想過得真正快樂，除了佛法，再沒有其他方法了。我們可以在任何地方修持佛法，不只在藏傳寺院，也能在西方國家、東方國家、外太空、地底下，什麼地方都可以。也不需要得雙腿盤坐，眼睛閉著，唸誦祈願文；也不需要把屬於我們的東西都丟掉，也沒有特定的行為形式。不管我們做什麼，由於我們內心的力量具有正確動機，就能讓日常生活的行為對治煩惱。

如果能出離對於今生的貪欲，即便只是一秒鐘，都會有極大益處；所以要是出離更久一點，一分鐘、一小時、一天二十四小時，那麼我們的生命真正具有偉大的意義，對其他有情的利益是無法置信的。我們可以做的事情非常多，特別是禪修菩提道次第教法。即便今生沒有獲得證量，至少在下輩子會更靠近，也會準備好獲得證悟，不會有什麼障礙。

我們成就的證悟更高，就能對如廣大無邊虛空的其他有情有更大的利益。那些最珍貴的有情，就是我們在過去生、今生及來生的所有快樂以及舒適的來源。

培養決心

這一生並不長，事實上還相當短促。我們可能剩下幾天、幾個月，最多幾年可活。所以我們貪著的這些所緣，有什麼了不起的地方呢？為什麼我們要這麼在意？為什麼我們要這麼擔心？有這麼多的貪欲跟厭惡，我們讓自己瘋了，太瘋狂了，總是在想不好、差、壞，這些事情很糟、差勁、不好，每天貼上壞的、不好的、差的標籤，就相信它們是壞的、不好的、差的。我們貼上了壞的、不好的、差的，它們在我們意識呈現出來的就是壞的、不好的、差的。就像這樣，我們讓自己整個變成神經兮兮又偏執。

還有，我們生活周遭一直在變，每一天、每一小時，每一分鐘，每一秒，都會遇到新的好事跟壞事。我們打開自己的眼，看到這麼多事情在我們身旁：美麗的東西、醜的東西、平淡無奇的東西。我們沒有失聰，所以耳朵一直聽到聲音：美妙的聲音、不悅耳的聲音、一般的聲音。只要我們的鼻識能發揮作用，也會聞到好的味道、壞的味道、一般的味道。只要我們的身識能發揮作用，周圍的東西摸起來會有好的觸感、壞的觸感及一般的觸感。

不管發生什麼事，不論遇到什麼，不管遇到四種悅意對境或四種不悅意對境，應該覺知「生命非常短促」這個事實。生命的顯現就像一場夢，像一彈指，所以在乎這些，完全沒道理可言，沒道理要攀在這些短暫無常的經驗上。不然的話，就會像我們只是住在一間房子幾天，卻把全部時間跟精神花在大規模整修房子的事情上，去整修、裝飾、布置，卻沒有對面前的旅程做任何準備。我們知道今天就會離開，沒有道理就好像我們會住在那個房子很多年那樣去整修，我們通常不會去油漆粉刷旅館或宿舍房間。

一切取決於是否有下定決心，沒有決心就不會進步。第一位教導我藏文字母的老師，其尊名是阿庫[50]拿旺列西，他常告訴我，整個癥結就在「沒辦法下定決心要修持佛法」。他在第一次教我藏

50 阿庫（Aku）是對叔伯的敬稱。參閱 *The Lawudo Lama* 第 140-42 頁。

文字母時，就對我這麼解釋；然後就在他往生不久前，我最後一次見到他，他還是說一樣的話。

「下不了決心」就是我們所有問題及障礙的源頭。困難是從我們內心產生出來的，是內心讓「修持佛法」及「在佛道上生起證量」變得難以做到。如果我們下定決心要修持佛法，就不會遇到任何困難；要是沒下定決心，就會遇到困難。從佛法方面是不會有任何困難的，並沒有外在的困難，修持佛法所遇到的困難源於自己，來自我們沒有決心破釜沉舟，讓自己無法背水一戰的原因就在於世間八法念頭。

當我們下定決心不再跟隨欲望、而要修持佛法的那一刻，就會感到平靜。就在這個位子上，就在這一秒，就會感到平靜。真的是這樣，沒有其他的選擇，也沒有其他的答案。

出離世間八法不是佛教專利

每個人都想要得到滿足，所以每個人都需要出離世間八法，不管是否為宗教信仰者。從痛苦到快樂的出路只有一條，沒有其他選擇了，這是心理學，而非宗教。

有個人頭痛，吃止痛藥能止痛，跟其種族或宗教並沒有關係，沒有專門給佛教徒的止痛藥。同樣地，修持出離世間八法是對於貪欲之苦的心理對治，所以這個教法是放諸四海的教育，每個人，佛教徒或非佛教徒，都需要這修持。

我們第一次值遇佛法時，可能會認為學佛很容易，不過就是雙腿盤坐，閉上眼睛，模仿坐在那邊的人。但真正的佛法是做出不被世間八法染污的行為，而且沒有貪、瞋、癡。這樣的行為不需被貼上標籤成「佛教徒」、「印度教徒」、「基督徒」或「回教徒」。有人可能甚至會形容我們是「邪惡的」，但如果是出自清淨的動機所做的行為，而且具有力量，能摧毀惡心以及產生善業的話，這種行為稱為佛法，因為它們讓我們能遠離無明，達成佛果。

佛法不是只為佛教徒制訂的一套規矩行為，而是每個人都能去實踐的，如果大家的心胸夠開闊的話。佛法跟社會階級、種姓、職業、頭銜、宗教或膚色無關，眾生卻自己障礙了幫助自己的能力，單單無明就不讓我們造善業。如果我們感覺到自己閱讀的佛法太過艱深奧祕，跟自己沒關聯的話，那只是自己內心的認定，佛陀並非刻意把佛法開演得難以遵循，我們能修持佛法到什麼程度，要看自己的智慧層次而定。

你可能認為必須做什麼不可，所以怕成為佛教徒。如果你害怕的是「佛教徒」這詞，就不需被稱作「佛教徒」，這只是個名稱罷了。科學家做了外在現象的實驗，試圖改善世界，從自己內心去做實驗卻更具價值。與其帶著迷惑心，四處遊蕩，花了大筆錢重新調整物質東西，在你的內心做實驗還遠遠更有益處，勝過千倍、萬倍、億倍的益處，也更有意思多了。

去查一查投入研究外在現象的科學家，是否已經發現了任何方法，能夠完全斷除貪欲、瞋心及無明。他們曾發現確定能毀壞所有心理及生理問題的來源，例如老化及死亡嗎？當然，這些人在科學領域或其他領域的表現再怎麼睿智，也是會害怕老化跟死亡，那是因為他們做實驗的方式少了一個東西，他們看不出來這些問題的根本原因。如果他們已經發現了老化的原因，沒有人想要變老，他們就能研發出解藥，世上就不會有老年人了，每個人都是年輕的，永遠有青春洋溢的外表。其實沒得選擇，每個人都一樣，不管信什麼宗教或信念，都必須經歷老化、死亡，以及其他種種痛苦。

要棄捨的是攀著，而非所緣

很多人認為佛法說的出離心，指的是我們必須否定自己喜歡的，再也不能享樂；所以他們認為，學佛的人一定是慘兮兮的，一直否定欲樂。不過，從學佛的人這一方來看，會說這些話的人其內心狹隘，只是個笑柄，因為出離心所感受到的，一點都不像那樣。這個概念完全錯了，跟從修持獲得合乎邏輯的經驗完全相反，出離世俗舒適的貪欲並不會讓人過得悲慘，反倒在今生及來世帶來大大的快樂。

出離心並不是說要捨棄所有物質東西，遠離生活，不該吃東西，不該喝東西，不該穿衣服，不該住在自己的房子裡，應該要捨棄自己的身體……出離心的意思當然不是如此。如果真是如此，我們要怎麼生存呢？我們要如何修持佛法呢？不可能的！怎麼可能在缺乏這些直接需求的狀況下還能修持？在夢裡修持的話，或許是有可能的吧！或許在睡夢出離世間八法比較容易做到。

擁有錢財不是問題，但攀著錢財就是問題了；結交朋友不是問題，但貪著朋友就是問題了。不管我們在什麼時候攀著什麼，欲望心就變得相當危險。對境並不危險，但欲望心就像傳染病，則是危險的。

沒有世間八法的話，碰到四種悅意對境就不會是問題。對於收到禮物有欲望時，沒收到就會是問題。對舒適有欲望時，不舒服就會是問題。問題不在於結交朋友，而是對於友誼的需求感。

我們有位多年老友，或許我們一直認為對方愛自己，突然間發現，對方其實從來沒真正愛過自己。我們認為朋友愛著自己的那段期間，自己過得很快樂，現在突然風雲變色，我們覺得糟透了。對境並沒有改變，朋友對我們的這份愛本來就不存在，但是覺知它的心改變了；我們的朋友、對方的愛（或者沒有愛）並不是問題，當我們的心解讀某個狀況是「差的」，問題就接著出現了，然後我們就過得很不開心。問題不只是發現對方不愛我們，而是我們對於事實的解讀，加上我們認定整件事是「差的」和「不好的」，就覺得好似有箭射進心頭。

這清楚地說明了，痛苦不是由外在對境，不是朋友造成的，而是自己的心。不修持佛法，反而追隨愛我執念頭，我們解讀那個情況是差的，然後內心讓這個外在的對境成為我們受苦的條件，這個情況也可以是快樂的條件，我們的心卻持著相反的解讀。

我有次看到電視播的一則報導，有個人的住處離英國文殊菩薩中心[51]非常近。他相當富有，擁有龐大家產，有保鏢，還養一條狗，會咬企圖要偷溜到他私人土地的人。他的房子有好幾百個房間，但沒其他人住在那裡。他偶爾就去其中一間睡，每天晚上都睡在不同臥室。他吃的非常少，喝很多酒，一天可以喝掉四或五瓶酒，沒吃東西，卻喝個爛醉，接下來他放聲大哭，變得很有侵略性，心情非常沮喪。眼淚從他的臉頰滑落下來時，他抱怨著自己的生命一點意義也沒有。他坐擁這些財產，富甲一方，卻這麼憂鬱，覺得生命沒意義。他會變得有錢是做汽車生意來的，他卻對這事業覺得厭煩，把自己所有問題怪罪在生意頭上。

某個星期天，他把蒐集的許多玩具車拿到外面，他的保鏢把每一部車一一拿在手上，他就倒煤

51 FPMT 最早成立的中心之一，地點在英國北方坎布里亞（Cumbria），在西元一九七六年至一九八三年之間營運。

油在每輛車子上，點火燒車。他在燒每一輛車時，就想著，他在摧毀問題的根源。他很氣汽車生意讓他過得這麼不快樂，所以認為毀了他蒐集的玩具車會讓自己快樂。

乞丐穿著破破爛爛，流浪狗吃很差的食物，這並不代表他們已出離今生。只有從觀察我們的內心，才能確定自己是否過著具出離心的生活。不然的話，我們穿破爛的衣服，吃得很差，可能看似出離，但可能是為了要得到苦行者的名聲而做。

我們知道不能從表面來判斷是否有出離心，出離心與一絲不掛住在洞穴裡沒有關係；出離心跟把所有東西都丟出窗外，丟睡袋、外套、照相機、鞋子、袋子，直到我們坐在空無一物的房間裡沒有關係。如果有關係，我們也得要把自己的身體丟出窗外才行。

出離心指的是出離痛苦的因，把不滿足的心丟到窗外。不管我們外表如何，穿著昂貴衣服或者衣不蔽體，或者身無一物，如果我們已經出離了貪欲，就擁有了從修持佛法而有的極大快樂。

出離「對一個人的貪欲」指的是：我們對那個人再也沒有欲望，意思不是我們放棄對方作為悲心所緣，這是截然不同的兩碼子事。我們在生命中可以對某人懷有悲心及慈愛心，卻沒有欲望，這是很一般性的經驗。

我有一位上師名為根強巴旺都（Gen Jampa Wangdu），他也有很多西方弟子，教導弟子修「取精華」（taking the essence）——「秋練」（chu-len）丸子閉關。透過吃像花丸這樣的東西，不是吃一般食物來修秋練，特別有助於修止（calm abiding）的證量，也有助內心快速進步。他有秋練閉關的傳承[52]，他在西藏本波地方圓滿這個修持。

即便根強巴旺都上師對自己的修持閉口不談，其實他在了悟證量上有很偉大的成就。他已生起菩提心，獲得圓滿的止，還證得空性，不是一般的了悟，而是密續大手印（mahamudra），也就是完成以生起次第（generation stage）為基礎的圓滿次第（completion stage），他在那洛六法（Six Yogas of Naropa）也有所體悟。

他曾住在一塊裸露岩石下方多年，地點位在尊貴林仁波切（His Holiness Ling Rinpoche）住處下方。在岩石下面沒有洞穴，是從裡面挖土出來才成了洞穴。他有好些年也曾住在山上後面的蓬屋。他是耶喜喇嘛跟我在達蘭薩拉（Dharamsala）最好的朋友。根強巴旺都不管什麼時候來拜訪我們，我們都共度了最美好的時光。他是一位老參，「老」不是指年紀，而是他在禪修經驗上是資深的。

就算他住在布薩時，跟其他出家人也完全不同。我偶爾會看到他在外頭走動，或者走去淨房。我住處後方有長排淨房，要保持淨房乾淨是很困難的，從裡面飄出的陣陣刺鼻味，讓我們在午餐時間得捏住鼻子才吃得下。就算是那個時候，根強巴旺都的舉手投足及威儀，都跟其他出家人非常不一樣。

他穿著僧服的方式非常如法，合乎戒律（Vinaya），而且他走路的方式如同阿羅漢（arhat）那樣，就如同在菩提道次第教法裡所描述那般，你看得出來他的內心完全專注。他的心不像猴子或鳥

52 要更瞭解秋練，參閱第201頁（含）之後提及「袞卻格西」（Geshe Lama Konchog）段落。也可參考網站LamaYeshe.com耶喜喇嘛以「取精華」（Taking the Essence）為題的開示。

的心，鳥在這秒看這裡，下一秒看那裡，然後下一秒又看這裡，這樣不可能專心。你會看到根強巴旺都去淨房時的威儀合宜，一直不斷地修行佛法，全神貫注在他的身語意上頭。

即便他日子過得如此簡樸，有天他丟了那身破爛、褪色的僧服，換穿較昂貴的僧服。他跟我說：「我現在改穿比較好的僧服，這是因為有人看到我穿這套時會說我的不是，他們說我應該要穿得像一位苦行僧，但因為我穿的是這麼貴的僧服，我就當不成苦行僧了。他們覺得我有很多錢，不會像以前給我那麼多的供養了，這對我是非常好的。」

能與愛我執念頭及想要得到美名的世間八法完全相違，就是具有出離心的真正徵象。根強巴旺都藉由穿上特別好的僧服，受到的是批評，而不是以前他看起來像苦行僧時的讚美。他的行為跟世間八法及愛我執是徹底相反的，出離心是依於內心，而不是依於外在。

在一九七〇及八〇年代時，有很多西方年輕人受到密勒日巴尊者傳記啟發，去了亞洲，但他們並不明白出離今生的意思。他們看到，具有出離心會有怎麼樣的益處，還有身無一物可以對他們的生命有幫助，他們卻不明白過程是什麼、要如何去做。他們認為密勒日巴尊者之所以擁有驚人的力量，只因為他捨棄一切，所以他們也如法炮製。然後，由於缺乏智慧，不明白「棄捨今生」的意思是什麼，因此陷入麻煩。

他們什麼東西都沒有，還是有世間八法念頭，他們把世間八法念頭照顧得很好，所以會懷念起那些已經拋棄的東西，內心同時也陷進一大堆麻煩，心中盤算著、掛慮著要怎麼把那些東西要回來。棄捨今生不是這樣做的。

他們的問題之所以愈滾愈大，原因在於內心沒有出離心。他們試圖丟掉身上的東西，內心卻受不了什麼都沒有。在不明白佛法的情況之下，他們幾乎就此放棄，打道回府，認為出離心沒什麼用，不是生命問題的解決答案。

從前有位義大利弟子，他在讀密勒日巴尊者傳記之前，是吸很多種毒品的共產黨員。他從那本書得到相當大的啟發，想體會密勒日巴尊者那樣極大的平靜，但因為沒有人能教他怎麼修持，便認為，出離的意思是指把他所有的財產物品都丟掉，於是他把每樣東西送出去，只帶著那本書去了印度。

他本來就沒有多少錢，要到孟買或馬德拉斯的時候，身上只剩下四十盧比。他睡前把錢放在枕頭下，那些錢卻被偷了。他的內心變得相當迷惘，以前他也沒學過任何菩提道次第教法，就沒方法讓自己不感到困惑，於是他的日子過得很慘，直到他從耶喜喇嘛那兒接到了菩提道次第教法之後，才發現自己之前所做的整個都錯了。

我們不應該像那樣來理解出離心，這種理解錯得離譜，只會造成我們內心感到迷惑。古時候在西藏有很多位菩薩國王，身邊擺著多到無法置信的財物，卻能過著離避世間八法念頭的生活。他們生活在這般富饒裡，努力朝政，以慈愛心引領國家人民，同時仍維持著清淨的佛法修持。

非常富裕的國王還是可以活在出離心，而身無分文的乞丐可能對今生充滿貪欲。我們外表看起來如何，跟自己是否已出離今生毫無關係。我們可以看起來像是僧或尼僧，我們可以看起來怪裡怪氣或一派正直，這些都沒關係，如果我們是遠避世間八法的話，我們就是清淨的佛法修持者，擁有清淨佛法的內心。

以出離心身居都市，過著忙碌的生活，這是絕對有可能辦到的，達賴喇嘛尊者就是完美典範。

他如此忙於看顧其人民遇到的問題，引導無數眾生，幾乎無間斷地弘法，而內心仍充滿出離心，其所作所為沒有一件是無意義的。

出離對於今生短暫快樂的貪欲，意思並不是說，在這輩子不會快樂了，只要我們內心沒有攀著今生的念頭，有欲樂並沒關係。

寂天菩薩在《入菩薩行論》提到：

極難倖遇有利他，何幸我今忽遭逢；
我身若尚具慧心，後復牽纏入地獄。
豈非咒術迷我心，令我於此無知覺；
不知何物令愚蒙，究竟我心有何物[53]。

我們是否要出離痛苦的因，是自己的選擇。只知道文字還不夠，必須要去體認到邪惡的世間八法念頭正與我們同在。

要找到世間八法念頭並不難，我們內心無時不刻都跟世間八法在一塊兒，跟世間八法一起做事。首先，我們去做一項科學實驗，學習要怎麼在世間八法這種邪惡念頭生起時，就能認得出來，如果認不出來的話，怎麼能把世間八法念頭轉為佛法呢？

53 第四品，第二十三、二十四偈。（按：中文摘自《入菩薩行論》，隆蓮法師漢譯，達賴喇嘛西藏宗教基金會。）

為了能逐漸轉向出離心，我們在遇到八種對境時，就要非常小心謹慎，而且要試著運用自己所知的任何佛法來解決那個迷惑，不使對境迷惑生起，這一點相當重要。當我們跟對境在一起時，應該要試著對於發生的事有所覺知。最好在迷惑要生起之前，就知道將會發生什麼事，就像士兵準備埋伏，與敵人正面交鋒之前，士兵知道對方就快到了，他們先躲起來，準備在敵人有機會攻擊自己前就先消滅對方。

這就是為何內省這麼要緊。如果我們能一直看顧好自己的心，而且能看到世間八法念頭在何時生起，就能夠打破攀著今生的習性，可以從客觀的角度來看發生在自己身邊的事。

例如，如果一位美式足球員跌倒，傷到自己了，觀眾感覺不到他的疼痛。球員在那場比賽非常亢奮，便認為自己很快樂；當他受傷後，突然間急轉而下，變得非常不快樂，還讓球隊輸球。但觀眾感受不到他的亢奮心情或不快樂，他們只是觀察者，沒有參與比賽的切身體驗。

在這裡也是一樣的道理。你是「觀察者」，看著「作者」在做行為，看到自己從外在對境所得到的經驗，變得高昂或洩氣，你這個「觀察者」完全沒有涉入其中，只是看著這個過程。這樣子去想，會幫助你掌控好自己的心，而且當狀況改變時，不會覺得難過喪氣。你的心可能是被動地看而已，在你體驗貪欲對境時，不是想著「我要」，或者當快樂的感覺出現時，不會想著「我覺得」。

要是沒有保持這個冷靜的觀察心，就很難掌控住世間八法念頭；沒有內省的話，貪欲跟瞋心很容易現起，又會擾動內心而失控。佛法就像是內心的明鏡，我們拿鏡子檢查臉是髒的或乾淨的。佛法讓我們知道生命真相：我們的心是什麼樣子，心是怎麼作用的，以及心是完美或不完美。

不管我們在大學花了多少時間讀書、研究心理，讀心理學及這類的學問，直到我們瞭解佛法之前，要能真正瞭解心怎麼作用是相當困難的。研究心理學的人，並沒有真正研究自己的心，沒有對照自身的經驗，去對照才是正確的作法。一位作家在沒有認識自己的問題，就寫了一本關於心理的書，而讀者就相信了這本書的內容，這樣不會有很大的幫助。

有些學生在大學修了三年或四年心理學之後，參加只為期一個月的禪修課程，他們告訴我，他們現在知道在大學研究的心理學，其實沒學到什麼重要的，他們的大學生涯是空洞的。精神科醫師被視作內心嚮導，只給隻字片語的建議，就可拿到一大筆錢；但他們被問到問題的根源，像是焦慮症、思覺失調症等等，卻說得不清不楚，他們沒辦法指出不快樂的真正原因，指向的卻是其他東西。當然，不是所有精神科醫師都如此，只是很多精神科醫師對於內心快樂及痛苦的原因，並沒有多少真正的瞭解，所以對他們來說，很難真正幫助到人，很難給予他人長遠解決問題的方法。

如果我們遲遲不修行，想等到自己完全清楚內心所有煩惱後再來修行，有可能永遠等不到那一天。面對問題的唯一方法，就是從現在開始在內心下功夫，馬上開始對抗世間八法念頭，這樣我們就能當自己的心理師，可以當最厲害的心理師。我不是在貶低西方作法，我也不是說永遠不需要外在治療，但我們大多數人可以藉由內心力量來掌控自己的痛苦。

如果你遇到的問題過於嚴重，無法單從內心力量去掌控的話，那就去做外在治療，但做外在治療時，你應該懷著遠離世間八法的清淨念頭。你的動機應該是在於獲得佛果，而為了要獲得佛果則需長壽。如果你在接受治療時的動機，最後的目標是成就佛果，治療就會變成是非常有益的行為。

偉大的瑜伽士及證量高的西藏喇嘛是這麼學習佛法的：先是聽聞，然後從他們的內心去檢視，試著去瞭解法類內容，再來是實際體證。一開始，他們從有經驗的某人聽聞佛法，說法的這個人本身就住於修行，而且先前就是從圓滿具格上師之處學習佛法；再來他們就會試著去瞭解佛法的意思，檢視是否為真，從自己的生活經驗來對照。當他們清楚明白佛法之後，就會禪修法的內容，從內心實際體證，也努力讓自己的心變成佛道，這就是我們該做的。

◆當我們出離今生，快樂始生

「出離今生」或「出離痛苦」兩個詞所指的意思是：出離造成問題的心，也就是世間八法念頭。所以，「佛法」包含了實用的、暫時的技巧來阻止貪欲心的生起，這是真正的佛法，是能馬上解決煩惱及內心疾病的方法，帶給內心清晰及無煩惱，是帶給我們生命快樂的最好方法。出離痛苦不是說，我們永遠不會再有胃痛、膝痛、頭疼、感冒；出離痛苦也不是希望不再有疼痛，而是希望不再有一切痛苦的原因。

不需等到來生才會體會到這種快樂，這是偉大的瑜伽士的共同經驗。只要我們停止不滿足的心，馬上就停止，就是現在，就會有快樂。

一開始，我們可能對於要放下欲望會感到憂慮，因為我們通常把欲望與快樂劃上等號。事實上恰好相反，一旦放下欲望，我們就會達到內在平和、滿足感及快樂，我們會變得獨立。在那之前，我們受到欲望的主宰，受它控制，但現在我們已經達到了真正的自由。

偉大的瑜伽士——帝洛巴尊者（Tilopa）、馬爾巴尊者、密勒日巴尊者、宗喀巴大師的傳記，以及許多其他高證量的聖賢們，其聖心已經達到證悟。我們由這些成就者的傳記裡看到，沒有物質受用，仍生起偉大的寧靜及平和，並且由此能夠證悟佛道上的殊勝成就。在他們身上，甚至連世間八法的絲毫味道都沒有，從完全出離對於今生的欲望，他們獲得了一切，最好的名聲、圓滿的生活環境、足夠的物質受用。

在密勒日巴尊者《十萬道歌》中，他常提到出離今生的世間活動，能自動地止息與世間生活相關的千萬個麻煩，並帶來大樂。

密勒日巴尊者身無一物，在僻靜處過著苦修日子。就算過得像動物，但他活在大樂，內心永遠平靜，沒有煩惱或問題，他甚至連一袋糌粑粉都沒有，只吃蕁麻維生。由於他的佛法修持，即使缺乏食物、衣服或名聲，也沒讓他遇到任何問題。他證得所有至高證悟，當生成佛，這都是由於出離痛苦、出離今生所修持的清淨佛法的力量。密勒日巴尊者跟勢力威赫、擁有許多保鏢、士兵、武器的國王相比，他的心無比快樂。

所以，認為佛法只會帶來下輩子的快樂，並不會帶來今生的快樂，是完全錯誤的。我們在修行以及住於佛法的當下，就會感受到平靜及快樂，會馬上感受到學佛的成效。

如果我們想住進美寓，首先要工作存錢，投入相當長時間及努力裝修、布置房子。做世間事需要耗費極大心神，我們卻無法保證，這些事是否能帶給自己任何欲樂。不過，不管什麼時候實踐佛法，馬上就會感受到學佛帶來生命真正的平靜及快樂。

我們得不到想要的就難過沮喪，被批評就生氣，受讚美就開心，這樣真的很傻。擔心別人會怎麼想，去作分別，來決定一個東西是好的，而另一個東西是差的，這樣真的很傻。如果我們真正檢視這一點，就能理解到，這些只是內心的投射，心還信以為真。

或許我們不滿意自己的伴侶，心想：除非換人，不然自己開心不起來。有這種不滿足的、不實際的期待出現時，應該看到那個不舒服的、緊繃的內心真相，要去想：「我從過去無始以來已累積了惡業，再累積更多惡業有什麼意義呢？為什麼要存另一筆存款到我的惡業帳戶，帶給自己更多痛苦呢？」

由佛法帶來的內在平和，讓內心的微細風息，即心的車乘，就不會再受到干擾，而且身體的四大——地、水、火、風，便能保持平衡。當我們的四大維持平衡狀態時，就不會生病受苦，能好好享受健康。一開始我們要培養健康的心，然後身體也會隨著變得健康。

以前有位名叫卡拉貢秋（**Kharak Gomchung**）的在家瑜伽士，他得了痲瘋病，病了很久，家人害怕到趕他出門，他相當難過沮喪，也沒有親友在旁照顧他。他覺得應該把「被掃出門」這件事變得是有益處的，於是他下定決心，不管發生什麼事，他就睡在路邊，持六字大明咒（**Chenrezig mantras**），以乞食度日。

他到了一個靠近吉摩昌村莊的岩石洞，第一晚睡在那裡時，夢見一位穿著全白的男子，把他放在那塊岩石上頭，當時傾盆大雨，所有東西都濕透了。他醒來後，發現膿全從毛孔流出來，流出的膿把他躺的附近整塊地方都弄濕了。他不需吃藥，只藉著內心力量——住於佛法、出離痛苦，就完全治癒痲瘋病。內心力量戰勝了那個重病，帶給他今生快樂，從此之後他就成了偉大的瑜伽士。

我們一直擁有自己所需的

當我們出離了貪欲，就會擁有自己所需的；出離對於朋友的貪欲，我們就擁有朋友；出離對於舒適環境的貪欲，我們就擁有舒服的環境。在我們需要什麼東西或誰的時候，並不需要從自己這一方花太多的努力，由於修持佛法的力量，自然水到渠成。

噶當派夏瓦巴格西說過[54]：

我們在今生及生生世世都是在追求快樂，
因此，作為追求快樂的徵兆，就是心中不去渴望什麼，也不去囤積什麼。
當你不渴望禮物，這就是最好的禮物。
當你不渴望讚美，這就是最好的讚美。
當你不渴望名聲，這就是最好的名聲。
當你不渴望隨從，這就是最好的隨從。

不貪求獲得，就是最大的獲得。當我們對於物質欲樂有貪欲，就很難得到物質欲樂。不過，當我們出離了對它的貪欲，似乎不需要太費力就會自然而有。但是「最大的獲得」並不是指獲得許多

54 出自 *The Book of Kadam*，頁 597~98。

的物質受用，而是指證悟佛果，獲得最究竟的快樂。

對美名沒有欲望，就是最好的名聲。例如，即便所有的偉大班智達們，像是密勒日巴尊者、宗喀巴大師及釋迦牟尼佛，他們都完全捨離對於美名的欲望，但直至今日，他們仍享譽盛名，眾生光是聽到他們的名字，就獻上頂禮跟供養。另一方面，世間人花了大筆錢跟精力要努力獲得好名聲。如果我們想要高貴的地位，就像當總統或什麼，我們得要花大筆的錢。要當成功的人非常困難。

偉大的薩迦班智達（Sakya Pandita）貢噶堅贊大師（Kunga Gyaltsen），他證悟文殊菩薩——智慧佛——境界。他曾說過，想要獲得今生快樂，就要為來世快樂而修持佛法，那麼今生快樂就會隨順而有。當我們查證這個說法，會發現，這是非常顯而易見的。如果世間法是我們所有問題的來源，那麼我們在出離世間法的當下，我們就會獲得快樂。貢噶堅贊大師說過：

> 如果想要得到今生的快樂，就要修持殊勝的佛法。看看聖賢的圓滿（perfections）德行及小偷之間的差別。

我們都聽過噶當派上師奔公甲格西[55]的公案，他開始修持佛法之前，有塊大田地，一年可收成四十袋大麥，讓他過著舒服的生活。儘管收成很好，他卻從不滿足，從來不覺得擁有的已經足夠了，覺得自己還是太窮，所以他習慣在白天搶劫，半路洗劫他人，到了晚上當小偷，偷溜進別人家裡，

55 也可參閱本書第 161 頁。*Liberation in the Palm of Your Hand* 第 297 頁也引了這則公案。

偷走別人的財物。他有很多的作案工具，刀子、箭以及其他種類，他把它們繫在腰帶裡，掛起來就像荊棘那樣。由於他有害的生活方式，以及每年有四十袋的收成，所以別人習慣稱呼他「四十罪」。

最後他放下屠刀，完全出離世間八法，心住於佛法修持上。他住在草庵，家徒四壁，田地也沒了。在那之前，他什麼都有，卻一直覺得不夠；但當他住在草庵時，出離了世間八法，因為別人的供養，他得到相當多的食物，從不缺匱乏。所以他就說：「我在修持佛法之前，我的嘴巴很難找到食物，但現在是食物很難找到我的嘴巴。」他這句話的意思是，之前他的嘴巴永遠不滿足於吃到的食物，一旦出離世間八法，他所得到的食物多過他的食量。這就是薩迦班智達所說的聖賢跟小偷之間的差別，聖賢永遠是心滿意足的，而小偷永遠覺得不夠。

奔公甲格西住在本波時，發生了些騷動不安，強盜跟土匪四處打劫，強行搶奪東西，大家忙著把自己的財物藏起來，埋在地底或藏在山中，躲著搶匪，怕得要命。另一方面，奔公甲格西卻不害怕，他有的也只是身上穿的僧服以及土壺，就算他遇到了搶匪，他們也不會找他麻煩，因為他沒什麼東西好搶的。他走在街上時神態自若，輕鬆自在，還很驚訝身旁的每一個人都那麼害怕。他說：「這是世間人藏東西的方式，而我是這麼藏我的東西。」他說「藏我的東西」指的是出離世間八法念頭，就不會有被其他人找麻煩的危險。

小偷永遠不會滿足，即便他們透過正當工作得到東西，也從不覺足夠，所以他們認為得偷不可。但不管他們偷了多少，從來不會覺得夠多了。再者，偷竊是惡業，也會招感各種各樣的問題。

聖賢則是跟小偷完全相反。聖賢舉手投足、所說的話或者念頭，都是清淨地為了要獲得佛果以利益如母有情，從來不是為了暫時的需求。暫時欲樂對他們來說沒有什麼用處，沒必要去偷任何東西，光藉由修持清淨佛法的力量，他們就能輕易地得到生活必需品。

袞卻格西

卡拉貢秋格西說過：

不曾聽說以前有真正的禪修者死於飢餓或凍寒，未來也不會有。但禪修邪惡世間八法念頭的人，會一直遇到這問題，對他們而言，永遠都有這樣的問題。

真正的禪修者，也就是避開邪惡的世間八法念頭者，只會感受到平靜；而假的禪修者，就像我們世間人，只為了世間八法念頭活著，只會感到痛苦。這是那些偉大的苦行瑜伽士的體驗。

從袞卻格西（Geshe Lama Konchog）的公案就能看到這一點。袞卻格西在二〇〇一年圓寂[56]，他那令人讚歎的一生是其修行佛法的成果，我們只能透過精進不懈來達到相同的成就。

當他及幾位朋友從拉薩逃亡時，中國士兵在路上駐紮，軍機從頭頂上飛過，邊境有軍隊看守著，逃亡之途非常危險，難度極高。袞卻格西在半路修了一場供護法（protector）的法會，雲團聚集起來，下起了雪，即便中國軍車就在路上，由於雪的遮住，這些出家人便從軍車旁邊逃走，沒人找他們麻

56 這則公案更詳細的版本，參閱 *Teachings from the Medicine Buddha Retreat* 頁 59~72。

惱。

袞卻格西離開西藏之後，住在樽區（Tsum）多年，樽區位於尼泊爾廓爾喀北方的高山上，度波仁波切就在樽區蓋了僧院及尼僧院。樽區鄰近西藏，景色美麗無比，是令人心神振奮之處，完全就像一百多年前的樣子，沒有絲毫墮落，一切依然清淨，那裡的居民其習俗、房舍、一切都保存得像古時。

袞卻格西住的洞穴靠近往昔偉大的瑜伽士——密勒日巴尊者住過的洞穴，也很靠近邊界。這地方除了佛法之外，沒什麼其他事情好想的，沒生意往來，什麼都沒有，這地方不是給四處遊蕩的心，只適合佛法，真是不可思議極了。

要去洞穴的路非常險峻，我去那邊得要手腳並用爬上去，當地居民早已習慣了，一派輕鬆地爬上。袞卻格西住的山洞實在很令人驚歎，他的生平故事也是令人極為讚歎。如同佛陀，袞卻格西在這個山洞過六年的苦行生活，在這麼高海拔的地方，山洞位在沒有路的陡峭懸崖上，沒有什麼會打擾他的禪修。他為了要斷除世間八法，切斷跟在地人的聯繫。

我聽說袞卻格西就像樽區最窮困潦倒的乞丐，他穿的衣服破爛不堪，甚至遮不了身，大家不知道他當時住在山洞，當他們見到這位渾身髒兮兮的人，留著很長的頭髮，他們心生驚恐，朝他擲石。袞卻格西走在路上時，有戶人家的父親，朝他丟了一把土，灑了袞卻格西滿身土塵，因為大家只見他的外表，而不知道他是偉大的修行者，所以發生這一類的事。好像柯槃寺大殿（gompa）的管家僧人是那個人的叔叔或兄弟，我聽說每次袞卻格西看到他，就說：「你就是那個丟我土的人！」所以對那個人來說，實在有點不吉祥。

有天，來了九位壯男把袞卻格西帶走，所以他就去住另一個山洞一陣子；接著有兩年時間待在很大的岩石山，就在一棵大樹下、沒有任何遮風擋雨的地方禪修。他的弟子，天津梭巴格西，曾任護持大乘法脈聯合會在馬來西亞中心的常駐師長，說過那座山是馬頭明王聖山，我們飛行經過那裡時，他還試著要指出給我看是哪一棵樹，但我錯過而沒見著。

我想袞卻格西住在那兒時，不用依靠食物，而是運用秋練這方法，可以持續一段時間不用吃其他東西，只要取食「精華」，例如水或者花丸。修秋練的時間長短看個人而定，通常是七天，如果已經到達了「取精華」的程度，就能夠透過本尊法門來加持丸子，再服用丸子來過活。

這麼做能讓你完全不會受到像去找東西吃、準備食物及進食這些事情而分心，沒有讓你忙碌的事情。不僅省下許多時間，也會減輕許多身體上的辛勞，比較不會累，也較不易生病。你的心不會感到沉重、模糊，還很輕易能禪修，一切都很平靜、清晰，就像沉靜清澈的水。你的身體會變得很輕，你在走路時會感覺就像在飛。修持這個法門有很多利益，永遠不會長皺紋、白髮轉黑，取精華法門有不可思議的益處，但要修得成功，必須有非常強烈的出離心。

在那裡修行六年之後，袞卻格西完全出離了世間八法。當你那樣地捨棄自己，以強烈出離心修行佛法，肯定會獲得菩提道次第及密續的證量。令人驚訝的是，雖然袞卻格西住在柯槃寺多年，也告訴倫珠喇嘛（Lama Lhundrup）跟我許多故事，我們卻從沒聽過任何關於他多麼精勤修行的故事。我們在樽區知道了這些事，感到非常驚歎。當然，袞卻格西已獲得了證悟。

袞卻格西之後在幾個不同洞穴修了很多年，那段期間他完成了兩千輪的禁飲食齋。每次袞卻格西的糧食沒了，他就得要去附近的村莊準備糧食。因為這樣會花很多時間，有天他決定再也不去那個村莊了，一旦糌粑粉吃完，就也這樣吧！

他下定決心的那天，夢到了他的根本上師——尊貴的赤江仁波切（His Holiness Trijang Rinpoche），仁波切也是我的根本上師。仁波切做了糌粑團（pak），極為大樂地吃了一些，然後把剩下的糌粑團給了格西。隔天，有位男子帶了一大包糌粑團供養格西，此後他就不需自己外出取得糧食了。格西說，不管什麼時候他的糧食快見底，總會有人帶給他更多的糧食，這就是出離世間八法的力量，決定不再出門尋找糧食的力量。

袞卻格西修行經部以及續部，真正做到奉獻自己的生命給眾生。當他住在閉關房的時候，為赤江仁波切修了一場長壽法會，自己一人讀誦超過了一百卷經函的整部《甘珠爾》。

耶喜喇嘛還在柯槃寺的時候，袞卻格西有來過柯槃寺幾次。有次我們兩人在耶喜喇嘛的寮房，他告訴我，他已經修成金剛瑜伽母（Vajrayogini）及上師薈供（Guru Puja）。我至少聽他這麼說過兩次，我有點困惑他說的是什麼意思。有一種意思是指持完一定次數的咒，另外一種意思則是完全證悟了所提到的那個密續法門，因此已了悟。當時我以為他說的是持誦咒的次數，但現在我瞭解到是另一種意思。

從那些他怎麼帶給他人益處，以及他怎麼對別人帶來極具影響力的公案，顯而易見他已經了悟空性及菩提心。例如，他住在樽區高山上時，很多精神失常的人從其他更有名氣的喇嘛收到打上特別結的加持繩，很少人因而好轉，但他們最後去找袞卻格西，格西只給普通的一條線，沒有裝飾，也不怎麼精美好看，他們卻康復了。由於他修持的力量，這種事屢見不鮮。

有很多公案顯示出，他是具高密續證量的偉大瑜伽士，但光是看他的外表，你不會這麼想。他真是隱匿的瑜伽士，的確有聖賢已成佛，但仍以平凡身軀出現於世。

袞卻格西對柯槃寺的幫助也是很不可思議的。他教導尼僧怎麼修前行以及金剛瑜伽母的釋論。他為柯槃寺擔了很多苦，幫忙募款籌建柯槃寺，還有開演教法。他也教導及指導非藏籍的弟子，不只在柯槃寺，也在澳洲、新加坡、香港、台灣這些地方，傳授灌頂、說法以及修法。他把自己的生命奉獻給我、護持大乘法脈聯合會中心、弟子、有情。就算他的健康有些問題，他在為了他人的事情上，不論是在修法或說法，仍相當英勇。

有一次在下過雨後，柯槃寺往舊大殿的階梯變得很滑。就在一棵菩提樹下的度母佛像前有個正方形階梯，袞卻格西在那裡滑到了，從階梯跌下來，摔得很重，頭還撞到水泥。這件事卻讓他很開心，為什麼他會這麼歡喜呢？因為他馬上想到自己代我承受了我生命的障礙。他跟我說這些，這就是他開心的原因。就算發生了諸如此類的事情，袞卻格西往往懷的是這種態度。

我不記得很清楚格西何時得癌症，可能他圓寂之前已經罹癌很久了。就算他不適應炎熱的天氣，由於我邀請格西到台灣、香港及其他炎熱氣候的地方長時間弘法，他還是去了。

袞卻格西似乎在臨終之際能夠認出二十五種消融[57]（twenty-five absorptions），那是我們在修無上瑜伽密續儀軌（sadhanas）時應該要做的禪修。格西圓寂前幾天，跟一位柯槃寺格西提到正出現海市蜃樓相及煙相，意思就是他可以認出光明，以及其他的相，以此為基礎，就能運用無上瑜伽密續道的禪修。

57 臨終者看到的徵相。大修行者能在經歷每個消融時處於禪定，並且清楚覺知所發生的事。參閱 *Death, Intermediate State and Rebirth in Tibetan Buddhism*。

格西圓寂後，處於禪定約一週[58]。因為他在生前已經做了這麼多的事情，他不需要修頗瓦法（**powa**）或像那樣的法，只有凡夫才需修頗瓦法。

因為我們之前在耶喜喇嘛圓寂後做的佛事已有經驗，所以我指示該如何處理格西的聖體。我們並沒有在火化過他人大體的一般地方舉行茶毗大典，而是選在柯槃寺山丘後方。倫珠喇嘛告訴我，聖體在茶毗時，蹦跳出舍利子（**relics**）。經典有提到，已修證光明圓滿次第的修行者，其聖體會有舍利子。

袞卻格西的轉世已在樽區找到了，現在住在柯槃寺[59]。從他的面容來看，好像具有非常多的福德，而且將來會是具大威勢者，會自己決定所有的事。現在就算年紀尚小，他就想要自己決定事情，我想他將來會相當活躍。他真的非常與眾不同，有人問他問題，他會給對方建議。他在新加坡給病人建議，甚至跟他們說要在何時修持。由於他在前生已累積如此難以置信的福德，我想今生的轉世相當有可能對全世界有偉大的利益，如同陽光遍照大地。

袞卻格西並非為自身的利益而轉世，不是為了自己的快樂，而是為了利益這個世界及他的弟子，為了能繼續引導弟子。

58 大修行者於光明保持禪定，停止呼吸後數天或甚至數週維持直坐，直到他們認為到了心識該離開身體的時間為止。

59 找尋袞卻格西轉世的故事，可看紀錄片《轉世小活佛》（*The Unmistaken Child*，二〇〇九年由 Oscilloscope Production 發行 DVD）

持戒與戒律

通美桑波菩薩曾說過：

就算努力持戒，如果被物質受用的貪欲繩索捆綁，此人不會證得解脫道。那條綁住他在輪迴監牢的繩索，無疑掌握在惡念的手上。

我們或許會試著過持戒的生活，就算受了不造惡業的戒律，但如果我們是「勉強」去做，內心仍自然會隨不善而轉；如果我們「被世間八法繩索綁住」，例如對於舒適或美名的貪欲，很難不掉回不善業。

就這個理由來看，本師釋迦牟尼佛為了要遵循解脫道路，於是出離世間生活。他的家境相當富有，家財萬貫，統理廣大人民，名聲享譽全印度。他貴為王儲，有機會過享受各種欲樂的日子，跟他喜歡的許多嬪妃住在一塊兒，就像他的父王那樣。他卻捨棄一切，名聲、舒適、各式珍奇異寶，像丟垃圾那樣捨棄，不是因為他覺得這些還不夠而受苦，而是免於在獲證涅槃解脫道路上的違緣障礙，由於有受到世間八法繩索綑綁的危險性，引發出他極為強烈的出離心。

偉大的瑜伽士跟禪修者都追隨佛陀這樣的典範，在一開始修持佛法時，當他們還在修的階段，生活過得非常簡樸。他們在具備完全出離世間八法念頭的出離心之前，發現身邊圍繞所欲之物是障礙，由於內心還不受控，所以在僻靜處過著苦行生活。禪修者遇到更少讓他們分心散亂的對境，在修行道路上進步比較快。

他們修到「內心不管遇到什麼樣的對境，都不會受到干擾」的層次之後，沒有什麼能成為證得佛果的阻礙時，那時不論有多少世間東西圍繞在身旁，都沒關係。就算他們住在王宮，滿是國王的財富，對他們來說就像住在洞穴。我們就不是這樣了，我們沒辦法避免世間八法念頭，內心受驕傲及貪心弄得沸沸騰騰，絲毫不平靜。

所以佛陀教導初修學者，應該對於擁有少物感到知足。在家人所做的大部分事都是以世間八法之名，在剃度出家後，通常會建議僧及尼僧遠離世間，住在一個獨立的環境，例如寺院。傳統上寺院遠離塵囂，在他們內心堅強到能面對之前，這種環境相當重要。他們住在這種環境裡較易守戒，以及避免掉入被此世舒適所產生的貪欲給控制。佛陀在佛經裡解釋的「寺院」[60]就是這個意思。

受戒，例如別解脫戒（individual liberation vows / pratimoksha）、菩薩戒（bodhisattva vows）及密乘戒（tantric vows）[61]，其目的是在於控制貪心及貪欲。如果我們想持戒清淨，就要在對東西的貪欲下功夫，避免世間八法念頭，增長對於輪迴痛苦的瞭解。行者沒有努力去避免世間八法念頭，所持的戒就如同一件老舊破爛、滿是破洞的衣服。

我們在修行初期還是會有貪欲，所以我們要「兢兢業業」守戒，就如通美桑波菩薩所說的那樣。

---

60 「寺院」在藏文音為「鞏巴」，意思是僻靜獨居處所，至少距離城鎮或村莊有兩英哩遠（一俱盧舍〔one gyang-trag〕，「聽力範圍」）；亦指荒野、隱居處、閉關處。

61 一般被認為是在家人及出家人能受的三層次戒律。波羅提木叉戒（pratimoksha），意為別解脫戒，限制的是行為舉止及語言；菩薩戒限制的是不正確的思惟，特別是愛我執；密續戒限制的是不淨見地。雖然有些論者主張受後二戒，無須先受別解脫戒，但大部分的論者，包括宗喀巴大師，強力主張需先受別解脫戒。

但儘管我們有好的動機，還是可能發現，很難破除自己的陳年習性，進入解脫道路。這些全都要依於避免貪欲，避免貪欲是根本。大致上來說，當我們沒有強烈出離今生的心，對痛苦本性的瞭解也很少，貪欲就很容易生起，便難以守戒。

有些弟子到了東方，剃度為僧或為尼僧，但當他們回到西方俗家，很快就捨戒還俗了。這一點很能令人理解，他們在東方時想要禪修的強大心力，回家後就消失了，因為受到居住環境的影響，環境讓世間八法念頭在他們內心變得更為強大。

每一套戒律都是要讓內心朝成佛道路前進。制訂別解脫戒是守護我們不犯錯行，而菩薩戒則是幫助我們避免愛我執，以及超越將東西認為是「我的」這種心態，因為我們已經將自己擁有的一切奉獻給眾生，不能懷著愛我執的想法來擁有任何東西。

佛法一切修行當中，最細微就屬密續。我們在密續守密乘戒，儘管密續在成佛是更為高深的方法，也是一條捷徑，但同時也是最難修持的。「捷徑」並不是說容易辦到，除非我們已經超越了「我」跟「我的」感覺，否則沒辦法清淨持守密續所要求的戒律；所以密續修持需立基於菩薩戒，在菩薩戒裡要克服愛我執的念頭，而這是在出離今生、出離世間八法念頭的基礎上來進展。只要我們的心還包含對於今生舒適的貪欲，要清淨持守更高深、更微細的戒律就會非常困難。

◆出離世間八法的力量

出離世間八法的智慧是無法估量的，永遠說不盡其力量的價值。我們愈是瞭解佛法，就愈能體認到諸佛無盡的、超越的智慧。我們在那時會發現，這樣的修持是多麼有力量、多麼珍貴。佛法修持比任何珠寶還更加珍貴，不會有遺失或被偷走的危險性。我們擁有愈多珠寶就愈擔心，思思念念珠寶，擔心就愈深——要如何穿戴、該怎麼保護等等。但我們愈清淨修持出離世間八法念頭，就會愈快生起智慧，愈快能脫離跟無明及跟世間八法有關的各種問題。

處在出離短暫需求的人，臨終之際必不會投生三惡道；相對來說，有貪欲的人，就算此人擁有很高的神通，卻不見得如此。古時候有位藏密修行者，只消一個眼神就能殺死一百人，不過他沒出離心，死後投生地獄。任何不會斷除貪欲的事，只會拖住我們持續受苦，無法帶領我們朝向解脫。

我們能依三種力量做出神奇的事：藥、咒及四大的力量——但以保護內心來說，修持出離心是最安全的，也最具力量。過去有許多、許多的禪修者藉此修持來守護自己。我們之前已經看過卡拉貢秋的例子，修持出離心甚至能治癒痲瘋病。儘管他修持的目標並不是要治癒痲瘋病，但由於他下了強大的決心，要永避世間八法念頭，這樣的結果讓他不藥而癒。

出離世間八法的威力比原子彈還強。有可能做出威力足以炸毀整個地球、炸死所有人的炸彈，但它無法毀滅這些人的內心。人不免一死，世界有朝一日會毀滅，但心識是持續的，世間八法念頭就跟著心識。就算沒了這副身軀，沒有地球，我們內心還是會在另外一道找到其他身體，我們也會碰到其他敵人。只要我們在六道遊走，對內在敵人表現得像朋友那樣，永遠就會遇到外在敵人。

不過，出離心這顆原子彈可以摧毀讓我們在輪迴流轉的根本煩惱，不需要靠科技、化學物品或精神錯亂。出離世間八法是讓我們能進入佛道的能量，最後還能帶我們直至成佛；「出離世間八法」也是我們能迅速逃離無明及煩惱心的火箭所需要的燃料，可以直接斷除惡業相續的方法，帶來圓滿的快樂。

原子彈的威力很小，只會有負面的結果，但出離心帶來的利益是無窮無盡的。無形無色的內心，其力量比整個宇宙還大，可以帶動無數有情直至成佛。

◆平等化世間八法

我們斷除對於四種悅意對境的貪欲時，內心會變得比較清晰，不再擔心遇到四種不悅意對境。不論因情況變化所發生的任何事，不管我們遇到四種悅意對境或者四種不悅意對境，內心會保持平靜、不受擾亂，不會起伏不定。

身為佛法修行者，應盡力平等化世間八法，整個扭轉自己對於這些八種對境所持的貪心或厭惡。與其喜歡四種悅意對境，應該訓練自己不喜歡它們；與其不喜歡四種不悅意對境，應該訓練自己喜歡它們。接著我們就能開始去達到某種程度的平等，這些對境對自己內心來說沒有差別。我們對於舒適及不舒適的經驗都是一樣的，美名及惡名、讚美及批評等也一樣。

我們遇到欲望對境時，不讓內心起貪著，不讓它帶來突然的高漲欲樂；我們遇到痛苦或困難時，不讓內心變得難過或憂愁。所以，要訓練自己不管遇到什麼對境，欲樂或痛苦，都能平等視之，無論是欲樂或痛苦都不會干擾內心。

聽到令人愉悅的聲音，例如音樂，要訓練自己不起貪著；聽到令人不悅意的聲音，要訓練自己不生厭惡。不論怎麼樣，都不會有煩惱，內心不受擾亂，心情不會跟著對境隨之起伏。

同樣地，我們收到東西時，例如禮物，要訓練內心不貪著這東西；即使我們沒收到，也能放下，不會因而不開心。沒有什麼情況能擾亂我們，我們住於平等中，不貪著讚美也不厭惡批評，因為明白兩者不過只是傳進耳朵的聲音罷了。同樣地，不管我們遇到哪個世間八法對境，也不會生起煩惱，沒有麻煩。出離心視其所遇到的所有對境都是平等的，我們遇到的對境，沒有任何一個能引生負面情緒。

具有這種程度的平等，我們會有非常穩定的心，生活亦然。我們內心充滿平靜、滿足及快樂。即便只喝清水，也會完全滿足，就算吃的只是白飯及豆泥湯[62]，也會完全滿足。

白飯及豆泥湯是印度窮人的主食，你或許已經知道，密勒日巴尊者吃的只有蕁麻，沒有加鹽、沒辣椒、沒油，只有蕁麻。一天，有小偷進密勒日巴尊者住的山洞，尊者煮蕁麻湯給他喝。小偷跟尊者要一些鹽跟辣椒加進湯裡，密勒日巴尊者放多一點蕁麻到鍋子裡，告訴他：「這就是鹽。」然後再放多一點蕁麻，又說：「這就是辣椒。」根本沒其他東西了，就只有蕁麻，但密勒日巴尊者完全心滿意足。他的內心充滿了強大的平靜及快樂，因為他的內心捨下貪欲、情緒化及不滿足心。

偉大的聖賢林惹巴（Lingrepa）曾說過：

> 輪迴這座迷信城市，
> 活死人懷著邪惡的世間八法念頭在奔跑著，

62 豆泥湯是剝除外殼的豆科植物（乾扁豆、豌豆、豆子）豆瓣來燜或煮湯。

這是最令人驚懼的墳墓，
也是喇嘛應該平等化這些要點之處[63]。

這口訣具偉大意義，很清楚地告訴我們如何修持佛法。他提到的墳墓及活死人，並不是指外在墓地或外在活死人，（我在一九六〇年代學到活死人這個詞彙！）我們世間人會害怕墳墓，卻從沒被真正可怕的墳墓——邪惡的世間八法念頭給嚇到過。這個內在墳墓就是我們在修持佛法時要學會害怕的東西，這種驚懼感會讓我們下定決心更堅定修持佛法，更快獲得證量。如果沒有這個內在墳墓，就不會有外在墳墓。

平等化這些要點的意思是：要平等化世間八法。平等化這四個相反組合時，就沒有什麼能擾亂我們，佛法之樂的朝陽會在生命中昇起。平等化這世間八法是修持佛法的根基，其他修持便從這根基增長。

所以，平等化世間八法是偉大瑜伽士們的基礎修持，像是密勒日巴尊者、岡波巴尊者、宗喀巴大師、那洛巴尊者、帝洛巴尊者及其他許多修行者，他們不管碰到什麼樣的對境，都能運用上這個修持——欲樂或痛苦，得到或失去，美名或惡名，讚美或責難，運用這個修持來讓他們的心完全平等化對境。

沒有什麼能夠絲毫動搖他們的心，在最孤絕僻靜的山上或者忙碌喧囂的城市，他們永遠都是平

63 此偈的英文由仁波切翻譯，在 *Liberation in Our Hands: Part Two*，頁 106，譯為：世間八法的活死人在念頭的輪迴之城遊蕩，那裡有你的恐怖墓園。上師，在那裡修平等心。亦參見 *Liberation in the Palm of Your Hand*，第 297 頁。

和寧靜的。瑜伽士的定義，其實完全就是這樣：能夠平等化他（她）的內心，不管遇到什麼事，都不會貪著或厭惡。如果世間八法的對境在他們內心仍非平等，就不可能被稱為瑜伽士。

種敦巴尊者也同樣出離一切世間事。有次尊者被邀請到容地方參加法會，會供養出家人金錢。容這個地方有點類似梭羅坤布，位於山上，氣候稍熱，當地居民種植香蕉及玉米。他喚來弟子，其名為佩傑汪秋（Pelgye Wangchuk），告訴他：「這次你去吧，我不能去，我要在這裡努力出離今生。」

種敦巴尊者不是出家人，他以在家相守持居士五戒（five precepts）以利益有情。在道次第傳承上師的觀修境裡，他被觀想成西藏牧民，穿著非常暖和，搭襯著動物皮的藍色秋巴（chuba），他總是穿著非常老舊、破爛的衣服。有時他會把秋巴袖子往肩頭上一甩，走入杜松林，像西藏牧民那樣用兩根或三根竿子搭建起來，鋪上獸皮，做了小棚子當作禪修處。有別的噶當派格西說明，種敦巴尊者自己並不需要過這樣苦行生活，他是為了弟子而這麼做。

他在行走於森林時，有時會唸誦龍樹菩薩《親友書》偈頌：

知世法者得與失，樂憂美言與惡語，讚毀世間此八法，非我意境當平息[64]。

他也會唸誦《入菩薩行論》偈頌：

64 《親友書》*Letter to a Friend*，第二十九偈，索達吉堪布譯。*The Door to Satisfaction*，此書第36頁亦引了此偈，在 *Liberation in the Palm of Your Hand* 第 296 頁亦有相似的引用。

為求解脫義利故，我不應為名利縛；若人為我解纏結，云何對彼生瞋恚[65]。

他會搖頭晃腦地唸誦這一偈頌，表示自己不需受到物質及尊敬所縛。同樣地，恰格瓦格西（Geshe Chengawa）唸誦以下偈頌來平等化世間八法：

生活過得舒適就樂，過得不舒適則不樂：
為了今生的快樂所做一切事情都應視為毒藥而棄捨。
善與不善僅由內心作用，
斷除不善動機，以及非善亦非不善動機。

後者提到，以不定的或會變化的動機所做的行為，這些被稱作「無法預知」的行為。只是掛在嘴上，或只希望過穩定生活，其實對於摧毀我們貪著世間欲樂沒有影響，我們需要運用任何對自己有益的方法來做到這一點。如果瞭解並運用這些方法，那麼世間八法反而能幫助我們，不會成為自己受苦的因。它們可以帶給我們修持佛法的心力，不會從我們身上奪去心力。

你或許覺得，我太過於強調世間八法念頭帶給我們的痛苦，對於對治方法顯得不足，但一切佛

65 第六品，第九十三偈。

法就是世間八法的對治。我們所做的每一項合乎佛法的行為，都成為世間八法念頭的對治。禪修菩提道次第能幫助我們減少及摧毀我們的貪欲，幫助我們滅除所有煩惱。

把問題視為正面

有很多不同的方法來利用世間八法對境，就看不同修持者而定。密續修行人利用這些對境在密續修持上；追隨菩薩道的修行人則利用它們來生起菩提心；想要證得輪迴寂滅的修行人，則利用它們來滅除煩惱。

對於世間人而言，由痛苦所產生的煩惱，只會帶來更多的痛苦及煩惱。我們身為佛法修持者，往往會運用痛苦來斷除煩惱，不是產生煩惱，這是把痛苦轉成極有益處的機會。為了要證得佛果，我們必須歷經身心種種困難，承受如此的困難是相當值得的，因為我們藉此可達到痛苦永遠止息的狀態。我們在成佛道上持續進步時，問題則會愈來愈少，所以不管現在遇到什麼事，都只會幫助到自己，讓無始以來的痛苦劃下句點。

我們可以學習把批評或傷害我們的人視為相當珍貴及可貴的[66]，因為那個人能真正幫助我們摧毀自己的世間八法及愛我執念頭，此人比金山、鑽石山還更有價值。這世界即便滿是黃金及鑽石，卻無法帶給我們真正平靜，只有摧毀愛我執態度才行，那正是傷害我們的人讓我們能去做到的。這

66 此法是要把批評自己的人看成非常寶貴，在 *The Door to Satisfaction* 頁 112~115 含括此法。仁波切在修心（lo-jong）的教導，包含 *Transforming Problems* 這本書，也廣泛地解釋此法。

樣子的話，對方就像上師，而我們對待他應該比自己的命還珍貴。

我的一位上師，拉登仁波切，他是第一位在印度教我辯經的上師，他後來住在瑞士，在那裡建了寺院。如果有任何人或任何喇嘛批評他，他會邀請對方到他住所，然後招待對方一頓很特別的餃子（momos）午餐，殷勤地款待對方，以表達感謝對方的幫忙。

有天根強巴旺都回到他的住所時，發現有竊賊偷走了別人供養他的時鐘，他當下為竊賊擁有新時鐘而相當開心。他對那位有情「想要某個東西，還得到了那個東西」而感到快樂，這就是讓根強巴旺都開心的地方。由於他有菩提心證量，對他人是完全平等的，對他來說，別人的快樂跟自己的快樂一樣。

另一個以修心斷除世間八法念頭的例子是偉大的義大利聖賢——聖方濟。他喜歡批評勝過讚美，還要求他的徒眾批評他，而徒眾從來沒想過要這麼做。他特地要徒眾一直要告訴他，他曾經做了這麼多有害的惡行，會因此下地獄等等。不過，他的徒眾在他身上所見到的只有善，無任何可批評之處。大修行者以這種方式來訓練自己，對於不幸要感到歡喜，藉由轉念體會極大快樂。

我們努力要控制內心時，一開始要先體認到，逆緣其實是真正能轉化內心的時機。有很多方法來思考逆緣，例如視批評為自己過去造下惡業的果報，就會感覺其實不需要難過，因為惡業的感果已告一段落，將來自己不需再受報。像這樣的思惟就能改變內心，自己比較不會擔心，還歡喜那個惡業已結束。

也可以訓練自己去感覺，那個逆緣是自己之前造惡業的結果，是自己曾傷害其他有情，所以下定決心之後會謹慎小心，不再重蹈覆轍，不再服從惡念——我們唯一的敵人，並且盡力調伏它。

真正的問題不是在對境，而是我們對於四種悅意對境的攀著。必須先瞭解這四種悅意對境的過失，然後棄捨對它們的攀著，這是基礎心理學。如果運用這個方法，不悅意的對境也再也不會擾亂我們。

被讚美時，或聽見別人說自己名氣響亮時，要去思惟讚美的過患。睿智的禪修者明白擁有美名沒什麼益處，我們會因此變得貪著美名，隨之出現傲慢。當我們開始相信自己真的是VIP、名氣響亮的人物時，很多其他煩惱就會接著生起。

另一方面，被批評也沒什麼不好，被批評反倒是好的，因為這樣可以不讓煩惱生起，例如貪欲或者傲慢。別人的批評點出自己最近沒意識到的缺失，便能面對這些缺失，並加以改正。禪修者通常會說，他們不喜受到讚美，反而比較想被批評。

同樣地，朋友沒送我們生日禮物，與其悶悶不樂，這情況可以讓我們去面對自己的貪欲，進而扭轉之。我們可以這麼想：那位朋友沒送我們東西，真是太棒了，如果她送禮，自己就會有貪欲，更習慣收到禮，更受到世間八法念頭所掌控，更無法不造惡業，而且更可能最後投生三惡道。那位朋友沒帶給我們禮物，就拯救我們不會遇到這些，她實在是我們最親愛的、最棒的佛法助伴了。

這樣子的思惟——瞭解不悅意情況其實不是逆緣，這種思惟跟貪欲看待情境的方式完全相反。之前我們受貪欲控制，對於「傷害」我們的人大為瞋怒，但現在想法一百八十度轉變，那個感到不舒服的內心，那個分裂的、緊張的、不快樂的心，馬上消失不見，我們對那個人會有很好的感覺。

訓練內心修持平等看待世間八法的最好方法，便是期待被批評、不受尊重，而不是期待相反那一面。這是心理學，不管發生什麼事，自己都是有所準備的，不會受到驚嚇，發生的事情都傷不到內心。

我們看起來從四種悅意對境得到快樂，其實是虛假之樂，不僅擾亂內心，且干擾我們尋求真正的快樂，明白了這一點，就變成強大的保護力。遇到不悅意情況，則是我們能真正進步的時候，讓內心進步到真正喜歡逆緣。藉由克服我們對於四種不悅意對境的厭惡感，就能成辦所有證悟，止息一切覆障，究竟獲得佛果。

這麼一來，無論發生什麼事，我們都能夠維持住修行，沒有什麼能阻礙這件事。就算我們才剛開始修持，還沒接受輪迴這觀念，但藉由掌控貪欲，內心就能永遠保持不受擾亂。

或許我們甚至不用認定自己是佛教徒不可，如果我們在情況改變時運用這個修持——當我們失去朋友、結交朋友，不管是什麼，內心會保持平靜、處於平衡、不受擾亂。就像一位騎士平靜的本性會安撫她的馬兒，我們體內的四大也不會受擾亂，就能更開心擁有更健康的身體，患高血壓或心臟病的危險性會大為降低。

就如偉大的寂天菩薩所說，我們能利用生活中遇到的各種問題，來生起對其他有情的悲心。愛滋病患者或者癌症患者，對於有同樣疾病的其他人，會有很強烈的感受，因為他們也經歷著相同的問題，能夠理解罹病對他人是多麼難受，自然生起強烈的悲心。相同地，我們感覺到的痛苦也非常有用。

就像掃把能清掃灰塵，疾病及其他問題是清掃過去惡業及覆障的掃把。如果我們曾在上師座下聽聞佛法，就應該想著：自己遇到的問題，其實是上師要淨化我們過去惡業的加持。

貪欲由內心所造，非真實存在

我們也可以思惟，我們遇到的任何問題其實是空性的化現。我們的身心是因果緣起，是無常的現象，但我們直覺視身心為獨立的且恆久的。因為這種見地，我們錯將短暫的輪迴快樂當作是真正的快樂，將不淨身看成是淨的，從而產生貪欲。我們認為「世間八法會帶來快樂」的這種錯誤看法，深植於：我們視自己及它們為真實存在，視萬法從各自那一方真實而有的知覺。

生活遇到的問題，都是由自己內心所產生。內心滋生問題，給它們貼上標籤，相信它們都是那樣的真實。我們在徹底審察時，這一點就會看得非常清楚。對四種悅意對境的貪欲及遇到四種不悅意對境的擔心、害怕，兩者都是由我們內心創造出來的迷妄。

要是自己認為修持佛法很難，覺得沒時間修持的話，這就是因為，自己覺得面對的障礙是真實而有，還是恆久的。無論障礙或世間八法都不是真實而有，如果它們真是如此，我們就不可能轉化它們。如果是真的，沒人能將貪欲心轉化為佛法的心，也沒人能出離今生，沒人有時間修持佛法。沒時間並不是時間本身的自性結果，它只是我們內心的概念。

如果我們能體認到「我」的自性，其自性「非真實存在」，那麼對四種悅意對境的貪欲心就沒辦法生起，對於四種不悅意對境的厭惡感也沒辦法生起。看出萬法是如何存在的真相，也就是看到舒適及不舒適跟其他世間八法組合的真實樣貌，我們的心不管遇到什麼事，都能保持不受擾亂。

「明瞭空性」是自我照顧的最好方法，由此能斷除痛苦的根源，且能引導至菩提心及佛果，這一點是無庸置疑的。還有什麼比這個更好的修持呢？我們還需要什麼呢？

meditation

★ 禪修

放下對身體的攀著

當我們跟另一個人交往時，生起的世間八法念頭會特別強烈。在那個時刻，我們內心非常迷妄，整個都受制於世間八法，對身體的攀著心太強，因此滋生許多問題。

有個好方法來控制這種貪欲，就是禪修你貪欲對象的身體。這方法源自佛經，稱為「身體正念」。如果對方在你面前，這禪修做起來會很容易，不需觀想。即便對方遠在國外，你還是能這樣去檢視他或她的身體。

一開始先觀想對方的身體，想想這個身體就如你心中認為的美麗或英挺嗎？或者你的內心是否某些程度誇大了對方身體的性質呢？如果你夠誠實，會看到是自己的貪欲心誇大對方身體的美。

其次，你相信有絕對的美，你的內心安立這誇大的美在那副身體上，你的心相信那樣的美是真實的而且是絕對的，這就是那身體出現在你內心的樣子。然後，你的內心會想出愈來愈多的理由、愈來愈多的解釋，來解釋為什麼這身體絕對是美的，是由於頭髮、因為鼻子等等，你深信不疑，確實認為那種美是本有的。

的確有這副身體，但它真的就像你看到那樣存在嗎？它是像「這樣子」存在，但對你來說，它是「那樣子」存在。你相信了那個不真實的顯相，繼而生起貪欲，你的心變得非常迷妄，很不平靜。你自己去檢查看看，事實上有你看到那樣真實的、絕對的、美麗的或英挺的身體嗎？

把這副身體分開來看，看看皮下的骷髏及其他等等，從頭到腳檢查體內，現在你看到了真相，體內主要有骷髏。頭是骷髏頭，兩個大洞是給眼睛的，長長的洞是給嘴巴的；脖子是疊起來的骨頭，一個疊著另一個；身體的骨頭有的非常小，有的則很大，還有脊骨跟肋骨、環繞胸腔的長骨；再來是大腿、小腿跟足部。骨頭有很多洞，很多大小不一的骨頭，盡可能清楚觀想及禪修整副骨架，你找不到那個美麗身體的絕對存在，從身體裡的任何一根骨頭都找不到。

觀想骨架之後，再來是觀想器官。先從腦開始，腦長得有點像顆足球，有很多腦紋，就像地圖。腦是那個真實的、固有的、美麗的身體嗎？然後再分析其他器官，心臟、肺臟、腎臟、肝臟等等，直到雙腳，有真實的、固有的、美麗的身體在那裡嗎？你找不到的，沒什麼可以攀著的。

你可能爭辯，從身體那一方是有的，有真實的美，一定有些什麼才對。但是你去檢視，真實的美並不存在，不在骨架裡，不在肉體或器官裡，不在血液裡。

可能美在皮膚，唯一剩下的就是皮膚，皮膚是你在看對方身體時所看到的，可能真實的美是從皮膚那一方而有。所以，把皮剝下來，把身上所有皮都剝下來，把它放在其他地方。皮膚跟身體其他部位分開，看起來是怎麼樣呢？那是你強烈相信的真實美嗎？你好好檢視一下。那些皮就像一條丟在地上的裙子，皮膚上面沒有什麼攀著的對境，現在那個絕對的美，徹地消失了。那個真實的、絕對的美在哪裡呢？找不到的。

之前身體部分都組合在一起的時候——骨頭、肌肉、內臟及所有身體構造都被包在皮下——似乎有些美麗存在，但當你分解身體，卻完全找不到所謂的美。

這樣的話，就算是看起來很美的皮膚，也只是原子（atom）構成，把這些原子四散各處，就像沙粒一樣。觀想它們散落各處，哪裡有真實的、固有的、存在的美呢？你檢視看看，找不到的。就如皮膚——皮膚是原子的聚合。把原子以另外一種方式聚合一起，它們就會成為其他形狀——瓶子、罐子、磚塊等等——但在這裡原子聚合成了皮膚，如此而已。

專心思惟這些內容。當你的心變得迷妄了，就快要失心瘋時，那是因為你的貪欲得不到它想要的，而這個禪修真的是最上良藥。就在你禪修這些內容時，你那不可思議的貪求痛苦馬上就會消失，心會變得平靜且自在。這個禪修法實在非常有效。

所緣境並非真實存在（true existence）

有個更深入的方法來痛擊世間八法念頭，就是透過觀察欲望所緣的本性，看到本性非自性有，不是本來就有吸引力的。如果你能視所緣是空性的，就不會生起貪欲，因為當你對空性有所瞭解時，見地就會改變。

你看到的是所緣真正存在的樣子，而非你的貪欲所相信的樣子；你知道所緣的美僅是貪欲的投射，並不存在於任何地方。這樣子檢視，你需要能如是分析的技巧，能分辨出什麼不存在及什麼存在：不存在「所緣自性有」及「美自性有」的這種錯誤概念，存在的是「完全無自性所緣」。簡言之，為了要運用這個禪修法，你需要相當程度地明瞭空性的智慧。

例如你很迷音樂，你就可以用同樣的方式來禪修音樂的美妙。當你聽著悅耳音樂，問問自己，樂音是否真如你所想那樣真實存在。如果不是的話，它是怎麼存在的呢？像這樣子觀察，對於降低、消除貪欲，了悟聲音真實本性，都很有幫助。例如，如果有人在彈吉他，聲音存在於吉他——琴身或琴頸、其中一條琴弦或者所有琴弦？或者是在彈吉他的那個人呢？琴聲是在那個人手上或手指出現的嗎？像這樣的分析，真的非常有幫助。

你還能運用另一種方法，當有生起貪欲的危險性時，就這麼思惟：那悅耳的音樂或者令人愉悅的話如空谷回音。如果有人在懸崖邊喊出聲音，由於聲波的關係以及懸崖外形，聲音變成回音，會這樣子是因為具足了這些條件。其實沒有獨立而有——不需依於岩石、喊出聲音的人、風和空氣這些元素的回音。不跟這些任一條件相連而獨立存在的回音是沒有意義的，因為是無意義的，因此沒有什麼可以貪著的。聽到令人開心的聲音，例如音樂或稱讚，也是一樣的道理，那些聲音就像回音一樣。

如果你聽到會讓你自我感覺良好的話，例如稱讚，要去觀察那個良好是從哪裡來的。例如有人跟你說：「你真的很有智慧又聰明。」你相信他說的那些話是真正存在的，你相信自己對那些話的感覺是真實存在的。但好好地去省察，觀察它們存在於何處。它們並不存在於你身上，不在他身上，不存在任何地方。這個錯誤想法帶給你內心的是迷妄。想一想那些你非常貪著的話，只是舌頭創造出來的，是經由齒顎跟空氣的震動，僅僅如此而已。「你好有智慧」，這些話只是聲音，所以去貪著這些聲音有什麼道理呢？不是很可笑嗎？就只是聲波傳到你的鼓膜，但你卻這麼貪著它。

九　修持清淨佛法

由於我們不知道出離今生跟修行佛法兩者同義，所以我們看不到自認為的修行佛法及生活之間的落差。不管我們修的是多麼高深的法，就算修大圓滿（dzogchen）或無上瑜伽圓滿次第，我們的心通常在這邊，佛法卻在那邊。我們努力想追隨大乘佛法，卻沒有成為大乘修行者，或者沒有從做的事情當中得到多少益處。我們做的每件事都是繼續讓自己留在輪迴的因，而非自己與佛法合一的因。沒有出離世間八法，我們連關上投生三惡道的門都不太可能。為了要修持殊勝佛法，就必須平等化世間八法。

◆十秘財[67]

有一種修持稱作「十秘財」，也稱作十種最內的「所有物」或「寶藏」。這教法是噶當派格西

67 喇嘛梭巴仁波切對這些教法的修持請參閱本書附錄。

對於如何出離世間八法念頭的教誡。如果我們遵循奉行，就能清淨地修持佛法，會感受到真正的內心平靜。

那些偉大的苦行禪修者，其修持清淨的佛法是這樣子平等化世間八法，無差別地看待四種悅意對境及四種不悅意對境。他們修持的態度跟我們的差異甚大，去瞭解他們如何把完全的持穩及平靜帶進他們的生命，即便我們連離追隨他們的足跡還很遠，對我們來說仍非常有益。就算只是瞭解何謂十秘財，也能對我們怎麼看待生活的一切有很大的影響。

我會簡要地描述十秘財，這是根據偉大的帕繃喀大師的教授，他說過，十秘財對於出離邪惡的世間八法念頭是最殊勝的修持[68]。

十秘財包括了四依止、三金剛（vajra）及三得：

心極法依止

法極窮依止

窮極死依止

死極洞窟依止

無牽累金剛

無愧悔金剛

68 對於十密財的解釋，亦可見 *Tibetan Tradition of Mental Development* 頁 42~45；*Liberation in Our Hands: Part Two*, 頁 106, 第 29 註釋，及第 108 頁，其使用的名稱是「究竟承諾的十珍寶」（ten jewels of ultimate commitments）；在 *The Principal Teachings of Buddhism* 頁 66~69；及在 *The Life of Shabkar* 頁 309~310，所使用的名稱是「先聖的十種根本寶藏」（ten cardinal treasures of the past saints）。

超凡智慧金剛
驅逐於人群之得
入於犬伍之得
證為聖賢之得

1. 心極法依止

依賴四依止，或稱四依靠的第一種是心極法依止，意思是：我們不是表面依靠佛法，而是在內心最深處依靠佛法。就像我們去尼泊爾，看到那些令人驚歎的地方，但我們真正的動機是見女朋友或男朋友；就算我們做了很多其他事情，那個才是我們主要的目標、主要的心思，內心最深處的意圖，是我們去尼泊爾的原因。同樣地，不論我們做什麼，在內心最深處，主要的心思應該是依止佛法。

現在我們擁有暇滿人身，具備八暇十圓滿，也值遇了傳授佛法，引領我們踏進佛道的上師。此世暇滿人身相當具有偉大意義，非常難再獲得又不恆久，我們必定會死，死期是說不準的。臨終之際，世間一切對我們沒有任何益處——例如我們的身體、財物、周圍的人、名聲，唯一對自己有益的，只有我們修行的佛法，別無其他，還不只是在死亡的時間點，死後亦然。所以，我們在今生的修行極為重要。

我們應如此思惟：「臨終時刻，只有佛法能對我有益，別無其他。所以我一定要修行佛法，我要破釜沉舟不可，就像這樣子。修行佛法是唯一不會對我有害的事，永遠不會讓我遭遇到任何苦，連最細微的苦都不會。修行佛法帶給我今生及來生的益處及快樂。修行佛法是在臨終時刻、在最關鍵的時刻，唯一會有益處的事，其他事情都沒有如此重要的精華。所以我一定要修行，我非得要修行佛法不可。」要下這種破釜沉舟的決心。我們主要的目標、主要的計畫，主要心繫就是修行佛法。

政治家在演講時會說很多內容，我們可以很容易就看出他真正的意圖，在他內心深處究竟想什麼——無非是獲得權力，可能甚至到掌控世上所有人，能統治這個世界，或甚至毀滅世界，這個就是他的主要意圖。不過，我們的目標是把自己託付給佛法。所以我們必須要非常確定，只有佛法能在今生、臨終、來世對我們有益。

所以我們就是要修行佛法，也只有佛法了，只為了今生而努力沒有任何益處，毫無意義可言，只會帶給我們傷害，只會讓我們在臨終時更為憂懼，而我們來世就會投生輪迴三惡道，經歷這個不善業的果報。所以，非修行佛法不可，也只有佛法了。

2. 法極窮依止

十秘財的第二個是法極窮依止。在第一個秘財——心極法依止，我們內心完全皈依佛法，不再皈依我們的先生、太太、父母、財物或任何世間東西，因為我們知道，世間沒有任何東西在臨終時有幫助。我們卻仍擔心，要是內心深處依止佛法，卻沒準備好物質受用，一定會淪成乞丐，沒辦法生存下去，而遑論修行佛法。

因為我們的心要遠離從無始以來為當生努力的習性，出現這種害怕是自然的。我們沒有花這麼多心力賺錢去獲得衣服、食物及舒適環境，當然會變窮，那我們要怎麼修行佛法呢？答案在於：當我們法極窮依止，根本不會在乎變成乞丐。修行殊勝佛法是唯一重要的事，而我們下定決心要這麼做，不管外在條件如何。

懷著吝嗇跟自我中心過奢華生活，跟當乞丐相較之下，當乞丐還更好。即便要乞討，就算只吃到得最普通的東西，穿最破爛的衣服，我們做的只有修行佛法。除了佛法，其他都無關緊要，即使我們得要歷經苦難，過得簡樸，穿的是破爛的、醜的破布，吃的是很差的食物，這樣過日子也完全無所謂。

當我們只為了今生而努力，不管自己做過什麼好事，一切努力全都是白費的，結果沒有絲毫益處可言。另一方面，我們在修行佛法時遇到的所有苦難都是極富意義的，這些苦難帶來的結果是快樂，苦難本身是淨罪。

在西藏，晚上跟清晨天氣都非常、非常冷，但出家人那時得要在露天辯經很長一段時間，只穿單薄僧服，不管氣溫多低，好幾千位出家人都這麼做。他們在極為寒冽的天氣唱誦創寺上師們撰寫的禪修內容及祈願文，然後開始好幾個小時的辯論，直到手跟腳冷到裂開為止。另一方面，有時在大殿裡擠滿了很多出家人，相當悶熱又非常擠，沒地方放腿休息，就這樣相擠好幾個小時，為了要修行佛法，為了要學習及聽聞由高證量傳承上師開演的菩提道次第教法，得要經歷這種困難。這一切有助於淨化他們在過去造下會投生寒冷地獄或炎熱地獄的惡業。

我們得要承受苦時，也類似如此，受到炎熱、寒冷、背痛等等，這樣子來忍受辛苦，是淨化我們累積的惡業的最好方法。

很難持守過午不食這條戒的時候，我們應該努力憶念起業果之理，以及持受戒律的利益。牢記為了來世的快樂，牢記如母有情的慈愛，我們只是一人，而如母有情是無數的，不管我們覺得多麼餓、口渴，不管持這條戒多麼難，這就是真正的淨罪，淨化了往昔造下投生餓鬼道的惡業。

修持佛法會帶來極大的平靜、很大的快樂、相當的穩定、很強的清明，以及不害怕與貪愛的對境分離——孩子、摯愛的人、朋友及物質受用，那些我們相當攀著的對境。修持佛法會讓我們感到非常快樂，由於我們在今生修持清淨佛法，不用提來世的果報，我們可以輕易地再擁有暇滿人身，還能輕易地證得佛果。

法極窮依止，不是字面上「要變成乞丐」的意思——馬上丟掉自己所有的衣服，拆掉我們的房子，再放火燒光我們所有的錢之後，在市區遊蕩或獨自上山，跟鳥甚至猴子一起修行佛法（如果牠們願意讓我們跟牠們一起修行佛法的話）！

我很確定有很多人這樣地學佛。耶喜喇嘛跟我早年在尼泊爾弘法時，有許多年輕的嬉皮，對我們來說，他們看起來就像是未開化的藏人：不太照顧身體，有什麼就用什麼——食物、衣服等等——任意讓頭髮一直變長，要是頭髒了也不擔心。他們睡在睡袋，有時睡在山上，有時跟猴子一起睡在森林，有時則露宿街頭。就算到了中午十二點，其他人東奔西跑忙著工作的時候，他們還在睡大頭覺。而其他人有固定住所，嬉皮們不是住在固定住所，他們很開心地隨處而住，睡在帳棚或小旅館。

他們的外表看起來非常像追隨噶當派格西教誡的苦行禪修者，沒有執取的東西，對物質受用與趣缺缺，想要過安靜、無憂無慮的生活，表面的確是有很多相似之處。

兩者最大的差異是在於內心。嬉皮少的是對世間八法的出離心，如果嬉皮已具有對世間八法的出離心，出離對今生的貪欲，那麼他們真的能成為清淨佛法修行者。外在條件已具足了，他們也需要內心的轉化。

正如我們已知，真正的要點是在於出離心，不是感官所緣的對境，而是在於迷妄心，在於有害的念頭，那才干擾了我們證得涅槃及成佛，才是我們問題的製造者，才是我們真正該出離的。

古代印度有多位菩薩國王，除了有些國王不信佛，造成某些時期佛法衰退之外，自從佛法傳入西藏後，大多數時期的國王是觀世音菩薩（Chenrezig）的化身。他們沒捨棄財富受用，但他們出離世間八法念頭，廣大利益有情。每位國王都有傳奇的生平故事，所說的話凡夫無法理解，到了現今則是有達賴喇嘛尊者。

因此我們應該要下定決心，為了要掌控世間八法念頭，要去阻止內心裡面的干擾、散亂，為的是繼續修行清淨佛法，這些方法即是噶當派格西的教誡。

3. 窮極死依止

十秘財的第三秘財——窮極死依止。我們下定決心，沒有任何事情能阻止我們今生過得具偉大意義。在修苦行時，就算是為法而死，也遠比擁有世間一切財富，卻累積許多惡業後死亡要好多了。

或許我們已經能接受自己過得像乞丐那樣，不過還是會害怕。我們看到，要是追隨這條道路而成了乞丐，一生會因為得要存活下去而憂心不已，沒辦法完成人生目標，不是餓死就是死於嚴苛氣候，這種擔心是來自於世間八法念頭。我們應該下定決心與之對抗，不論發生什麼事，這就是自己追隨的道路，就算我們在修行佛法時死了，這輩子仍相當有價值。

每個人不免一死，富人、窮人皆是，人生終點都是一樣的。總是一直拚命工作的有錢人會死，什麼都沒做的乞丐也是。有錢人只帶著世間八法念頭而去拚命埋首工作，從工作中獲得財富，因此這一切只會是不善的，唯一的結果就是痛苦。

如果我們能把財物受用帶到來世，不論我們來世投生何處——天道、餓鬼道、畜生道或投生在原始蠻荒之地，可能我們可以使用這些財物受用。但我們能帶走的，只有自己努力獲得那些財物受用時所累積的惡業，那些惡業也還沒懺淨。如果我們帶著慳吝心而死，如果那時沒有修行佛法的話，那樣的攀著心會讓我們無法投生輪迴善趣。

因此，不管會有多麼困難，我們都要下決心修行佛法，即便必須死於修苦行的生活，至少不會累積那麼多惡業，即使突然死了也沒關係。我們在修行佛法所體驗到的苦行——炎熱天氣、清晨時刻冷到發抖、禪坐疼痛感、長時久坐——這些都會變成淨罪，淨化了過去自己累積的惡業。

藉由修行佛法，人生便有了偉大意義，即使我們怎麼死去都無關緊要，所以要有堅定決心，永不捨棄殊勝的佛法。

噶當派格西給予的一項教誡是，我們不該害怕或懷疑，如果選擇追隨佛法，可能會發生什麼事而自欺：「如果我什麼都沒有，身旁沒有朋友或別人幫我，要是生病怎麼辦？如果老到走不動或動不了怎麼辦？甚至死後也需要有個人幫忙，好好處理我的遺體，不是丟棄在某處房間裡，任由腐爛、發臭、身體到處都是蛆。我一定需要有人火化我的遺體，或者能把遺體放在一個不錯的盒子裡，在石頭上刻著去世年份。」

像這種擔憂及疑慮出現時，正是我們在攀求此世欲樂。對於這種想法的答案是：反正我們也不能確定是否會活到老，可能隨時會死，所以要下定決心修行佛法，不管外在條件如何。去思惟：「如果我在修行佛法的苦行過程死去，誰會在乎我的遺體會怎麼樣？就算沒人管這副遺體，就算留在街上或山中洞穴裡頭，腐臭或成了乾屍都沒關係。不去貪著今生欲樂跟這副身體，我要修行清淨的佛法。」

如果我們在修行佛法時凍死了，沒關係；如果我們熱死了，也不要緊。不管發生什麼事，我們都不要捨棄佛法，要立下這般堅定的決心。我們真的需要瞭解修行佛法的偉大益處，我們瞭解愈多，決心就會愈堅定；然後，不管面對的是飢餓或寒冷的處境，我們連生起要捨棄佛法的念頭都不會有，決心會如此堅定。

我曾讀過一本書，內容是關於一位女士的瀕死經驗，她的意識能看到自己的身體。她描述死後發生的一切事：親人到家裡來，難過哭泣，滿懷憂慮，但這位女士覺得此生任務未完，還沒做某項任務，接著她的意識重回身體。她從這經驗得到的結論是：死後一定還有來生。不只這樣，她的經歷讓她體會到，自己只為今生努力，卻沒有為來生做準備，白白浪費一輩子，她對此感到非常難過。我覺得這一點很有意思，她雖然不知道菩提道次第教法，但基本上談的就是菩提道次第教法。我發現她所說的內容非常有幫助，非常有效，甚至對我的心都是如此，我的心連一點法味都沒有，我想一定有很多人有過類似的體驗。

其實，我們並不需要擔心會凍死或餓死。就算我們出離世間八法念頭而變成了乞丐也不用怕，因為釋迦牟尼佛親自迴向其功德，讓追隨佛的清淨佛法修持者，永遠有生存下去的辦法。世尊在《悲華經》這部經說過，當他在某一世生起菩提心時，他為了有情而許諾以下的祈願：

追隨我所說的教法——佛法，這樣的人即使只著四吋袈裟，而得不到食物的話，那麼我證得佛果（buddhahood）即欺誑有情，願我不得成就。

世尊也預言了地球會發生無法想像的飢荒，屆時人們賣掉所有珠寶來換取食物，即便在那時，清淨的佛法修行者也不會挨餓。即便這世間的其他人只擁有像指甲大小的田地來種植農作物，世尊承諾，其追隨者若具出離心，且為清淨佛法修行者，將永不缺生活所需。

如我們所知，卡拉貢秋曾說過，真正的禪修者不可能餓死或凍死，以前不曾發生過，將來也不會有，因為不滿足的心已經被捨離了。如果我們是真正的佛法修行者，出離此世會帶來修持力量，袞卻格西就是很好的典範[69]。

事實上，在印度、西藏或其他地方，都不曾報導過有清淨的佛法修行者餓死或凍死，或遭遇其他困苦而死。如果你問寺院博學多聞的格西們，他們過的生活是怎麼樣，你會發現很令人驚訝的內容。他們經歷過的事，怎麼忍耐寒冷、炎熱、缺乏食物種種困難，有時甚至連乾糧都沒得吃，只在

69 參閱袞卻格西的公案，在第 201 頁（含）之後。以及參閱《雪洞》*Cave in the Snow*，敘述丹津・芭默法師所遇到的困難，其為住在喜馬拉雅洞穴十二年的西方修行者。

碗裡面放糌粑粉混茶。很多出家人連酥油茶都沒得喝，他們吃的午餐跟晚餐是一樣的，鎮日研讀佛法，學習經教、研修經教、思惟、辯論。這只是在寺院裡出家人所過的生活，我還沒談到那些住在洞穴裡的偉大禪修者所過的生活[70]。

由於過著這種生活，幾年後他們的佛學知識增長，在後來的生活上，要得到生活必需品就沒什麼困難，甚至在急用的所需品上亦然。有時他們得到很多飲食供養，還可能對於身邊有這麼多的食物而覺得沒意思。

我所指的並不是膚淺地修行佛法的人，那種人會遇到許多困難，那種人遇諸多困難而死亡的故事有很多。

如果是清淨修行佛法，我們應該對死無所懼怕。應如是思惟，如果攀著今生的欲樂而死，就是把自己丟向三惡道。相對來說，如果沒有世間八法念頭而修行佛法，就算是必須住在完全離群索居的洞穴，我們在當下、死亡時以及來世，都會是快樂的。故應下定決心，就算連一位護持者都沒有，即便獨自死去，留下一具像死狗般的屍體，蛆爬滿身，也永遠要修行佛法。

4. 死極洞窟依止

決定要死極洞窟依止的禪修者，獨居於乾燥、荒涼的洞穴修持佛法，對死亡也無所懼怕，而不

70 參閱拉登仁波切（Geshe Rabten）的自傳 *The Life of a Tibetan Monk*。

是住在我們尼泊爾山中那種不錯的、濕潤的洞穴。

禪修者的類型有多種，有禪修者居住在寺院或城市，而非洞穴，也能生起對於菩提道次第的了悟。也有禪修者居住在洞穴，卻未能出離世間八法，身體離群索居，心卻忙著世間八法。那麼，是哪一位在閉關呢？是居於喜馬拉雅高山洞穴，有貪欲心的這個人，或者是住在紐約市中心，內心遠離世間八法的那個人呢？其實那個人住在紐約工作，跟別人互動，才是在閉關，因為他遠避世間八法。

不管我們過怎樣的生活，最重要的一件事就是獨處的心，心住於內心山洞，不管身體是否獨處，我們已捨離所有無意義的世間事，就可以圓滿修行道路的階段，證得一切遍智。那樣的話，我們可以在今生獲得圓滿證悟，不必等到另一世。

宗喀巴大師在其著作《三主要道》（The Three Principal Aspects of the Path）的最後一偈頌是：

如是聖道三關要，汝得如實通達時，
子宜獨依閑靜處，發勤速修究竟欲[71]。

宗大師說的獨依是指內心獨依，不是身體獨依。當我們斷除了對今生的攀著，就會證得真正的

71 喇嘛梭巴仁波切翻譯 *Three Principal Aspects of the Path* 偈頌的英文，可從 LYWA 網站（LamaYeshe.com）裡找到。也可參閱 *FPMT Essential Buddhist Prayers, Vol. 1*、耶喜喇嘛著作《西藏佛教精華》*Essence of Tibetan Buddhism*、喇嘛梭巴仁波切之著作 *Virtue and Reality*，以及索南仁謙格西（Geshe Sonam Rinchen）之著作 *The Three Principal Aspects of the Path*。

獨依。一般而言，我們也必須遠離愛我執及我執的念頭，我執是無明相信我是真實而有。如此思惟的話，不管我們住在哪裡——海邊、最繁忙的都市、最高級奢華的旅館——我們都等於是住在離群索居之處，那個地方就是我們的隱居處所。

以前我太過懶散的緣故而睡太久時，根強巴旺都常勉勵我。我之前提過，他以前住在一處不太像是岩石、比較像大石頭下方的洞穴，環境不像我在勞朵山洞那麼好。我住過的勞朵山洞相對來說算是豪華的，什麼都有，可以幫我增長世間八法，幫我更愛惜世間八法，讓它們變得愈來愈強大，也就是為何洞穴裡面有那麼多裝飾品。他的洞穴曾有位噶當派格西住過，這個洞穴是給已出離今生的人，裡面什麼裝飾也沒有，只有光禿禿的岩石，低矮到無法站直或伸展身體，沒有彈簧床可以睡，他只在地上鋪了葉子，坐在上頭。

某天，有位住在尼泊爾的藏人尼僧來拜訪他，這位尼僧的俗家非常富裕，我想尼僧跟他有親戚關係，她是根強巴旺都的姑姑或某親戚。她知道根強巴旺都是大修行者，想從他那裡接到菩提道次第教法，她供養根強巴旺都非常大塊的奶油，就像在加德滿都街上賣的大塊乳酪，這對於出家人泡藏茶非常有用。

供養那塊奶油之後，她坐在光禿禿的地上，請求根強巴旺都傳授教法。根強巴旺都說：「我什麼教法都不懂，我沒辦法傳法，我什麼都不知道。」接著又說：「我知道的只有怎麼做大禮拜，我只知道這個，我能教妳做大禮拜，如果你想學佛的話，就要去拜見其他上師。還有，我也不需要這塊奶油，請拿走吧。」根強巴旺都拒絕她的請法，我不知道那位尼僧是否生氣，我想她後來也無話可說，離開那裡了。根強巴旺都不在乎她的俗家富裕或是彼此是親戚。

假如是出家人，除了生活必需品之外（就像僧衣），那些苦修者沒有留其他東西，什麼都沒有，沒有裝飾品或任何東西。他們的聲名遠播時，很多人開始過來供養，他們會搬到另一處，到另一個洞穴甚至搬到他國，搬到一個沒人認識他們的地方。然後當地人也會發現他們，接著開始帶供養物過來，他們又要逃到其他地方，從一座山到另一座山。他們有很多人完全不接受供養，或如果他們接受供養，也會馬上轉供養給寺院或上師。

偉大的瑜伽士密勒日巴尊者曾祈願：

如果我能在這個隱蔽處死去，親戚不知道我的快樂，敵人不知道我的痛苦，
那麼，我，瑜伽士，已足願矣；
如果我能在這個隱蔽處死去，朋友不曉得我的年老，我的姊姊不知道我的病痛，
那麼，我，瑜伽士，已足願矣。
願我在四處無人所造此願文，以此成辦利益一切有情。

像這樣的祈願文還有很多。

5. 無牽累金剛

十秘財在四依止之後，接下來是三金剛。第一個是無牽累金剛修行，尋找能拋開氣餒的堅信，

這種決心是立基於：沒人能以任何方式來改變或干擾我們的決定，不管是誰——父母、最親的朋友——想要說服我們放棄修行佛法，我們依舊堅定不變。因為這種決心具有鑽石堅硬的特質，所以被稱為「金剛」，而「無牽累」指的是完全不會改變的東西。

貓抓老鼠，不管貓多麼會抓，還是讓那隻老鼠逃掉了。同樣地，我們已經出離今生及世間八法，不管他人再怎麼要求我們，以後再修行、不要現在修、等到以後再說，我們是不會聽從的，不會害怕可能因此失去對方的愛，不會改變心意，而是堅決「我一定、一定要修行，一定要修行清淨的佛法」。

像那樣子，就像那隻老鼠，我們能免於被世間人捕捉，免於在修行佛法上分心。我們已依賴四依止了——依止佛法、乞丐、死亡及洞穴——這都是跟我們修行的態度有關，仍會有其他危險性，我們跟其他人的關係會干擾我們的修行。或許我們打算參加閉關，但父母不悅，想要說服我們去相信自己還沒準備好，不急於一時。「去那些鳥不生蛋的地方，像這樣折磨自己，有什麼意思呢？你待在那個可怕的洞穴會生病的！你會死在那裡！誰能幫你？」

要是講這些沒用，換成：「你這樣做很不好，你根本不知道自己在做什麼。如果住在家裡，好好工作，日子過得舒舒服服會更好。去生一群孩子！你會有很好的大家庭，有眾多親戚、兄弟姊妹。我們還會留財產給你，你會有一棟豪宅，我們也會留土地給你，你可以隨心所欲，想做什麼就去做什麼。你可以賺大筆鈔票，盡情享受人生，還能四處旅行，想去哪裡就去哪裡。你去那個落後的地方，在那裡還可能得了肺結核或癌症，這有什麼用呢？可能還會拉肚子！你待在這裡好多了。將來你退休後還是想去的話，那時就能好好修行佛法了。如果那就是你想要做的，那時再做就好了，現在去不是很傻嗎？居然還想要離開這麼舒適、舒服，有各種好吃的、什麼都是乾乾淨淨的、你要什麼就有什麼的地方？你怎麼會想要去那個荒郊野地，什麼都沒有，就住在草蓬，連家超市都沒有，連間酒吧都沒有！」

這些話是我開玩笑的。不過，我們決定要修行佛法時，的確會出現疑慮。我們認同去離群索居的地方閉關有益處，但同時也看到了困難，覺得自己可能是在自我愚弄罷了。那些疑慮讓我們延遲修行，朋友及家人火上加油，告訴我們過世間生活有多麼好。

所以，無牽累金剛的心指：下了很強的決心，不管什麼事情都要修行佛法，不讓內心受制於世間八法念頭，連一秒都不行。如果我們所能做到最正向的事就是去僻靜處閉關的話，那麼就要有最強的信念，下定決心非做到不可。不管別人怎麼說服我們去做相反的事，我們內心要具備力量去做最有利益的事。

你或許曾聽過阿底峽尊者這位偉大菩薩的公案。他是生在印度的一位王子，其家族統領廣大人民，握有不可思議的權力。他們住的皇宮有二十五間房間，屋頂由黃金打造，他卻只想離家去過苦行生活。

阿底峽尊者的父母希望他繼承王位，登上王座，便多次勸阻他，讚揚當上國王及結婚的快樂。他們召集了國內所有美麗女子，為他舉辦盛大宴會。儘管費盡一切心思，仍改變不了他的心意，那樣的心真的像金剛。他稟報父母：「對我來說，穿著華服錦緞跟穿著破布是一樣的；吃著美食跟啃狗肉是相同的；喝著甘露跟喝下膿血也是一樣的；娶公主跟娶魔王的女兒兩者沒有差別。」這就是無牽累金剛的修持。

偉大的密勒日巴尊者如此告誡弟子惹瓊巴（Rechungpa）：

兒啊，如果你想修持殊勝的佛法，並於內心深處生起虔敬心，就不要回頭看今生，跟隨我說的真理。親人是魔羅，會拖延著你，不讓你修行殊勝的佛法，不要相信他們說的話，斷除對他們的貪欲心。食物跟財物是魔羅的間諜，貪欲所緣就像是魔羅的套索會束縛住你，因此一定要斷除貪欲。

我之前已經說過，親戚會跟我們說些好聽的話，於是我們開始相信他們，然後就被困住了。密勒日巴尊者繼續談到食物跟財物是魔的間諜，我們跟它們走得愈近愈熟悉，情況就會愈糟。

一般而言，我們跟間諜交情愈好，他就愈能摸透我們，愈能利用我們。他佯裝很友善的模樣，假裝不是在騙我們，我們就完全信賴他，他看起來很誠懇，是位真正的好朋友。他帶我們去餐廳吃飯，為我們夾菜、倒飲料、拍我們馬屁，我們需要任何協助他都會幫。慢慢地，他就挖出愈來愈多我們的事，然後找到了我們的弱點。他讓我們有一段美好的時光，然後他遲早會給我們毒品，或許我們很不情願去吸毒，但因為我們不想要跟他絕交，於是吸了毒。我們信任他，一開始還好，過一陣子之後，他要我們吸愈來愈多的毒，就在我們知道自己上鉤之前，已經完全受他控制了，這就是他從頭到尾想要的。我們的「朋友」把自己騙得好慘，最後我們進了監獄，這就像是魔的套索，我們愈進去，就愈被貪欲纏縛。

菸酒也是同樣的道理。一開始我們先試一下，菸酒看起來沒什麼特別之處，之後我們愈抽愈兇，愈喝愈多，我們跟菸酒愈來愈親密時，情況就變得更糟了，我們會發現，要戒掉菸酒相當難。由於我們的貪欲心，這些東西就像套索綁住我們。被欲望對境纏繞，我們不滿足的心只會愈來愈強大，而我們把所有時間花在得到更多，無論是什麼，接著我們會發現自己沒時間閉關或修持佛法。

或許我們沒有貪著他人的身體，但如果我們貪的是從對方那兒得到的東西，這也是另一種貪著對方。我們會開始依賴給自己東西的人，例如供養受用的施主，在乎得到東西、讚美。類似此類，我們的行為便會退墮，違犯了我們努力想依靠的戒律準則，內心散亂，於是更難修行佛法。

我們變得貪著別人供養的東西，被這樣的貪欲心給束縛了，無法不順從對方。由於他們供養的東西是我們所需的，因此我們不敢逆對方的意，信念及修行便會退墮，最後所做的就是不善之事，又整個跟世間八法扯在一塊兒。

我有次遇到一位出家人，他打算要去閉關，透過秋練法來修奢摩他。儘管他盡力修苦行，他的有錢兄弟卻努力說服他，說那時已經非常接近格西學位考試的最後一關了，如果他不先考取格西學位，就是瘋了，這位兄弟還自願當這出家人的功德主，以他的名義供養寺院。就在他兄弟的堅持下，這出家人最後同意了，出關考格西學位。他獲得了格西頭銜，過得愈來愈忙，再也沒有完成修奢摩他。這只是一個例子，由於我們還沒有做到無牽累金剛修持，很容易整個受制在他人手上。

這就是密勒日巴尊者告誡弟子的精要：避開落入魔的套索。就算是帶著良善的動機，我們也會遇到很多的違緣障礙：其他人告訴我們一定要延後修行佛法的許多理由，現在還不是時候去僻靜處禪修。

我們非常愛家人以及朋友，他們一直在我們的心上，就算我們眼眶盈滿淚水，即便掛心親友，仍應立下這般的金剛決心，這種無可被破壞的、不會改變的金剛念頭，永遠不與殊勝佛法分離，永遠在僻靜處，沒有貪欲心，清淨修行佛法。不要忘了，就如我們所知，處在「僻靜處」不一定是指身體上的離群索居。不管親友怎麼對我們哭或喊叫，無論他們怎麼跟著我們，求我們不要離開，我們永遠都不應該改變心意，內心要保持就像不會被毀壞的金剛，這就是「無牽累金剛」之意。

6. 無愧悔金剛

第二個金剛是住於無愧悔金剛，無牽累金剛是無愧悔金剛的前行。我們不僅下定決心去僻靜處並且實修，不管親友如何懇求，現在我們真正做到了；但是出離了今生，變成了乞丐，全身髒兮兮，餓著肚皮，衣不蔽體，可能會擔心別人的眼光。

別人在街上看到我們，他們抱怨我們看起來很懶散又愚笨，加以批評我們的外表、生活形態、想法。他們抱怨我們，戲謔說明明好手好腳的，或罵我們生性懶惰，因為我們四處晃蕩又沒工作。別人在工作維持生計時，我們只是坐在那裡，乞討、懶散又精神失常。

另一方面，有其他人可能認為我們是很厲害的瑜伽士。我們住在洞穴裡頭，只穿著破布，不需要一棟豪宅，不需要家庭、朋友或財物——我們一定變成像天神那樣了！

對於我們喜歡跟尊敬的人，例如家人和朋友，要特別謹慎小心。就算跟他們在一起，我們應該對於他們所說的讚美或施加的欺侮，覺得無關緊要，以及具有「無愧悔」。一旦跟隨他們說的話，將會成為我們在修行佛法的大障礙。

噶當派對此的建言是：完全不要擔心這個，不管別人批評我們外表骯髒，或因為我們看起來像偉大的苦行禪修者就讚美我們。不論我們在他們眼裡是惡魔或者瑜伽士，對我們來說沒有任何差別。我們明白，要是隨順他們的想法，這會是世間八法的其一過失，這麼做就是為今生而努力，還造下惡業。這樣子的話，我們就不會怕被批評。

當我們確定自己選擇的路是對的，就不應在乎名聲和讚美，或者惡名和辱罵。我們明白，在乎名聲對於修行佛法是個主要障礙，下定決心不去顧慮別人的意見而專心修行清淨的佛法，那麼我們就是無愧悔了，這樣子就是住於無愧悔金剛。

7. 超凡智慧金剛

下一個金剛是住於超凡智慧金剛，意思是指：我們下決心永遠遵守出離今生來修行清淨佛法的承諾。徹底離開一切無精華跟無意義的事，我們的決心相當堅固，不會動搖，不會被破壞，好讓我們的人生等同於殊勝佛法。

「願我的人生等同於我的修行，如同密勒日巴尊者。」這在藏傳佛教被視為非常重要的祈願，意思是：如果我們活了十年，也就修行佛法十年，不是活的時間比較長，而修持佛法的時間比較短，我們下定決心要修行佛法直到死。

為了要做到這一點，我們就需要不會改變的、不會動搖的決心。如果我們很容易受到煩惱所制服，就不能如法修行。因此，儘管我們很努力，生命卻變得不平均，修持佛法時間比較短，更多時間做的卻是看似重要卻無意義的事。這就是何以「下定堅強的決心，要徹底出離為今生所做的無意義事，不會捨棄這個承諾，擁有不改變的心，這是要讓我們的生命等同於修行殊勝佛法」，這些是最為重要的。

8. 驅逐於人群之得

十秘財的最後三個，第一個是驅逐於人群之得。當我們出離今生，就不再契合世間人的路，我們對於今生種種圓滿一點興趣也沒有。但是其他的人，從窮光蛋到百萬富翁都只為今生圓滿而努力，我們的想法跟這個完全相反。我們所想的或所做的每件事，只為來生快樂，還是為其他有情的快樂。那樣子我們跟世上其他人完全不同調——我們被排斥在社會之外——而其他人就是不能明白我們的想法或者我們做的事，這是「驅逐於人群之得」的意思。如果我們的身、語、意都是與那些世間人所做的相符順，那麼我們做的任何事都不會是殊勝的佛法。

根據社會的標準，精神失常的意思是指跟一般人的思惟脫節了，從那樣的觀點來看，我們完全就是精神失常。但我們看一般人追逐世間圓滿，卻毀了他們獲得真正快樂的機會，所以對我們來說，他們才是精神失常。他們全都這麼努力要得到很多財物，盡可能名氣響亮，都喜歡受到讚美，厭惡被批評，把生命都獻在這種追求之上。

我們身為佛法修行者，已經出離今生，不再追求今生快樂，所以我們毫不在意四種悅意對境跟四種不悅意對境，我們的態度與這世上其他人的態度南轅北轍。

許多西方佛弟子上完柯槃寺一個月課程後回去西方，發現很難修行佛法。剛開始他們盡力而為，對抗世間八法念頭，但他們的心力很快退失，舊習回來了，他們回到以前的工作，但覺得自己跟周圍他人格格不入，因為彼此的態度有如此大的差異，他們覺得自己所居住的世界跟其他人完全不同。「驅逐於人群之得」意思就是這樣，真正的意思是：我們跟「只關心今生」的世間人格格不入。

9. 入於犬伍之得

「驅逐於人群之得」之後的下一個「得」是「入於犬伍之得」。大家對狗多所抱怨，狗的名聲很差，被說得很危險。但對於狗來說，這些說法不像批評，狗沒有名聲的概念，不管主人責罵或稱讚，牠還是對主人忠心耿耿，仍會努力保護主人的安全。主人在寒冷天氣時把狗放在外頭，沒讓牠住在能遮風擋雨的狗屋裡，餵的狗食也很差，不管怎麼樣，不管牠受了多少的苦，牠還是忍著，乖乖地跟主人家住在一起。

當然，我們在這裡指的狗是藏獒。西方國家的狗通常住得很好，也吃得很好，牠們覺得冷時，主人可能還會讓牠們穿上暖和的狗衣。西方人非常關心寵物，這一點做得非常好。不過，對於藏獒而言，不管狗食多麼少或多麼差，就是會繼續住在那裡，接受一切，承受任何困難。

佛法實修者也是一樣的情形（當然，狗只為了這輩子的快樂而努力，所以做的事都不具意義）。如果我們想要修行佛法，心力卻很微弱的話，永遠都會碰到困難。我們開始禪修之前，可能認為自己需要錢，需要舒適房間，三餐有人幫忙準備好。或者我們開始禪修了，但錢很快花光了，得要啃蘋果跟三明治度日。或者也許我們住的地方非常不舒適，殘破不堪，結滿蜘蛛網，沒有暖氣，只能睡在冷冰冰的地板上。在那個階段，我們會把佛法整個拋在腦後，甚至徹底放棄佛法。但如果我們要一切都是舒服的、輕鬆的，我們的情況也是穩定的話，可能永遠都沒辦法開始修行佛法。

如果我們受不了餓肚子、口渴、寒冷、炎熱、不舒服、睡眠不足等等，那麼當我們試著修持佛法，這些擔憂永遠都會是修行佛法的程咬金，我們也會遇到許多阻礙。只要考慮到舒適感這件事，就會發現做任何佛法修行都很困難，菩提道次第的證悟變得遙不可及。

我們得要明白一點，修行佛法過程中遇到的種種困難具有無盡益處，所有困難都會成為極大的淨罪。我們應該憶念釋迦牟尼佛或像密勒日巴尊者這般的偉大瑜伽士，長年苦行，從安忍這些艱鉅的困難裡成就佛果，他們沒有過得舒舒服服，大啖美食，穿著華服。如果我們擁有的比較少，我們應該要記住這一點，當我們在修行佛法時遇到了困難，這對我們的內心相當有益。

出離對於食物、衣服、住處、名聲等等的掛慮，我們就會體驗到修行佛法的快樂。不管我們得到什麼食物或衣服，完全接受，不管出現什麼困難——飢餓、口渴、炎熱、寒冷——為了要修行佛法，全都安忍下來。

恰格瓦格西曾說過，四種相反態度的教誡，其跟「入於犬伍之得」有關。他說世間人珍惜佛勝過有情，珍惜快樂勝過痛苦，珍惜幫助自己的人勝過傷害自己的人，珍惜自己勝過他人。對於希願能證得佛果的佛法修行者則完全相反，佛法修行者應該珍惜有情勝過佛陀[72]，珍惜痛苦勝過快樂，珍惜傷害自己的人勝過幫助自己的人，珍惜他人勝過自己，重點在於我們應珍惜痛苦勝過快樂。

這就是「入於犬伍之得」的意思，不管狗的日子多麼困苦——甚至好幾天沒東西吃——牠還是留下來，想守護主人家。同樣地，不論出現什麼困難，我們一定要持續修行佛法，內心絲毫不變。

10. 證為聖賢之得

十秘財的最後一個是「證為聖賢之得」，意思是：基本上透過上述的修持，我們已經達到目標，成辦修行，已證得佛果，也就是在一切有情當中最上的狀態。在印度文化裡，世間神例如梵天（Brahma）及帝釋天（Indra），被認為高於任何人，所以也高於阿羅漢，但其實世間神還沒有脫離輪迴，而阿羅漢已脫離輪迴，事實上阿羅漢要高過世間神祇，而佛（buddha）還更高。

我之所以會講十秘財，因為如果我們希求修持清淨佛法、出離世間八法念頭，就相當迫切需要噶當派格西的教誡。以噶當十秘財作為根基，這教法相當重要，就算還無法完全照著實修，瞭解十秘財也是非常有幫助的，尤其是當我們處於迷惘的時候，或者懶散到不想修行佛法的時刻。

噶當派格西的十秘財，這個教誡精髓在於要平等化世間八法，平等對待四種悅意對境及四種不

72 珍惜有情勝過珍惜佛陀是菩薩訓練的一部分。我們應尊崇佛陀，因佛陀給我們證悟成佛的法門工具，但我們只有透過服務其他有情以獲得所有的證量，所以珍惜佛陀卻忽視其他有情是錯誤的。

悅意對境。我們需要十秘財這個基本的方法，來中止生活中遇到的困難以及斷除煩惱。佛法修行者希求能證悟成佛的道次第，重視十秘財修持就如同世間人看重金錢那樣。

這個修持不只是口說或身體力行，更是內心的修持，整個重點就在於決心。核心在於把內心帶往能立下「要清淨修持佛法」的這種堅定決心，如果我們已經受戒了，就特別需要十秘財這個修持。不管是受比丘或比丘尼戒，三十六條沙彌戒、菩薩戒或密乘戒，都需要像十秘財這種修持，讓我們能一直堅定出離世間八法。

◆清淨佛法不是掛在嘴上

偉大的菩薩在給予教誡時，不是說說而已，也不像鸚鵡學語或者像錄放音機那樣。鸚鵡能模仿聽到的聲音卻不懂當中涵意，所以鸚鵡說的話不具意義。錄放音機沒有心識，所以也不明白意思。另一方面，偉大的菩薩在給予教誡時，所說的話不枯燥或空洞，這些話都是來自菩薩完全瞭解輪迴痛苦的本性，以親身體驗所說的。菩薩已發現出離今生具有的利益及無窮益處，而且就住於如是修持上，進而由此來教導弟子。

如果我們不知道怎麼去修行，可能會認為自己出離今生了，但我們的行為不相應於佛法，而且我們遇到問題，就像那些西方弟子他們丟光所有東西，去了印度，想要像密勒日巴尊者那樣，但他們並沒有丟棄攀著今生的心，我們需要對此有更多瞭解。

或許你覺得我把佛法說得既複雜又很困難，我應該要說一些話，讓妳的生活變得比較輕鬆又愜意舒服。或許你覺得我說的一些內容，例如世間八法，是要來嚇唬你的。不過，這就是佛法的真實之意，沒過這一關，是不可能修持佛法的。

不管我們說多少次自己在修行佛法，如果不經理解就修的話，行為不可能成為清淨的佛法。不論我們做的是多麼高深的修行，不論做了多少禪修，或者談了多少佛法，不管我們在瑜伽或禪修上多麼有名氣，不管權力有多麼大，要是不瞭解出離心，沒有住於修持，所做的一切不可能變成清淨佛法。

所以我們修行的佛法，不能只是掛在嘴邊，就算只是每天禪修一次，也必須是清淨的佛法。如果想要造善業，想造下解脫的因，要讓每個行為都是清淨的話，就有必要記得佛法及非佛法的區別，以記得佛法究竟為何。然後，就算一天當中只做了一件很微小的事，這件事便能成為清淨的佛法。如果我們沒有帶著邪惡的世間八法念頭去做的話，就種下了真正的解脫種子，帶來證悟成佛的真正種子。如果我們不這麼做，會有種下錯誤種子的危險性。

我們對於自己所做的事情要非常謹慎小心，要確定：不管做什麼，不能只有嘴巴上說說的佛法。清淨的佛法相當深奧，其意思就像是一口深井，極難見到其深度，要體證就更困難了。伴隨著出離今生念頭而修證的佛法是深奧中的深奧，它是非常特殊的法門，它就是讓我們從痛苦中解脫、帶領我們通往真正快樂的法門。

出離欲樂，帶來最棒的欲樂

出離對於世間欲樂的貪欲，會帶來最棒的欲樂；出離對於獲得東西的貪欲，就是最棒的獲得，而且會帶來最棒的持續獲得；出離對於讚美的貪欲，是最棒的讚美，而且會帶來最高的讚美；出離對於名聲的貪欲，就是最棒的名聲，而且會帶來最偉大的美名。

往昔所有偉大瑜伽士，例如本師釋迦牟尼佛，出離了四種悅意對境，這並不表示佛陀再也沒有享受欲樂，再也沒有得到好的名聲或再也沒有受讚美。佛陀恆時無止息地擁有無盡的欲樂跟快樂，永遠不會停止。如果我們把佛陀的欲樂與所有世間輪迴有情所擁有的欲樂相較，兩者根本無法相比。世間輪迴有情的欲樂是這麼局限。即使佛陀不求讚美，由於其功德而受到最好的讚美。過去佛陀受到讚美，現在也受到讚美，未來肯定會繼續被讚美。

對於證悟成佛者，沒有任何聲音不是最悅耳的，沒有任何滋味不是最上美味。我們穿在身上的衣可能感覺是粗糙或者細軟，對於佛而言，沒有東西是感覺粗糙的或者味道難聞的。佛陀及所有證悟成就者一直享受在最上的、無止息的快樂。對他們來說，萬法都是無盡的大樂，萬法都在其無盡快樂的本性，這些都是來自於修持出離心。要憶念釋迦牟尼佛曾說過：

> 如果想得到一切快樂，就要出離所有貪欲。如果出離所有貪欲，將能證得無上快樂。

這句引言很短，卻極為深奧，這是對一切世間八法的總結：我們藉由出離而獲得。如果我們避開所有輪迴欲望，將能證得最上快樂；只要我們順從輪迴欲望，永遠找不到滿足感。

我們之所以從來沒有真正滿足過，是因為自己從來沒想要避離輪迴欲望。要做到這一點就需要智慧。當我們以智慧來獲得滿足，會遠比任何想要從實現輪迴欲望而獲得滿足感的人還更加快樂。我們受制於渴望及貪欲時，永遠找不到滿足感，事實就是如此。

正如我們所知，抓癢時可能會感到一些欲樂，卻遠遠比不上一開始就不癢，那種欲樂只是暫時抒解痛苦。如果我們貪著抓癢的欲樂，抓一次永遠不可能足夠，要抓三次或者更多次，抓愈多次，從抓癢得到的欲樂反而愈少，遲早抓傷自己，不是原本希望得到愈來愈多的欲樂，反而轉成了痛苦。這種欲樂不可能持久，一定會變成痛苦，這就是輪迴欲樂的本性。

身患黃疸病時，我們可能把白雪皚皚的山頭看成黃色，甚至信以為真；但我們痊癒時就會看到白色，其實本來就是白色的。同樣地，當我們起了貪欲，會相信，一旦得到所欲之物就會快樂，我們對此深信不移。對於已超越錯誤見地，並且出離輪迴欲樂的貪欲心的聖賢們，他們領會到輪迴欲樂的本性是苦。

我們需要去思惟像是這樣及其他更多例子，每當遇到欲求對境時，要非常小心。如果我們能見到輪迴欲樂的本性是苦的話，佛法智慧會繼續增長，不管做什麼事情，都會是將來快樂的因。

我們無法單從文字發現這一點，必須要從自己的修行去領會。你不要認為我希望你否定自己得到任何快樂，或者我所說的內容不可能做得到。就算是以前研究過這法類的人，也是需要不斷串習，需要花費一段時間才能真正領會。

我們對自己要非常有耐心。如果我們把基礎要點牢記在心，就有工具能夠檢視出現在內心的任何東西，修行也會變得更有成效。我們必須一再串習修行要點，做任何事情都隨時運用這些要點。

當然，如果能隨時完全對抗世間八法念頭，毫無疑問，這就是獲得快樂的圓滿法門，不只在今生，來生也是。這結果並不是一蹴可幾，不會在一彈指就出現，讓我們的心轉向需要時間，我們要訓練自己，這樣在修行過程就會愈來愈容易。

我們愈是把菩提道次第法類，例如世間八法的法類與日常生活結合，就更能夠看出這些法類是真實無誤的，對於這些法類的瞭解就愈深刻。起初，我知道這似乎是妄想的無稽之談，就像嬰兒喃喃學語那樣。我們第一次學到這個法類時並無法理解，覺得這些內容一點道理也沒有，不過，智慧的本性是如果持續下去，一定會進步，智慧會隨之增長，這是心的本性。

我們可以像阿底峽尊者的弟子——噶當派奔公甲格西那樣來修行。他蒐集了黑石子及白石子，只要出現世間八法念頭，就放顆黑石子；不論何時出現善念，就放顆白石子。他整天都做這件事，當天睡前最後一件事，就是數有多少顆石子是黑的，有多少顆石子是白的。一開始連一顆白石子都沒有，只有黑石子，然而，漸漸出現一些白石子，然後又增加更多白石子。經過長時間之後，到最後他發現只有白石子。所以，這全是修心而來，不能期待很快獲得這個結果，全要靠持續不斷的心力、決心及練習。

就算我們目前無法將生活的一切都住於佛法上，無法像那些苦行禪修者能完全出離世間八法念頭，也要去提起正念，盡一己之力讓每件事情都是善行，這是非常重要的一點。

不然，我們可能誤以為自己做的那些看起來是宗教行為屬於佛法，這樣是非常危險的。生命如此短暫，如果行善時都無法造下善業，這是非常令人難過的。這種情況就像是我們開店做生意，以為賺了很多錢，當天營業結束後，仔細清點收到的錢，竟然發現全是假鈔。我們認為一切是真實的，其實不然，而我們也浪費所有時間跟心力。

就算我們身為百萬富翁，發現自己的錢全是假鈔，變得一文不值，另一方面為世間八法念頭努力，認為自己是為了獲得快樂而努力，事實上所做的努力卻使自己將來投生三惡道。這兩者相較之下，前者根本沒什麼。偽鈔堆得像一座座高山，不會讓我們投生三惡道，不會擾亂來世快樂，帶著世間八法念頭所做出來的不善業卻會。所以，儘管是最小的善業，我們都要盡可能做得如法圓滿。

禪修無常及死亡是最有力量的對治法。要記住，死期不定，思惟跟隨邪惡的世間八法念頭讓我們做出不善行，讓我們來生投生三惡道因而受苦，甚至這輩子就受苦。藉由憶念這一點，生起正向動機，內心就不會與世間八法念頭合一。

我們修行最好的正向動機就是菩提心，不管何時，我為其他有情做任何事，不管那件事多麼微小，都應以菩提心為動機來做，思惟我們做這件事的目的，是為了能利益一切有情而成就佛果。就算只是施予食物碎屑給狗兒，要是以出離世間八法為基礎，並帶著菩提心動機做這件事，所得到的益處是無窮盡的、無法計算的、無法想像的。

瞭解佛法跟非佛法之間的差別，讓我們能做出選擇。當我們擁有那智慧，無論何時，能讓自己所做一切都成為佛法。

附錄：噶當派格西之噶當十秘財[73]

噶當派的十秘財教法，只要內心保有這十秘財，煩惱城堡崩垮，邪惡的惡業船舫解體，修行者會證得對治法的大樂之地。所以，如果修行者擁有這十種秘財，將能快速、無礙獲得解脫及佛果，順帶獲得今生及來世快樂。

我祈請釋迦牟尼佛、慈愛的上師們、直接及間接法緣的上師們，請加持我出離今生。

淨飯王的無與倫比之子（悉達多太子，**Prince Siddhartha**）[74]，見病、老、死，感到十分難過，拋棄了王位，在那蘭迦耶河畔[75]過著嚴格的苦行，六年後終於證悟成佛。同樣在眾先聖的生平故事中，聖眾思惟無常和死亡，亦感到難過，而出離到人煙罕至之處修行，即生證悟成佛。一樣是想到死期不定，為何我們無法捨棄此世的家舍、房子、親人、食物、財富，這一切能讓我們生起淨法修行嗎？

除了維持生存的需要——三衣、乞食缽等等，不為自己保有任何金銀珠寶或額外之物。對我而言，死亡確定會來臨，當死亡到來，財物、家庭、朋友（貓狗亦是）幫不上我，徒有分離之苦。透

---

73 *FPMT Retreat Prayer Book* 頁 171~73；*Lama Chöpa Jorchö*，第 197 頁及第 199 頁。

74 兩個名字指的對象都是釋迦牟尼佛，即歷史記載的佛陀。

75 這條河（今稱尼那禪河，Lilajan），流經印度北方菩提迦耶小鎮，佛陀便在菩提迦耶證悟成佛。

過這樣的思惟，我必須捨棄追求今生的財富。

一、心極法依止

二、法極窮依止

三、窮極死依止

四、死極洞窟依止

五、無牽累金剛（以金剛心前進，不改變出離今世，依法修行，不被所愛的人牽累）

六、無愧悔金剛（捨棄世間的利害關係，不管人們怎麼說我，好或是不好，我會以出離心入世，不會改變心意，此心是無愧悔金剛）

七、超凡智慧金剛（法與此生無二無別的結合，不逾越出離今生的約定）

八、驅逐於人群之得（需與執著今生安樂的人分離，保持卑下且穿著劣衣）

九、入於犬伍之得

十、證為聖賢之得（安忍食物、衣服及名聲的匱乏，不管多麼饑渴，無論困難重重，我要忍耐以修行佛法。當一個人捨棄世間的一切，在人間罕至的地方完成佛法修行，就能成就究竟的安樂果，亦即在此生證得佛果）

簡而言之，無常和死亡很快就會到來，現在正是出離的時候。藉由上師的慈悲，和我自己的功德，願我能夠出離此生。

如果能依文唸誦，並思惟意義，就能快速地完全出離此生。

註釋

這篇關於自我解脫的談話，受到瑜伽士堪珠・依登・夏卡・宗竹（Khedrup Nyiden Shabkar Tsogdruk）的加持，由卑微的、不知佛法的無知乞士（圖登梭巴〔Thubten Zopa〕）略加編輯。當初會寫下這一篇，是想到，如果我及其他像我的人，在修上師薈供到菩提道次第祈請文段落時，在「惟願加持體悟此暇滿」此偈頌之後讀誦這一篇，有益於心續受佛法啟發。藉由此篇，願一切執取世間八法的流轉有情能解脫，迅速獲得最上、圓滿的證悟。對他人教導菩提道次第教法時，能讀誦這篇也是很好的。

西元二〇〇四年六月譯者補充註釋

此文為高僧喇嘛夏卡・宗竹・壤多（Shabkar Tsokdruk Rangdrol）所撰，土兔年正月二十三日，西元一九九九年三月十日，於美國加州阿普托斯的卡秋德謙林中心，由喇嘛圖登梭巴仁波切口譯，特斯拉（Tsenla）法師從旁協助。倫珠・寧傑（Lhundup Ningje）法師整理。願一切有情受益。坎達爾・馬格努森（Kendall Magnussen）略加編輯。護持大乘法脈聯合會教育服務，於西元二〇〇四年七月。

詞彙表

一切遍智	omniscient mind	參見成佛（enlightenment）
七支供養	seven-limb practice	七支供養為禮敬支、供養支、懺悔支、隨喜支、請轉法輪支、請佛住世支、迴向支。
二十五種消融	twenty-five absorptions	人在死亡過程當中，由於風息（微細能量）融於中脈而看到的不同景象。
八暇	eight freedoms	暇滿人身具有的八種閒暇，參見暇滿人身（perfect human rebirth）。
十不善業	ten nonvirtues	身的三種不善業為殺生、偷竊、邪淫。語的四種不善業為妄語、兩舌、粗惡語、綺語。意的三種不善業為貪心、瞋心、邪見。
十圓滿	ten richnesses	暇滿人身的十種特點。參見暇滿人身（perfect human rebirth）。
三士道	three levels of practice / three scopes	下士夫、中士夫、上士夫這三種士夫基於想要來世獲得增上生、脫離輪迴或解脫成佛這三種動機的修行之道。
三主要道	three principal aspects of the path	菩提道次第的要點：出離輪迴、菩提心及空性正見。
三身	three kayas	法身（dharmakaya）、報身（sambhogakaya）、化身（nirmanakaya）。亦參見四身（four kayas）。
三門	three doors	身、語、意。
三毒	three poisons	愚癡、貪欲、瞋恚。
三惡道	evil-gone realms	參見三惡道（lower realms）
三惡道	lower realms	在輪迴受苦最劇烈的三道，有地獄道、餓鬼道及畜生道。
三種殊勝	three great meanings	來世之樂、解脫輪迴之樂、證悟成佛之樂。

三增上學	three higher trainings	在戒學、定學、慧學的更上修學。
三藏	Three Baskets	參見三藏（Tripitaka）
三藏	梵音 Tripitaka	字義指「三籃」，佛法的傳統分類方式：律藏（戒律）、經藏（佛陀的教言）及論藏（邏輯和哲思）。
三寶	Three Jewels	又名三寶（Triple Gem）。佛教徒皈依的對象：佛、法、僧。
上師	梵音 guru，藏音 lama	字義為重的，在佛法學識上很重。亦為精神導師、師長。
上師	藏音 lama	參見上師（guru）
上師薈供	梵音 Guru Puja，藏音 Lama Chöpa	屬於無上瑜伽部特有的上師瑜伽修持法門，由班禪洛桑賈參撰著。
口傳	oral transmission，藏音 lung	教法口傳，由上師傳給弟子禪修法門或咒音。給予口傳的上師已受過口傳，並且來自於教法一開始便無間斷的傳承。
士夫（下、中、上）	capable being (lower, middle, or higher)	參見三士道（three levels of practice）。
大手印	梵音 mahamudra，藏音 chag-chen	依於內心的甚深禪修系統，以及實相的究竟本性。
大威德金剛	Yamantaka	密續忿怒尊。
大乘	梵音 Mahayana	字義為大車乘。為了導引一切有情成佛而追求佛果的菩薩行者其修行道路。
大乘八關齋戒	Eight Mahayana Precepts	受持一天內不殺生、不偷盜、不妄語、不淫、不飲酒、不坐臥高廣大床、不非時食、不香花鬘莊嚴及歌舞。
大圓滿	藏音 dzogchen	藏文字義為「大圓滿」，證得心性、本初狀態的修持，是寧瑪派的主要法教。
大殿	藏音 gompa	通常指寺院主殿。

小乘	梵音 Hinayana	梵文字義是小的車乘。阿羅漢的修行道路，其目標在於證得涅槃，或者自身脫離輪迴。
不善	nonvirtue	即惡業（negative karma），其導致痛苦的結果。
中陰	藏音 bardo	中間狀態；介於死亡及再次投生之間的狀態，持續時間從一剎那到四十九天不定。
中觀	Middle Way	參見中觀學派（Madhyamaka）
中觀學派	梵音 Madhyamaka	龍樹菩薩依據釋迦牟尼佛所說《般若經》（Perfection of Wisdom Sutras）而創立了中觀學派的學說體系，被視為佛陀在空性教法的最高正見。佛教宗義在大乘宗派主要有二種，中觀學派便是其中之一。
中觀應成派	The Middle Way Consequence School，梵音 Prasangika Madhyamaka	被視為佛教宗義的最高部派。
《丹珠爾》	藏音 Tengyur，梵音 shastra	印度祖師大德對佛經的釋論。
五戒	five precepts	佛教徒居士持守不殺生、不偷盜、不妄語、不邪淫及不飲酒的誓言。
五無間業	five uninterrupted negative karmas	殺父、殺母、殺阿羅漢、惡心出佛身血、破和合僧。
仁波切	藏音 Rinpoche	字義是珍貴之人。一般來說，此稱號是刻意轉世為人來繼續幫助有情的上師。對於自己上師之敬稱。
六道	six realms	佛教一般將輪迴分為六道，有三惡道（地獄道、餓鬼道跟畜生道）及三善道（人道、阿修羅道及天道）。
化身	emanation body，梵音 nirmanakaya	佛陀示現為凡夫的外相。

天人	梵音 deva	在欲界、色界（form realm）或無色界（formless realm）裡耽溺在相當舒適及欲樂狀態的神。
天人	god	參見天人（deva）
幻身	illusory body	透過修持無上瑜伽部的圓滿次第而生起的微細身。佛色身的因。
心	mind	與心識同義。定義為「能清楚且了知」。無形，具有感知所緣對境的能力。
手印	梵音 mudra	字義是封印。佛像的象徵手勢，或者是密續儀式的象徵手勢。
文殊菩薩	梵音 Manjushri，藏音 Jampel Yang	一般來說指智慧佛。文殊師利也被視為歷史上釋迦牟尼佛其脅侍菩薩。
方便	method	成佛道路上除了跟空性有關的其他部分，主要是關於生起慈心、悲心及菩提心。
月官論師	梵音 Chandragomin	西元七世紀有名的印度在家行者，他曾挑戰月稱論師，與其辯論多年。著作包括《菩薩律儀二十論》、《與弟子書》。
止	calm abiding，梵音 shamatha，藏音 shi-nä	心專注於禪修所緣，能住於穩定，並且想持續多長的時間都不費力的狀態。
世間八法	eight worldly dharmas，藏音 jie-ten kyi chö-gyä	凡夫眾生的行為通常受到以下世間八法所驅使：收到禮物時覺得快樂，沒收到禮物就不快樂；想過得開心，不想過得不開心；想得到讚美，不想被批評；想有好名聲，不想有壞名聲。參見第二章註釋。
出離心	renunciation	內心處於連一秒都絲毫不受輪迴欲樂吸引的狀態，而且強烈希求想解脫。

卡拉貢秋	Kharak Gomchung Wangchuk Lodrö，年代約西元十一世紀	阿底峽尊者及種敦巴尊者的弟子——噶當派貢巴瓦格西，他的一位主要弟子。參見 *The Book of Kadam*，第 661 頁，第 547 註釋。
四身	four kayas	成佛證得的身有法身（dharmakaya）及色身（rupakaya），各自再分二方面，法身分自性法身（svabhavikakaya）及智慧法身（jñanakaya），色身分報身（sambhogakaya）及化身（nirmanakaya）。
四聖諦	four noble truths	釋迦牟尼佛首次傳法，或稱初轉法輪的主題：苦、集、滅、道。
本有	inherent existence	參見真實存在（true existence）。
本波	Penpo	靠近西藏拉薩東方的城縣。
本尊	deity，藏音 yidam	佛意的化現，作為密續修行的禪修對境。
本尊	yidam	參見本尊（deity）
甘丹寺	Ganden Monastery	格魯派三大寺裡最早建立的佛教大學，由宗喀巴大師於西元 1409 年在靠近拉薩的地方建寺。甘丹寺在 1960 年代被嚴重破壞，現在流亡的甘丹寺已於印度南部重建。
甘丹赤巴	藏音 Ganden Tripa	藏傳佛教格魯派教主的稱號，象徵宗喀巴大師，坐於甘丹寺宗喀巴大師的法座之上。
《甘珠爾》	藏音 Kangyur	藏文大藏經的一部分，包含經及續。字義是「佛陀教敕的翻譯」，共有 108 函。
生起次第	generation stage	無上瑜伽二次第的第一次第。
印度教苦行者	梵音 sadhu	雲遊四方的印度教瑜伽士。

因緣法	causative phenomena	互依因緣而有的法，包括感官經驗到的一切對境，內心亦同。又稱無常法。
地	梵音 bhumi	字義為階段或地。菩薩在證得佛果的過程必須要通過十地，能直接現證空性是為第一地。
地獄	hell，梵音 narak	可以泛指地獄道，或是特定的指稱，如炎熱地獄或寒冷地獄。地獄道是輪迴六道當中痛苦最為劇烈的一道。有八熱地獄、八寒地獄以及四近邊地獄。
多摩格西仁波切	Domo Geshe Rinpoche，1866-1936	在其生平早年是一位著名的苦行者，之後在西藏、尼泊爾邊境及大吉嶺成立僧團。他是《白雲行》（*The Way of White Clouds*）作者戈文達喇嘛（Lama Govinda）的上師。仁波切的下一世（1937-2001）是耶喜喇嘛及喇嘛梭巴仁波切的朋友。這一世的轉世正於色拉傑寺學習。
如意寶	wish-granting jewel	一種珍寶，能帶給持有者所求的任何東西。
成佛	enlightenment	全然覺醒；佛果；一切遍智。成佛是大乘佛教徒的最終目標，在盡除內心一切過失及證得一切功德時而成佛。具足圓滿悲心、圓滿智慧及圓滿力量的特徵。
成就	梵音 siddhis	證量，通常指神通力（世間及出世間皆然），在修行道上順帶所獲。
有情	sentient being	尚未證悟成佛的眾生，其內心還沒有徹底消除無明。

色拉寺	Sera Monastery	靠近拉薩的格魯三大寺之一。由宗喀巴大師的一位弟子，西元十五世紀早期的蔣欽卻傑（Jamchen Chöje）創立。現今於印度南部也建立了流亡色拉寺。色拉寺分兩個學院，色拉傑及色拉昧，喇嘛梭巴仁波切與色拉傑淵源深厚。
色界	form realm	輪迴三界的第二界，有十七天的天人。
行苦	pervasive compounding suffering	三種苦當中最微細的苦，其為五蘊的本性，受到煩惱及業所染。
佛	梵音 buddha	圓滿證悟者，已斷除一切覆障，證得一切功德。 參見成佛（enlightenment）、釋迦牟尼佛（Shakyamuni Buddha）。
佛果	buddhahood	成佛的境界。
佛法	梵音 Dharma、Buddhadharma，藏音 chö	佛法，一般指精神修持，精確來說則是佛陀教法，其能保護行者免於痛苦、通往解脫及圓滿成佛。
佛陀	梵音 Buddha	指歷史記載的釋迦牟尼佛。參見成佛（enlightenment）、釋迦牟尼佛（Shakyamuni Buddha）。
佛塔	梵音 stupa	象徵佛意的舍利塔。
佛經	梵音 sutra	釋迦牟尼佛公開的教法開演。佛經包含經典、開示及修持法門。
克帝參夏仁波切	Kirti Tsenshab Rinpoche	證量高且佛學淵博的苦行瑜伽士，生前住在印度達蘭薩拉，也是喇嘛梭巴仁波切的上師之一。
別解脫	individual liberation	聲聞行者（hearer）或獨覺行者藉由修行小乘而證得的解脫，相對於修行大乘而證悟成佛。
別解脫戒	individual liberation vows，梵音 pratimoksha	僧、尼僧及在家人受持別解脫的戒律。

戒律	梵音 Vinaya	佛陀對於戒律的教導；三藏之一。
沙彌	藏音 getsul	剛出家的佛教僧侶。
那洛六法	Six Yogas of Naropa	密續圓滿次第修行的一系列修持：拙火瑜伽、幻身瑜伽、光明瑜伽、睡夢瑜伽、遷識瑜伽和中陰瑜伽。
那洛巴	Naropa，1016-1100	印度大成就者，亦為帝洛巴尊者的弟子，以及身為馬爾巴尊者及梅紀巴尊者的上師，那洛巴尊者傳下許多密續傳承，包括聞名的那洛六法。
那爛陀	Nalanda	大乘佛教的最高學府，在第一個千禧年早期於印度北方創立，離菩提迦耶不遠，是佛教弘揚至西藏的主要來源。第十二世紀時被破壞摧毀。
邪見	heresy	對於上師及佛教基本教法持有負面想法的統稱，例如無因果。跟依止相違。
事續	Kriya Tantra	字義是「作密」，是藏傳佛教密續四部中的第一部。
供曼達拉	mandala offering	供養整個清淨宇宙的象徵。
依止上師	guru devotion	經部或者續部的修持視上師為佛，繼而在思惟上及行為上依止。
取精華	taking the essence	參見秋練（chu-len）
咒	梵音 mantra	字義是內心的守護。梵文字母通常會與修持的特定本尊的名號連著唸，而且體現了該本尊的功德。
奔公甲格西	Ben Gungyal, Geshe；Tsultrim Gyalwa	噶當派貢巴瓦格西的弟子，在他放棄為非作歹的生活之前是當搶匪及小偷，後來出家，還成為偉大的瑜伽士。
宗喀巴大師	Tsongkhapa, Lama，1357-1419	備受尊崇的師長，有成就的修行者，創立藏傳佛教格魯教派。文殊菩薩——智慧佛的化身。

宗喀巴大師上師瑜伽法	Lama Tsongkhapa Guru Yoga	與宗喀巴大師相關的上師瑜伽法，格魯派寺院每日修此瑜伽法。
岡波巴	Gampopa；Sönam Rinchen，1079-1153	密勒日巴尊者的「如日」弟子，也是第一世噶瑪巴尊者的上師，著有《解脫莊嚴寶論》，亦被稱為達波拉結（來自達波的醫師）。
帕繃喀大師	Pabongka Dechen Nyingpo，1871-1941	第二十世紀的偉大上師，其著作《掌中解脫》影響甚廣，係為宗喀巴大師的開創性著作《菩提道次第廣論》的釋論。他也是分別擔任第十四世達賴喇嘛尊者高級親教師及初級親教師——金剛持林仁波切及金剛持赤江仁波切的根本上師。
念珠	梵音 mala，藏音 threng-wa	計算持咒次數的珠串。
怙主	藏音 Kyabje	字義是皈依主，一種尊稱。
所知障	subtle obscurations	參見覆障（obscurations）
拉登仁波切	Rabten Rinpoche, Geshe，1920-86	博學廣聞的格魯派上師，1975 年移居瑞士之前曾任達賴喇嘛尊者的佛教儀式侍者。耶喜喇嘛及梭巴仁波切的上師。
拙火	inner fire，藏音 tum-mo	密續圓滿次第的禪修技巧，那洛六法的第一法，將所有風息（winds）都趣入中脈而引生光明（clear light）。
昂旺列西	Ngawang Lekshe	第一位教導喇嘛梭巴仁波切藏文字母的老師。
昂旺朗吉格西	Ngawang Dhargyey, Geshe，1921-1995	格魯派許多轉世祖古（tulku）的老師，也曾任位於印度達蘭薩拉的西藏文物與文獻圖書館（Library of Tibetan Works and Archives）常住師長，之後到紐西蘭創立佛法中心，在紐西蘭圓寂。

昆達利尼瑜伽	梵音 kundalini yoga	一種非佛教，運用脈及輪的瑜伽練習。
林惹巴	Lingrepa	偉大的在家修行者，也是倉巴加惹耶謝多傑的上師，創立了藏傳佛教的竹巴噶舉（Drukpa Kagyü）支派。
法會	梵音 puja	字義為供養。一種宗教儀式。
法稱論師	Dharmakirti	西元七世紀的印度學者，也是建立佛教因明學的始祖之一。
波多瓦格西	Potowa, Geshe，又名 Potowa Rinchen Sel，1031-1105	於西元 1058 年進入瑞廷寺，並擔任住持一小段時間。種敦巴尊者的三大弟子之一，噶當派傳承祖師。
波羅蜜多	paramitas	參見圓滿（perfections）
波羅蜜多乘	梵音 Paramitayana	字義是圓滿的車乘，也稱作經乘、菩薩乘、大乘佛教顯經。大乘佛教分為兩支的其中之一，另外一支是密乘（或稱金剛乘或咒乘）。
空行	梵音 daka	跟空行母相當的男性。
空行母	梵音 dakini	字義為行走天際者。在生起或圓滿次第裡具有密續證量的女性。
空性	emptiness、voidness，梵音 shunyata	沒有真實的存在，或缺乏真實的存在（true existence）。在究竟上，萬法其真實存在，或者從其自己方面，或者獨立而有，都是空的，參見僅為名言安立（merely labeled）。
舍利子	relics	狀似珍珠的小顆粒，從聖物自然出現，例如佛像、佛塔或大修行者火化後的身軀。
金剛	梵音 vajra，藏音 dorje	字義是「金剛」，常譯為「閃電」，不過通常不翻其義。金剛杵在密續修行上有分四股金剛杵、五股金剛杵。
金剛杵	藏音 dorje，梵音 vajra	參見金剛杵（vajra）

金剛杵鈴	vajra and bell	在密續法會使用的法器。金剛杵持於右手，象徵大樂，金剛鈴持於左手，象徵空性。
金剛乘	梵音 Vajrayana	又稱為密乘（Tantrayana）、咒乘（Mantrayana）或密咒（Secret Mantra）。佛教當中修行最迅速的乘，能引導行者在一世證得佛果。
金剛瑜伽母	梵音 Vajrayogini，藏音 Dorje Näljorma	勝樂輪的半忿怒本尊。
金剛薩埵	梵音 Vajrasattva，藏音 Dorje Sempa	父續本尊，在淨化罪障上尤其殊勝。
阿底峽尊者	Atisha Dipamkara Shrijnana，982-1054	一位名聞遐邇的印度大師，在西元1402 年到西藏重新振興佛教，並且創立噶當派，其著作《菩提道炬論》是首部菩提道次第典籍。
阿修羅	梵音 asura	又名非天。
阿羅漢	梵音 arhat	字面上意思為殺敵者。已經摧毀自身內在敵人——煩惱，而且已證得解脫輪迴的行者。
青稞酒	藏音 chang	由發酵的穀類，常是大麥製成的啤酒。
便便	kaka	糞便的口語表達。
信心	faith	信心有三種：相信的、真誠的清淨信心；基於邏輯信念而有清楚的或者理解的信心；以及渴望的、嚮往的信心。
前行	preliminaries	藉由清除障礙及累積福德，使心準備好，能在密續禪修有所成就。
哈達	藏音 khatag	白色棉巾，西藏人以哈達表示歡迎，以及對聖物行供養。
帝洛巴	Tilopa，988-1069	印度大成就者，亦為那洛巴的上師。許多密續教法的傳承祖師。
帝釋天	Indra	印度教天道具有大威力的神祇。

度母	梵音 Tara，藏音 Drölma	母續本尊，體現一切諸佛之佛行事業。通常被稱為是過去、現在及未來諸佛之母。
恰格瓦格西	Chengawa, Geshe；Chengawaa Tsultrim Bar, 108-1103	種敦巴尊者的三位主要弟子之一，也是噶當派教授傳承的祖師。
柯槃寺	Kopan Monastery	位在尼泊爾加德滿都博達（Boudhanath）附近，由耶喜喇嘛及喇嘛梭巴仁波切創立。
毗婆沙宗	The Great Exposition School，梵音 Vaibhashika	小乘佛教的兩個主要部派之一。
流轉有情	transmigratory beings	流轉輪迴六道之間，受困在輪迴的有情眾生。
皈依	refuge	至心託付於佛、法、僧（Sangha），使其作為成佛道上的引導。
秋巴	藏音 chuba	在家藏人穿的外衣，袖長，繫於前。
秋練	藏音 chu-len	字義是「取精華」。秋練丸由精華成分製成。修行有成的行者，每天吃幾顆，可以在數月或數年的閉關與世隔絕，無須依賴一般食物而活。
耶喜喇嘛	Lama Yeshe，1935-1984	在西藏出生及受教育，之後逃亡至印度，遇到了其大弟子——喇嘛梭巴仁波切。西元 1969 年，他們開始在柯槃寺教西方人佛法，並且於 1975 年成立護持大乘法脈聯合會（Foundation for the Preservation of the Mahayana Tradition，FPMT）。
風息	winds	體內脈道流動的微細能量，風息讓身體運作，並且與不同層次的心有關。

修心	thought transformation / mind training，藏音 lo-jong	培養菩提心的具力法門。在修心法門裡，修學內心面對各種情況，快樂及不快樂皆然，以作為摧毀愛我執及我執的方法。
修密者	藏音 ngagpa	修持密續的在家居士，通常與儀式及苦行相關的瑜伽士。
修羅	梵音 sura	天神或天人的另一稱呼。
倫珠喇嘛堪蘇仁波切	Lama Lhundrup Rigsel, Khensur Rinpoche，1941-2011	西元 1973 年應耶喜喇嘛之請，至柯槃寺教導年輕僧侶。他從 1984 年至 2001 年擔任代理住持。當他正式被指派為住持開始直到 2011 年 9 月，圓寂前兩個月為止。
哥摩仁波切	Gomo Rinpoche，1921-1985	在家人上師，也是耶喜喇嘛及喇嘛梭巴仁波切的上師。仁波切曾在護持大乘法脈聯合會（FPMT）多個中心弘法，特別在義大利的中心。仁波切已圓寂，轉世生在加拿大。
哲蚌寺	Drepung Monastery	格魯派（Gelugpa）三大寺裡最大的寺院。由宗喀巴大師的一位弟子在靠近拉薩的地方啟建。流亡的哲蚌寺已於印度南部重建。
唐卡	藏音 thangka	筆繪或拼貼縫合方式製作本尊、壇城、佛等等，通常會以彩錦作為邊框。
夏瓦巴	Shawopa, Shawopa Pema Janchup 或名 Shawo Gangpa, 1067-1131	噶當派三昆仲當中波多瓦及普瓊瓦的共同弟子。參見 *The Book of Kadam*，第 662 頁， 第 558 註釋。
夏惹瓦格西	Sharawa, Geshe，1070-1141	由波多瓦格西剃度，且為切喀瓦格西的上師。
時輪金剛	梵音 Kalachakra	字義是時間之輪。密續無上瑜伽部的父續本尊。時輪金剛密續包括醫藥、星象等等教法。
根	藏音 gen	字義是長者，為一種尊稱。

根強巴旺都	Jampa Wangdu, Gen d. 1984	苦行禪修者，也是耶喜喇嘛的摯友，以及喇嘛梭巴仁波切的上師。
格西	藏音 geshe	字義是善知識。僧侶在格魯派寺院完成廣大學習及通過考試後獲得的學位。
格魯	藏音 Gelug	藏傳佛教四大教派之一，在西元十五世紀早期由宗喀巴大師創立，之後由名聲顯赫的大成就者一達賴喇嘛及班禪喇嘛相繼弘揚。
格魯巴	藏音 Gelugpa	追隨格魯派的行者。
涅槃	nirvana	參見解脫（liberation）
班智達	梵音 pandit	偉大的學者及哲學家。
真實存在	true existence	諸法從自方顯現堅實而有、真實而有，事實上諸法空無實有。
脈	梵音 nadis	流通全身的能量通道。
脈輪	梵音 chakras	字義為輪。脈輪沿著中脈的不同處，由脈分支所形成，六個主要脈輪為眉心輪、頂輪、喉輪、心輪、臍輪及密輪。
《般若經》	Perfection of Wisdom，梵音 Prajnaparamita	釋迦牟尼佛中轉法輪時宣說《般若經》，開演空性智慧及菩薩道。
貢巴瓦	Gönpawa；Wangchuk Gyaltsen，1016-1082	阿底峽尊者及種敦巴尊者的傑出弟子，曾任瑞廷寺住持五年。參見 *The Book of Kadam* 第 658 頁，第 525 註釋。
馬爾巴	Marpa，1012-1096	藏傳佛教大譯師。噶舉派的創立者之一，以及密勒日巴尊者的根本上師。
寂天菩薩	Shantideva，685-763	偉大的印度祖師菩薩，著有大乘佛教重要經論之一《入菩薩行論》。
密乘戒	tantric vows	密續修行者受持的戒。

密勒日巴尊者	Milarepa，1040-1123	偉大的西藏瑜伽士及詩人，由於他跟上師馬爾巴尊者的完美師徒關係、修持的苦行及所寫的證道歌而名聞遐邇。噶舉派的創始者之一。
密續	梵音 tantra	佛陀開演的祕密教法，包括了密續經典、教言及修持。在密續的修持上，一般是行者觀修自身即為本尊，目的在於行者將自身於身語意的不清淨狀態轉化到佛的清淨狀態。亦參見金剛乘（Vajrayana）。
專注一境	single-pointed concentration	能夠不費力地，且時間長短隨己意，專注在禪修所緣的能力。
悉達多太子	Siddhartha, Prince	釋迦族的王子，他成為釋迦牟尼佛——歷史記載的佛陀。
曼達拉	梵音 mandala	密續本尊的清淨佛土，以圖案或畫來代表。
梭羅坤布	Solu Khumbu	位於尼泊爾東北部與西藏的邊境處，梭巴仁波切出生地。當地居民是雪巴人。
梵天	Brahma	印度教天道的具力神祇。
欲界	desire realm	輪迴三界的其中一界，有地獄道眾生、餓鬼、人、阿修羅，以及六欲天的修羅（suras）。欲界有情對於六識的對境充滿欲望。
淨土	pure realm	清淨的佛國剎土，無苦。行者投生淨土，直接從該淨土的佛領受佛法，能夠證悟在佛道尚未修證的部分，之後證悟成佛。
淨罪	purification	從心續清除或清淨惡業及惡業習氣。
習氣	imprints	身、語、意造下善業或惡業後留在內心的種子或潛存性。

袞卻格西	Geshe Lama Konchog，1927-2001	大修行者，在擔任柯槃寺主要師長之前，曾於尼泊爾樽區閉關超過二十年（其中六年修秋練嚴格苦行）。
貪	attachment	誇大對境的優點，並想擁有對境的一種煩惱。六根本煩惱之一。
通往成佛的漸次道路	graduated path to enlightenment	參見菩提道次第（lam-rim）《菩提道次第廣論》（Great Treatise on the Stages of the Path to Enlightenment）：參見《菩提道次第廣論》（Lam-rim Chen-mo）
通美桑波	Thogme Zangpo，Gyalse Ngulchu Thogme，約1297-1371	偉大的學者及菩薩，著作有《三十七佛子行》以及對於寂天菩薩著作《入菩薩行論》的有名釋論。
雪巴人	Sherpa	尼泊爾艾弗斯峰地區的原住民。兩位有名雪巴人，一位是雪巴天津（Sherpa Tenzin），他是首位成功攀登艾弗斯峰的人，另一位是喇嘛梭巴仁波切。
勝樂金剛	Heruka Chakrasamvra，梵音 Chakrasamvara	無上瑜伽的父續本尊，其密法特別著重光明（clear light）。
勞多	Lawudo	勞多喇嘛在尼泊爾梭羅坤布（Solu Khumbu）地區禪修超過二十年的山洞。喇嘛梭巴仁波切被認證為勞多喇嘛的轉世。
博達	Boudhanath	位於加德滿都外圍，環繞著博達佛塔建立的村名，聞名的佛教朝聖地點。
善	virtue	善業，其能引生樂果。
善知識	virtuous friend，藏音 ge-wai she-nyen	參見上師（guru）

尊貴赤江仁波切	Trijang Rinpoche, His Holiness，1901-81	第十四世達賴喇嘛尊者幼年時的經教師，也是耶喜喇嘛及梭巴仁波切的根本上師。筆錄整理《掌中解脫》（Liberation in the Palm of Your Hand）一書。
尊貴林仁波切	Ling Rinpoche, His Holiness，1903-1983	第十四世達賴喇嘛尊者的親教師，以及喇嘛梭巴仁波切的上師之一。他也是第九十七任的甘丹赤巴法座。
悲心	compassion	願所有眾生離苦及苦因的懇切願求。
惡業	negative karma	參見不善（nonvirtue）
提婆論師	Aryadeva	西元三世紀的印度大師，也是龍樹菩薩的弟子。
智慧	wisdom	成佛道路上一切關於空性證量的進展。
無上瑜伽部	Highest Yoga Tantra，梵音 anuttara yoga tantra	密續四部當中的第四部，也是最上部。無上瑜伽密續主要強調內在行為，其他密續三部為行部、事部、瑜伽部。
無色界	formless realm	輪迴三界裡的最高界，有四天的天人處於無色禪修。
無明	ignorance	障蔽內心的心理因素，不讓內心看見萬法於實相上如何存在。無明基本上有二種，一種是對於業力的無明，一種是持著真實存在概念的無明，其他煩惱便從這個根本煩惱而生。
無常	impermanence	萬法在粗糙及微細層次的短暫性。
無著論師	Asanga	西元四世紀的印度大師，無著菩薩直接從彌勒菩薩（Maitreya Buddha）領受釋迦牟尼佛之廣行，或稱方便的傳承；世親菩薩的上師及兄長。
菩提心	梵音 bodhicitta	為了要讓一切有情離苦及帶領有情直至佛果，而要證得圓滿佛果的利他決心。

菩提道次第	藏音 lam-rim	漸次（朝向成佛）的道路，阿底峽尊者在西藏時，他是第一位將釋迦牟尼佛所傳的教法，按步就班地呈現，西藏人認為這是任何佛法修持的至關重要基礎。
《菩提道次第廣論》	藏音 Lam-rim Chen-mo	宗喀巴大師最重要的一部著作，是對於阿底峽尊者的著作《菩提道炬論》，其亦為菩提道次第的根本典籍的釋論。
菩薩	梵音 bodhisattva	持有菩提心的行者。
菩薩戒	梵音 bodhisattva vows	行者進入菩薩道時要受的戒。
傳承上師	lineage lama	從佛陀開始至當今上師，由上師直接傳授弟子佛法所形成傳承的精神導師。
僅為名言安立	merely labeled	緣起的最細微之意。每一現象都是相對性，或世俗性存在，如名言安立般，僅是內心安立。
圓滿	perfections，梵音 paramitas	菩薩行。菩薩本著菩提心修行六波羅蜜多：布施、持戒、安忍、精進、禪定及智慧。
圓滿次第	completion stage	無上瑜伽分兩個階段，圓滿次第是當中更高深的階段。
惹瓊巴	Rechungpa；Dorje Drakpa，1083-1161	密勒日巴尊者的「如月」弟子。
愛我執	self cherishing	考慮自身快樂勝過他者快樂的自我中心態度。證得菩提心的主要障礙。
慈心	loving kindness	希願有情皆擁有快樂及其因。

暇滿人身	perfect human rebirth	人類當中相當少數的狀態，具足了八暇（eight freedoms）十圓滿（ten richnesses），對修學佛法及證悟成佛來說是最理想的條件。八暇指的是遠離八種無暇：1. 身為地獄道有情 2. 身為餓鬼 3. 身為畜生 4. 身為長壽天人 5. 生於邊地 6. 闇啞 7. 執邪倒見 8. 生於無佛出世之地。十圓滿為：1. 生為人 2. 生於有佛法之處 3. 諸根具全 4. 未犯五無間業 5. 敬信佛教 6. 值佛出世 7. 值佛說法 8. 佛法住世 9. 隨教轉 10. 有他具悲憫。摘自 *The Wish-fulfilling Golden Sun*，另參見仁波切下一本即將問世，關於暇滿人身的書，也參見 Liberation in the Palm of Your Hand 第 271 ～ 287 頁。
業，業果	梵音 karma	字義是行為。因跟果的作用力，由此善業得樂，惡業得苦。
煩惱	delusions / disturbing thoughts	擾亂的、負面的念頭或情緒，亦為造成受苦的原因。三根本煩惱為癡、瞋、貪。
瑜伽	梵音 yoga	字義是駕軛。行者為證得佛果，把自己駕軛於修行的精神修持。
瑜伽士	梵音 yogi	高證量的禪修者。
瑜伽續部	梵音 Yoga Tantra	佛教四部密續的第三部。
瑞廷寺	Reting Monastery	位於拉薩東北方，由種敦巴尊者啟建，多年來一直是許多噶當派格西的住錫寺院。
禁飲食齋	藏音 nyung-nä	一次為期兩天的千手千眼觀世音菩薩閉關，需禁食、大禮拜及禁語。
聖者	梵音 arya	已直接現證空性的行者。

解脫	liberation，梵音 nirvana，藏音 thar-pa	離開輪迴的徹底自由狀態。行者追求自身（他或她）從痛苦得到解脫的目標。
達賴喇嘛尊者	Dalai Lama, His Holiness；Gyalwa Tenzinn Gyatso, b. 1935	備受尊崇的藏人精神領袖，努力不倦地致力世界和平；西元 1989 年獲頒諾貝爾和平獎，及 2012 年獲頒鄧普頓獎（Templeton Prize）；喇嘛梭巴仁波切的上師。
達蘭薩拉	Dharamsala	位於印度西北方喜馬偕爾邦（Himachal Pradesh）的村落，達賴喇嘛尊者住錫地以及西藏流亡政府所在地。
僧伽	梵音 Sangha	皈依三寶的第三個對象。究竟的僧伽是已直接現證空性者。相對性的僧伽指男眾出家人及女眾出家人。
寧瑪派	藏音 Nyingma	藏傳佛教四大教派當中最早成立的教派，寧瑪派教法可追溯至蓮花生大士（Padmasambhava）或又稱咕嚕仁波切（Guru Rinpoche）
福德	merit	由於身語意所作的善業而在內心累積了正向能量。快樂的主因。
種敦巴尊者	Dromtönpa；Dromtön Gyalwai Jungnè，1005-64	阿底峽尊者的心子及在西藏的主要譯者，尊者發揚噶當派，也創立了瑞廷寺。
頗瓦法	藏音 powa	死前將意識從身體強牽至淨土的法門。
餃子	藏音 momo	煎或蒸的餃子，通常內餡包肉，西藏人喜愛的一種食物。
儀軌	梵音 sadhana	字義是成就的方法。在禪修及持咒的修持上常與特定本尊有關，在日常修持常為人修誦。
瞋心	anger	誇大對境的缺點，並想傷害對境的一種煩惱。六根本煩惱之一。

確戒倉巴加惹	Drogön Tsangpa Gyare，1161-1211	那洛巴尊者的轉世，也是林惹巴尊者（Lingrepa）主要弟子之一，創立藏傳佛教的竹巴噶舉支派，也建立了佛寺，包括在不丹的幾所佛寺。
糌粑	藏音 tsampa	炒熟的青稞粉，一種西藏主食。
糌粑團	藏音 pak	糌粑粉與酥油茶攪勻。
緣起	dependent arising	自身與現象在世俗以相對的及互依的存在方式。它們依於三種條件而存在：1. 因及緣 2. 部分 3. 最細微的假名施設、名言安立它們的心。
蓮花生大士	Padmasambhava	第八世紀的印度密續大師，將佛教弘揚至西藏的主要者，受所有藏傳佛教徒的尊崇，特別是寧瑪派修持者。
輪迴	梵音 samsara，藏音 khor-wa	六道輪迴包括三惡道的地獄道有情、餓鬼、畜生，以及三善道的人、阿修羅及天人。有情在六道輪轉生死，輪迴也可指有情其染污的蘊。
餓鬼	hungry ghost，梵音 preta	輪迴六道有情其中一道，餓鬼經歷到的是最強烈飢餓及口渴之苦。
餗供	sur practice	密續修行法門，燃糌粑粉並施予靈祇。
噶當派格西	Kadampa geshe	西元第十一世紀創立於西藏的佛教派別，修持阿底峽尊者所傳教法的行者。噶當派格西向來以修心轉念聞名遐邇。
噶舉派	藏音 Kagyü	藏傳佛教四大教派之一，源自於卓越顯赫的上師，有馬爾巴、密勒日巴、岡波巴以及嘉華噶瑪巴。
樽區	Tsum	位於尼泊爾西半部，袞卻格西及其轉世的出生地。

龍族	梵音 naga	像蛇般，處於畜生道的有情，居住在水域或近水域之處。一般與土地的肥沃有關，也可以作為宗教上的護法（protectors）。
龍樹菩薩	Nagarjuna	第二世紀偉大的印度哲學家及密續成就者，提出了中觀學派的空性思想。
彌勒菩薩	梵音 Maitreya Buddha，藏音 Jampa	慈愛者，賢劫千佛當中繼釋迦牟尼佛的第五尊佛。
擦擦	藏音 tsa-tsa	黏土或石膏放入雕刻模具所做成的佛像。
禪修	meditation	內心對善所緣變得熟悉。禪修主要分為兩種：觀察修及止住修。
聲聞	hearer，梵音 shravaka	小乘（Hinayana）的追隨者，藉由聽聞上師所傳的教法作為基礎，致力於證得涅槃。
禮拜	prostrations	以身語意來禮敬上師本尊。密續前行之一。
繞行	circumambulation	藉著順時針繞行聖物，例如佛塔或佛像，以淨化惡業及累積福德的修行法門。
薩迦	藏音 Sakya	藏傳佛教四大教派之一，由卓彌釋迦耶舍（Drokmi Shakya Yeshe，933-1047）在西元十一世紀創立。
薩迦班智達	Sakya Pandita	貢噶堅贊（Kunga Gyaltsen，1182-1251）的尊稱，其為薩迦派大師，在蒙古及中國弘揚藏傳佛教。
覆障	obscurations	煩惱及惡業留在心續中的惡習氣，障蔽內心。煩惱障（藏音 nyöndrib）造成解脫的障礙，更微細的所知障（subtle obscurations，藏音 she-drib）會障礙獲得成佛果的一切種智。

蘊體	aggregates，梵音 skandha	身和心的聚合。人由五蘊所組成：色、受、想、行、識。
釋迦牟尼佛	Shakyamuni Buddha，西元前 563-483	當今佛教的創立者。賢劫千佛的第四尊佛，降生於印度北方的釋迦族，開演從解脫到成佛的經教及密續修行道路。
《釋量論》	梵音 Pramanavarttika 或 Pramanavarttikakarika，藏音 Tshad ma rnam 'grel gyi tsig le' ur byas pa	法稱論師（Dharmakirti）對於陳那論師（Dignaga）著作《集量論》（Compendium of Valid Cognition）的釋論。
灌頂	initiation，empowerment	密續上師傳授給弟子特定本尊的修持，允許弟子修持該本尊法門。
護法	Dharma protectors / protector	守護佛法以及行者的善神，有些是世間護法，有些則是出世間護法。
魔	梵音 maras	內在的干擾，例如來自煩惱及業的干擾，或者是外在的干擾，例如來自靈祇（spirits）或天神的干擾。
魔羅	Mara	魔的主要體現。
靈祇	spirits	一般凡夫不可得見，處於餓鬼道或天道，能有所助益或是有害的。
觀世音菩薩	藏音 Chenrezig，梵音 Avalokiteshvara	大悲佛。體現諸佛大悲心的父續本尊。歷代達賴喇嘛尊者被認為是觀音化身。

參考書目
Bibliography

Atisha and Dromtönpa. The Book of the Kadam. Translated by Thupten Jinpa. Boston: Wisdom Publications, 2008.

Buddha Shakyamuni. The Vajra Cutter Sutra (aka The Diamond Cutter Sutra). Translated by George Churinoff. Portland: FPMT, 2002. (See http://www.fpmt.org.)

Dalai Lama, The Seventh. Nyung Nä: The Means of Achievement of the Eleven-Face Great Compassionate One. Translated by Lama Zopa Rinpoche and George Churinoff. Portland: FPMT, 2005.

Dhargyey, Geshe Ngawang, Tibetan Tradition of Mental Development. Dharamsala, India: Library of Tibetan Works and Archives, 1974, 1985.

FPMT. Essential Buddhist Prayers: An FPMT Prayer Book, Volume 1, Basic Prayers and Practices. Portland: FPMT, 2006.

———. FPMT Retreat Prayer Book: Prayers and Practices for Retreat.

Portland: FPMT, 2009.

Gampopa. The Jewel Ornament of Liberation. Translated by Khenpo Konchog Gyaltsen Rinpoche. Ithaca: Snow Lion Publications, 1998.

Gyatso, Tenzin, the Fourteenth Dalai Lama. Path to Bliss: A Practical Guide to the Stages of Meditation. Translated by Thupten Jinpa. Ithaca: Snow Lion Publications, 1991. (Based on Panchen Losang Chökyi Gyältsen' s Path to Bliss Leading to Omniscience.)

Jinpa, Thupten (trans). Mind Training: The Great Collection. Boston: Wisdom Publications, 2006.

Mackenzie, Vicki. Cave in the Snow. London: Bloomsbury, 1998.

Lati Rinbochay and Jeffrey Hopkins. Death, Intermediate State and Rebirth in Tibetan Buddhism. Ithaca: Snow Lion Publications, 1985.

Milarepa. The Hundred Thousand Songs of Milarepa. Translated by Garma C. C. Chang. Boston: Shambhala Publications, 1999.

Nagarjuna. Nagarjuna' s Letter to a Friend. Translated by Padmakara Translation Group. Ithaca: Snow Lion Publications, 2005.

———. Nagarjuna' s Letter. Translated by Geshe Lobsang Tharchin and Artemus B. Engle. Dharamsala: Library of Tibetan Works and Archives, 1979, 1995.

———. Buddhist Advice for Living and Liberation: Nagarjuna' s Precious Garland. Translated by Jeffrey Hopkins. Ithaca: Snow Lion Publications, 1998.

Pabongka Rinpoche. Liberation in the Palm of Your Hand. Translated by Michael Richards. Boston: Wisdom Publications, 1991, 2006. (Page numbers refer to the latter edition.)

— — —. Liberation in Our Hands (three parts). Translated by Geshe Lobsang Tharchin and Artemus B. Engle. Howell: Mahayana Sutra and Tantra Press, 1990, 1994, 2001.

———. (Dechen Nyingpo) and Lama Zopa Rinpoche. Heart Advice for Retreat, Portland: FPMT, 2007.

Panchen Losang Chökyi Gyältsen and Jamphäl Lhundrub. Lama Chöpa Jorchö. Compiled and edited by Lama Zopa Rinpoche. Portland: FPMT, 2011.

Patrul Rinpoche. The Words of My Perfect Teacher. Translated by Padmakara Translation Group. Boston: Shambhala Publications, 1998.

Rabten, Geshe. The Life of a Tibetan Monk. Translated by B. Alan Wallace. Le Mont Pèlerin: Editions Rabten, 2000.

Rinchen, Geshe Sonam. Atisha' s Lamp for the Path to Enlightenment. Translated by Ruth Sonam. Ithaca: Snow Lion Publications, 1997.

———. The Three Principal Aspects of the Path. Translated by Ruth Sonam. Ithaca: Snow Lion Publications, 1999.

Shabkar Tsogdruk Rangdrol. The Life of Shabkar: The Autobiography of a Tibetan Yogin. Translated by Matthieu Ricard (and others). Ithaca: Snow Lion Publications, 2001.

Shantideva. A Guide to the Bodhisattva' s Way of Life. Translated by Stephen Batchelor. Dharamsala: Library of Tibetan Works and Archives, 1979, 1992.

Tsongkhapa. The Great Treatise on the Stages of the Path to Enlightenment (Lam Rim Chen Mo) (three volumes). Translated by the Lamrim Chenmo Translation Committee. Ithaca: Snow Lion Publications, 2000, 2004, 2002.

———. The Three Principal Aspects of the Path. Translated by Lama Zopa Rinpoche. Boston: Lama Yeshe Wisdom Archive, 2006. (See www.lamayeshe.com.)

———. The Principal Teachings of Buddhism. Translated by Geshe Lobsang Tharchin. Howell: Mahayana Sutra & Tantra Press, 1988.

Wangmo, Jamyang. The Lawudo Lama. Boston: Wisdom Publications, 2005.

Yeshe, Lama Thubten. The Essence of Tibetan Buddhism. Boston: Lama Yeshe Wisdom Archive, 2001.

Zopa Rinpoche, Lama. Aroma Charity for Spirits (Sur Offering). Portland: FPMT, 2006.

———. Bodhisattva Attitude: How to Dedicate Your Life to Others. Boston: Lama Yeshe Wisdom Archive, 2012.

———. The Door to Satisfaction: The Heart Advice of a Tibetan Buddhist Master. Boston: Wisdom Publications, 2001.

———. Heart of the Path: Seeing the Guru as Buddha. Boston: Lama Yeshe Wisdom Archive, 2009.

———. Teaching from the Medicine Buddha Retreat. Boston: Lama Yeshe Wisdom Archive, 2009.

———. Transforming Problems Into Happiness. Boston: Wisdom Publications, 2001.

———. Virtue and Reality. Boston: Lama Yeshe Wisdom Archive, 1998, 2008.

———. The Wish-fulfilling Golden Sun. Boston: Lama Yeshe Wisdom Archive, 1976. (See www.lamayeshe.com.)

——— and Kathleen McDonald. Wholesome Fear: Transforming Your Anxiety about Impermanence and Death. Boston: Wisdom Publications, 2010.

如何恭敬法寶

佛法是一切有情獲得快樂的真實之源。像這本書的此類佛書，告訴我們如何修持佛法，將佛法與生活結合，因而獲得了追尋的快樂。因此，任何包含了佛法的東西，像是上師名號或者聖像，都比其他物質東西要更加珍貴，應該尊重待之。為了避免造下來世無法值遇佛法的業力，請勿把書或其他聖物放在地上或其他東西下面，跨越過去或坐在上面，或以世俗目的來使用法寶，例如作為搖晃桌椅的墊腳。應該將法寶置於潔淨高處，與世俗文字分開，而且攜帶法寶時應以書衣包覆。

必須得要處理掉法寶時，不要棄置於垃圾桶，而是要以特別的方式焚化。簡單來說，不能跟其他垃圾一同焚化，而是要單獨焚化。焚化時要唸誦咒語「嗡阿吽」，煙生起時，觀想煙遍滿整個虛空，而佛法的精要隨著煙給予一切六道有情，淨化有情心續，拔除有情痛苦，帶給有情包括直至成佛的一切快樂。有些人可能覺得這樣的作法有點奇特，這是根據傳統的作法，非常感謝您。

迴向

經由籌備、閱讀、思惟及與他人分享此書所產生的伏得，願所有佛法上師長壽、健康，願佛法弘揚遍至無盡虛空，願一切有情迅速證得佛果。

這本書無論在哪一道、哪一國家、地區或地方，願當地無沾戰爭、乾旱、飢荒、疾病、傷害、失和或不樂，願當地極為昌盛、願所需之物皆易於獲得，而且願一切有情由圓滿具格佛法善知識引導，享受佛法之樂，對一切有情懷抱慈愛心及悲心，而且只會利益彼此，永遠不傷害彼此。

國家圖書館出版品預行編目 (CIP) 資料

為什麼要在乎？：斷除世間八法的修心奧祕 / 喇嘛梭巴仁波切 (Lama Zopa Rinpoche) 著；戈登．麥杜格 (Gordon McDougall) 編；張春惠譯．-- 初版．-- 臺北市：商周出版：家庭傳媒城邦分公司發行，2016.05

面；　公分

ISBN 978-986-477-003-8(平裝)

1. 藏傳佛教 2. 佛教修持

226.965　　105005715

為什麼要在乎？
斷除世間八法的修心奧祕

作者／喇嘛梭巴仁波切（Lama Zopa Rinpoche）
編者／戈登・麥杜格（Gordon McDougall）
譯者／張春惠
企畫選書、責任編輯／徐藍萍

版權／翁靜如、吳亭儀　行銷業務／林秀津、何學文　副總編輯／徐藍萍
總經理／彭之琬　發行人／何飛鵬　法律顧問／台英國際商務法律事務所羅明通律師
出版／商周出版　台北市 104 民生東路二段 141 號 9 樓
電話：(02) 25007008　傳真：(02)25007759
E-mail：bwp.service@cite.com.tw　Blog：http://bwp25007008.pixnet.net/blog
發行／英屬蓋曼群島商家庭傳媒股份有限公司城邦分公司　台北市中山區民生東路二段 141 號 2 樓
書虫客服服務專線：02-25007718　02-25007719　24 小時傳真服務：02-25001990　02-25001991
服務時間：週一至週五 9:30-12:00　13:30-17:00　劃撥帳號：19863813　戶名：書虫股份有限公司
讀者服務信箱 E-mail：service@readingclub.com.tw
香港發行所／城邦（香港）出版集團有限公司　香港灣仔駱克道 193 號東超商業中心 1 樓
E-mail: hkcite@biznetvigator.com　電話：(852)25086231　傳真：(852)25789337
馬新發行所／城邦（馬新）出版集團 Cite (M) Sdn Bhd
41, Jalan Radin Anum, Bandar Baru Sri Petaling, 57000 Kuala Lumpur, Malaysia.
Tel: (603) 90578822　Fax: (603) 90576622　Email: cite@cite.com.my

封面設計／張燕儀　印刷／卡樂製版印刷事業有限公司
總經銷／聯合發行股份有限公司　新北市 231 新店區寶橋路 235 巷 6 弄 6 號 2 樓
電話：(02) 2917-8022　傳真：(02) 2911-0053

■2016 年 4 月 28 日初版
■2020 年 3 月 31 日初版 2.8 刷
定價 350 元

Printed in Taiwan

城邦讀書花園
www.cite.com.tw

　ISBN 978-986-477-003-8